社会辩证法研究

Social studies in Dialectics

季忠 著

东北师范大学出版社　长春

图书在版编目（CIP）数据

社会辩证法研究/季忠著. —长春：东北师范大学出版社，2014.5（2025.4重印）
ISBN 978-7-5602-9937-2

Ⅰ.① 社… Ⅱ.①季… Ⅲ.①社会科学－辩证法－研究 Ⅳ.①C03

中国版本图书馆 CIP 数据核字（2014）第 090299 号

□责任编辑：魏芳华　　□封面设计：张　然
□责任校对：刘　芳　　□责任印制：刘兆辉

东北师范大学出版社出版发行
长春净月经济开发区金宝街 118 号（邮政编码：130117）
网址：http://www.nenup.com
东北师范大学出版社激光照排中心制版
河北省廊坊市永清县晔盛亚胶印有限公司
河北省廊坊市永清县燃气工业园榕花路 3 号（065600）
2015 年 3 月第 1 版　2025 年 4 月第 3 次印刷
幅面尺寸：155 mm×230 mm　16 开本　印张：15.75　字数：220 千

定价：47.00 元

目 录

前 言 ·· 1

第一章 马克思主义的社会辩证法理论 ············ 3
一、马克思的社会辩证法理论 ···················· 3
（一）马克思创立唯物辩证法的过程 ············ 3
（二）马克思社会辩证法理论的基本内容 ········ 17
二、恩格斯的社会辩证法理论 ···················· 21
三、列宁的社会辩证法理论 ······················ 28
四、毛泽东的社会辩证法理论 ···················· 33

第二章 西方哲学和中国古代哲学中的社会辩证法思想 ··· 46
一、古希腊时期的社会辩证法思想 ················ 46
（一）赫拉克利特 ···························· 46
（二）德谟克利特 ···························· 49
（三）苏格拉底 ······························ 52
（四）亚里士多德 ···························· 54
（五）西塞罗 ································ 58
二、近代西方的社会辩证法思想 ·················· 66

（一）霍布斯 ································ 66
　　（二）帕斯卡尔 ······························ 71
三、现代西方的社会辩证法思想 ···················· 76
　　（一）布哈林 ································ 76
　　（二）萨　特 ································ 78
　　（三）马尔库塞 ······························ 80
　　（四）弗洛姆 ································ 83
四、中国古代哲学中的社会辩证法思想 ·············· 84
　　（一）孔　子 ································ 85
　　（二）老　子 ································ 87
　　（三）墨　子 ································ 89
　　（四）庄　子 ································ 91
　　（五）管　子 ································ 93
　　（六）孙　武 ································ 95
　　（七）荀　子 ································ 96

第三章　社会发展的辩证法 ······················ 99
一、关于发展概念的辨析 ·························· 99
　　（一）发展主要是个人、国家和社会的发展 ······ 99
　　（二）发展是好的质变并通过好的量变来表现 ···· 101
二、发展是前进性与曲折性的统一 ·················· 102
　　（一）发展的前进性 ·························· 102
　　（二）发展的曲折性 ·························· 103
三、发展的条件性 ································ 108
　　（一）国家和社会发展的条件 ·················· 108
　　（二）个人发展的条件 ························ 112
四、发展的过程性和阶段性 ························ 120

目　录

　　（一）关于过程性和阶段性的理解 …………… 120
　　（二）个人发展的过程性和阶段性 …………… 123
　　（三）过程性和阶段性对个人主体的要求 …… 125
五、发展的矛盾性 …………………………………… 128
　　（一）国家和社会发展中的矛盾 ……………… 128
　　（二）个人发展中的矛盾 ……………………… 134
六、发展的目的和手段、代价和补偿、表现或标准 … 148
　　（一）发展的目的和手段 ……………………… 148
　　（二）发展的代价和补偿 ……………………… 151
　　（三）发展的表现或标准 ……………………… 157

第四章　社会存在与社会意识的辩证法 …………… 168
一、社会存在与社会意识的涵义 …………………… 168
　　（一）社会存在和社会意识 …………………… 168
　　（二）个人意识和群体意识 …………………… 173
二、社会存在与社会意识的关系 …………………… 180
　　（一）社会存在与社会意识的共性 …………… 180
　　（二）社会存在与社会意识的相互作用 ……… 183
三、当代中国社会主义上层建筑对生产力的反作用 … 195
　　（一）反作用的根据 …………………………… 196
　　（二）反作用的途径 …………………………… 197
　　（三）反作用的区别 …………………………… 200
　　（四）反作用的要求 …………………………… 202
四、当前中国社会意识领域的若干重要工作 ……… 205
　　（一）发挥社会主义上层建筑对精神文明的领导作用 … 205
　　（二）加强党的理论建设 ……………………… 210
　　（三）弘扬社会主义核心价值观 ……………… 214

（四）正确认识现代西方思潮 …………………………… 219
　五、个人生活的辩证性质 …………………………………… 224
　　（一）个人生活的个别性 …………………………………… 226
　　（二）个人生活的依赖性 …………………………………… 229
　　（三）个人生活的时空性 …………………………………… 231
　　（四）个人生活的三重性 …………………………………… 234

结　语 …………………………………………………… 240

参考文献 ………………………………………………… 242

前　言

辩证法，作为现代中国人最熟悉的哲学名词，曾几何时，由于伟大领袖的倡导而家喻户晓，广为流传，成年人几乎尽人皆知。时至今日，从高中学生到各级领导，都能熟练使用"对立统一、一分为二、质量互变"等辩证法术语，辩证法的大众化、通俗化可谓成绩显著。但在通俗化的过程中也走向了庸俗化，辩证法背上了"变戏法、诡辩论"的恶名，一度被弃之如敝屣。

改革开放以来，中国学术界在对待辩证法的态度上，简单粗暴盲目讨伐者有之，嗤之以鼻不屑一顾者有之，云山雾罩故弄玄虚者有之，认真研究力图创新者亦有之。在这值得尊敬的最后一种态度中，研究者们提出了许多对人有启发的新见解。例如，关于辩证法的基本形态，就有"客观辩证法、主观辩证法、矛盾辩证法、系统辩证法、阴阳和合辩证法、直观辩证法、反思辩证法、历史主义辩证法、实践辩证法"等等。这就使人联想到，社会辩证法能否、应否成为辩证法的一种形态？

关于社会辩证法的研究在当代中国早已有之。30年前广东省就已成立"社会主义社会辩证法研究会"，召开过许多次全国性学术研讨会，出版系列专著和论文，产生了广泛影响。此外，近10年来，在关于马克思辩证法基本特征的理解中，在关于恩格斯自然辩证法的辩论中，在对西方马克思主义的批判分析中，在对唯物辩证法的深入研究中，"社会辩证法、历史辩证法、实践辩证法"等概念被人们普遍使用或争议。这表明，本书关于社会辩证法的探讨既非空穴来风，亦非本人忽发奇想，而是有其深刻的学术背景。

社会辩证法是马克思主义辩证法的显著特征之一。在马克思主义经典作家的著述中储备着关于社会辩证法的丰富资源，在西方哲学和中国古代哲学中也有大量相关思想资料，在马克思主义政党的纲领、路线、方针和政策中包含和体现着社会辩证法的哲理，在人类历史演变和当今人类实践中，在建设中国特色社会主义、实现中国梦的伟大征程中，有着数不清的矛盾和问题需要以社会辩证法为指导去分析和处理。这表明，（套用时髦的科研术语）社会辩证法问题的研究既有理论意义又有实践价值。

马克思有段脍炙人口的名言："理论一经掌握群众，也会变成物质力量。理论只要说服人，就能掌握群众；而理论只要彻底，就能说服人。所谓彻底，就是抓住事物的根本。"①人的根本就是人本身。通过分析社会矛盾使社会中的人认识自己，正确实践，获得利益，实现理想，这就是研究社会辩证法的初衷和归宿。

马克思主义以人的解放及其自由而全面的发展为旨归，中国共产党提出并践行的科学发展观的核心是"以人为本"，这都为社会辩证法的研究确定了宗旨，指明了方向。尊重人、关心人、研究人、促进人的完善与发展，这就是社会辩证法的存在根据和价值所在。

人是社会的人，社会是人的社会，人与社会互相规定、互相依赖，人是社会的主体，社会实践是人的存在方式。人——实践——社会，三者紧密结合构成了宇宙中一个特殊存在物。这个特殊存在物在其运行中表现出各种矛盾，分析这些矛盾，探讨现象背后的本质和规律，为人的思想和行为提供借鉴和指导，这就是社会辩证法的研究内容和作用。

马克思主义辩证法理论包含着自然辩证法、思维辩证法和社会辩证法，三者并行不悖，内在统一。自然是人化自然，思维是人的思维。古代哲学家思考世界的本原，近现代科学家探索宏远宇宙和精微粒子，最终还是要以人生为落脚点，目的是让人类生活得更好。今天的辩证法理论更要以人为核心，以经典论述为指导，吸收以往研究成果，纠正偏误和肤浅，坚持中国化、时代化、大众化，反对庸俗化和教条化，联系实际，直面人生。这就是社会辩证法研究的原则和方法。

法国哲学家帕斯卡尔说过："人就是一根有思想的芦苇。"笔者基于30年在高校从事哲学教育的经历及对现实问题的思考，深感研究社会辩证法非常重要，因此不辞冒昧，把个人体会和心得整理发表，愿做引玉之砖。一孔之见，敬希学界同仁专家教正。

---

① 马克思恩格斯选集［M］.第1卷，北京：人民出版社1995（9）.

第一章　马克思主义的社会辩证法理论

在人类思想史上很长时期里没有社会辩证法的概念，但从古代到现代并不缺少对人和社会的研究，在这种研究中有许多关于联系、发展、矛盾、规律的观点和探讨，对这些观点的论述就可以称之为关于社会辩证法的思想或理论，它们为人们今天研究社会辩证法提供了宝贵的思想资源，今天的人们应当向过去提供这些思想或理论的人们表示敬意。在这些人中，马克思主义经典作家是卓越代表。

关于什么是马克思主义，不同的人有不同的理解。这里的马克思主义指的是马克思、恩格斯、列宁、毛泽东的学说。这其中充满了社会辩证法的思想和理论，值得人们去研究和掌握，并作为自己思想和实践的指南。

一、马克思的社会辩证法理论

马克思创立唯物辩证法的过程就体现了社会辩证法思想。马克思对黑格尔唯心辩证法进行了唯物主义的颠倒，这种新唯物主义所唯之物是社会之物，所以，在马克思主义哲学中，唯物辩证法、社会辩证法、历史辩证法、实践辩证法这些概念基本上是同一的，只是针对性方面有差别，本质是一样的。

（一）马克思创立唯物辩证法的过程

1. 通过批判和改造黑格尔唯心辩证法确立唯物辩证法或社会辩证法的基本观点

在马克思主义哲学产生以前，辩证法的发展经历了两大阶段，取得了两种基本形式，即古代朴素的唯物辩证法和近代黑格尔的唯心辩证法。其中，黑格尔的唯心辩证法对马克思创立唯物辩证法具有重要的意义。作为一个博学多才的思想家和德国古典哲学的集大成者，黑格尔在哲学史上第一次赋予辩证法以宇宙观的意义；第一次全面地、详尽地和深刻地论述了辩证法的规律和范畴；第一次试图证明历史发展的内在联系。黑格尔的辩证法思想极其丰富，它在自己的体系中以最宏伟的形式概括了以往哲学的发展，极大地促进了人类思维能力的提高。他的一系列天才思想为马克思和恩格斯提供了许多宝贵的启示，他的辩证法是人类思想发展的优秀结晶和重要里程碑；它作为当时辩证法发展的最高成就，成了唯物辩证法的理论来源；它的合理内核，成为创立马克思主义哲学的主要资料和直接先驱。对于黑格尔在人类思想发展史上做出的重大贡献，革命导师们一致给予热情的赞扬和极高的评价。

但是，黑格尔的辩证法是建立在唯心主义之上的，是包容在庞大的客观唯心主义体系之中的。在黑格尔那里，客观世界是头足倒置的，思维是主语，存在是宾语。绝对精神是矛盾运动和发展的主体，是现实之物的创造主。体系和方法的矛盾造成了黑格尔辩证法的唯心性和形而上学性这样两大缺陷，决定了它在现有形式上是完全不适用的。

马克思早年从事理论活动的初期作为青年黑格尔派成员之一，是黑格尔哲学的信奉者，赞同和接受了他的唯心辩证法。马克思在写博士论文时还把辩证法说成是内在的淳朴之光，是爱的慧眼，是不因肉体的无法分离而告破灭的内在的灵魂，是精神的珍藏之所。他在阐发黑格尔辩证法的基础上论述了个别自我意识的独创性和能动性，论证了独立自由的个人在对周围现实关系上所采取的积极态度，把黑格尔哲学看作时代精神的体现，当时虽然已经发现了黑格尔辩证法的一些不彻底性，但马克思当时还没有彻底摆脱唯心主义的影响。

以《莱茵报》为起点，马克思走出书斋，在亲身参加革命的实践过程中开始了从唯心主义向唯物主义，从革命民主主义向共产主义的转变。对无产阶级和劳动人民的深刻同情成为这种转变的思想基础；费尔巴哈唯物主义哲学的巨大影响是这种转变的外在动力；革命实践活动是完成转变的根本条件。在转变过程中，马克思发现黑格尔哲学破绽百出，与社会现实形成尖锐矛盾；他的辩证法思想虽然丰富而深刻，但由于唯心本质和不彻底性，不堪充当理论思维和改造现实的工具，因此，马克思一方面同普鲁士的反动统治作斗争，一方面开始了逐步批判改造黑格尔唯心辩证法的工作，马克思早期写下的一系列论著就是这一过程的反映和成果。

（1）马克思批判了黑格尔对"主体和谓语"的颠倒，揭示了市民社会和国家的真实联系

黑格尔关于国家和法的理论是其哲学体系的重要组成部分，是他唯心主义本质的集中体现。它直接为反动统治服务，为普鲁士王朝所欣赏。马克思遇到的正是这种理论观点与现实的对立。所以，对这种理论的批判成为创立唯物辩证法的开端。

黑格尔认为，国家是绝对精神的最高表现，家庭、市民社会则是国家的概念领域。国家由家庭、市民社会发展而来，但国家是家庭和市民社会的真实基础，家庭和市民社会是达到国家的中介，是被扬弃了的有限性的领域，国家则是超出了这两个领域的无限性的现实精神，是家庭和市民社会所追求的目的。马克思认为这是露骨的神秘主义。在黑格尔那里，理念变成了独立的实体，而家庭和市民社会对国家的现实关系变成了理念所具有的想象的内部活动。那么，家庭、市民社会和国家之间的真实关系是怎样的呢？马克思认为，实际上，家庭和市民社会是国家的前提，它们才是真正的活动者；而思辨的思维却把这一切头足倒置。家庭和市民社会是国家的真正的组成部分，是意志所具有的现实的精神实在性，它们是国家存在的方式。家庭和市民社会本身把自己变成国家。它们才是原动力。可是在黑格尔看来却是刚好相反，它们是由现实的理念产生的。由于主谓关系的根本颠倒，黑格尔就必然对国家和家庭、市民社会的现实关系做出一系列的歪曲。在黑格尔那里条件变成了被制约的东西，规定其他东西的东西变成了被规定的东西，产生其他东西的东西变成了它的产品的产品。黑格尔在任何地方都会把理念当作主体，而把真正的现实的主体，变成了谓语。而事实上发展却总是在谓语方面完成的。从马克思上述批判和论述中我们可以看到：

第一，马克思一开始就发现了黑格尔辩证法的根本错误在于颠倒了主观和客观的关系，围绕这一点进行批判就抓住了黑格尔哲学的唯心本性，切中要害。在批判中马克思实际上已经确立了物质第一性，精神第二性，精神是物质的反映的基本观点，从而为自己的

辩证法思想奠定了唯物主义基础。

第二，费尔巴哈哲学对马克思批判黑格尔的唯心主义具有直接影响。他的两部杰作：《基督教的本质》和《关于哲学改造的临时纲要》使马克思转变了自己的哲学立场，由青年黑格尔派的唯心主义立场"一下子变成了费尔巴哈派"的唯物主义立场；他关于存在是主语，思维是宾词的唯物主义观点，成为马克思批判黑格尔的有力武器，尽管如此，马克思在当时就敏锐地指出了费尔巴哈过多强调自然，过少地强调政治的缺点，并且认为国家是一定物质利益的产物和表现，发展不是理念的自我发展，而是现实本身的自我发展；发展的基础不在人的类本质中，而在人们的物质生活条件之中。这样，马克思不但深刻地批判了黑格尔，也在思想上超越了费尔巴哈。

第三，从社会历史观入手，说明世界的本质、运动和发展，是马克思创立唯物辩证法的显著特点。古代朴素辩证法借助于某种具体的物质形态说明世界的运动变化，虽然本质上是正确的，但却极其粗糙和神秘。黑格尔创立唯心辩证法直截了当地把绝对精神当作世界的本原和运动变化的主体。虽然具体论述中在一定程度上猜测到了客观现实的联系，但在本质上是荒谬的。马克思从社会历史领域开始创立唯物辩证法，把辩证法思想同人类社会、同人们的政治生活直接联系起来，不但为辩证法思想找到了一个正确的出发点，而且鲜明地体现了唯物辩证法的革命性和超越性。

第四，马克思在批判黑格尔的过程中，一方面把他颠倒了的主体客体的相互关系重新颠倒过来，另一方面论述了自己关于家庭、市民社会和国家之间的相互关系的基本观点，这样就使对黑格尔法哲学的批判不但成为创立唯物辩证法的开端，而且成为唯物史观的萌芽，从此开辟了走向历史唯物主义的道路。

(2) 马克思批判了黑格尔调和矛盾的不彻底性，阐述了自己的矛盾观点

作为一个辩证法大师，黑格尔在矛盾问题上不乏真知灼见，他断言"天地间绝没有任何产物，我们不能或不必在它里面指出矛盾或相反的规定。"① 认为认识矛盾就是"哲学思考的本质"② 对此，

---

① 黑格尔. 小逻辑 [M]. 北京：商务印书馆1980，200.
② 黑格尔. 小逻辑 [M]. 北京：商务印书馆1980，132.

马克思给予高度评价，认为黑格尔的深刻之处也正是在于他处处都从各种规定——的对立出发，并把这种对立加以强调。黑格尔同样看到了自己所处的时代中社会和国家的尖锐矛盾，指出了私人利益的对立和贫富之间的鸿沟。马克思认为黑格尔把市民社会和政治社会的分离看作一种矛盾是他的一个积极方面。

但是，一方面由于黑格尔想建立一个包罗万象的绝对真理的体系，另一方面由于他的资产阶级立场和两面性的特点，决定了他采取了调和态度，并且最终让矛盾扬弃自身，为发展确立了一个终点。在《黑格尔法哲学批判》中马克思从三个方面批判了黑格尔在矛盾观上的错误：

第一，批判了黑格尔对矛盾本质的唯心主义歪曲。指出：黑格尔的主要错误在于他把现象的矛盾理解为本质之中的理念中的统一，马克思以立法权为例，阐明了矛盾的本质存在于客观现实中而不是存在于所谓理念中的唯物主义观点。

第二，批判了黑格尔通过中介调和矛盾的企图。黑格尔企图借助于等级和政府做中介来消除市民社会和国家之间的矛盾对立，把这种中介作用说成是逻辑的思辨奥秘，是合乎理性的关系。马克思指出，这种中介本身与其说是中介的存在，不如说是矛盾的存在。被黑格尔作为中介的等级和政府，其对立尖锐到随时可能发生斗争的地步，甚至还具有不可调和的矛盾性质。真正的极端，正因为它们是极端，所以不能被中介所调和，中介却可以变为极端。

第三，批判了黑格尔解决矛盾的方法。黑格尔解决矛盾的根本方法是把现实中的实际矛盾转化为逻辑概念的矛盾，把客观存在的矛盾对立变成普遍、特殊等单一的逻辑对立，把这种对立用削足适履的办法纳入逻辑推论的框框。马克思批判说，黑格尔在研究国家的实际矛盾时，他满足于从表面上解决矛盾，并把这种表面当作事情的本质。马克思的这一批判后来在《1844年经济学哲学手稿》中作了进一步展开。

（3）马克思批判了黑格尔关于精神产生物质的谬论，彻底摧毁了黑格尔辩证法的唯心主义基础

黑格尔的一贯主张和全部哲学的中心思想是要阐明客观精神即绝对理念是世界的本原，自然界和人类社会是精神的外化，是它发展的环节。人和一切对象的实质是自我意识。这样，黑格尔就以精

神为基础把思维和存在统一起来，对哲学基本问题作出了客观唯心主义的回答。要改造黑格尔的辩证法，必须摧毁它的唯心主义基础，这一工作马克思是在《1844年经济学哲学手稿》和《神圣家族》中完成的。

对黑格尔辩证法的批判在《手稿》中是以异化理论为核心展开的，马克思主要对黑格尔作了四方面的批判：第一，黑格尔把绝对精神当作异化的主体，把异化当作绝对精神客观具有的能动性；第二，黑格尔把现实的一切异化现象都归结为绝对精神异化的表现，归结为绝对精神自我发展的结果；第三，黑格尔把异化等同于外化和对象化；第四，黑格尔把异化的扬弃和克服只看作精神领域内进行的过程。

人、对象世界＝自我意识，这是黑格尔的一个重要的命题。他认为人就是自我意识，人的实际存在，人的各种器官，人的力量等等，都不过是自我意识所具有的一种性质，或者说是它的表现形式。既然包括人在内的整个对象世界无非是自我意识的异化或对象化，那么这种异化的扬弃也就是对意识对象的克服。对象复归于自我意识，才算复归于人。人不是作为人而是作为自我意识存在着。

马克思指出，由于黑格尔把绝对精神当作本原和主体，把从自然到人类社会的运动变化看作绝对精神的自我发展，这样一来，所谓的异化，实际上，是自在和自为之间，意识和自我意识之间，客体和主体的对立，也就是抽象思维同感性的现实或现实的感性在思想本身范围内的对立。其他一切对立及其运动，不过是这种唯一有意义的对立的外观、外壳、公开形式，这些对立构成其他世俗对立的意义。由于这一错误，黑格尔就完全颠倒了现实关系。

马克思认为黑格尔把异化等同于外化和对象化是一个极大的错误。由于这种等同，异化变成了合理的、必然的东西，而外化和对象化也成了需要克服和扬弃的东西。由于这种等同，黑格尔既把对象化当作异化加以扬弃，又把异化当作对象化予以肯定。异化的扬弃好比浪子回头，客观存在的世界回到了母亲即绝对精神的怀抱。在《手稿》中，马克思运用了费尔巴哈的唯物主义观点批判黑格尔，但并未像他那样把婴儿和脏水一起泼掉，对黑格尔辩证法的合理之处给予充分的肯定。认为黑格尔为真实的历史运动找到了抽象的、逻辑的、思辨的表达。但是他从思辨的唯心立场出发，把劳动的一切具体的现实内容抽象掉,变成了抽象的精神劳动,把纯思维的哲学劳动看作劳动的本原。关于劳动的看法,既是黑格尔天才之所在,又是其荒谬之根源。

马克思对黑格尔精神异化理论的批判进一步揭示了黑格尔哲学的基本特点,黑格尔看到了现实矛盾,又只能求助于精神上的解决,革命性和软弱性相结合,最后以妥协告终,革命的辩证法遭到了窒息的厄运。

在《神圣家族》中,马克思强调指出,黑格尔把人等同于自我意识,把人类现实等同于自我意识的形成和规定性,自我意识是纯粹的范畴,它能够扬弃和克服它的规定性。这样,黑格尔就否定了人类意识的物质基础。这种否定和排除是一种破坏性工作,其结果是形成最保守的哲学,即精神主宰世界。在批判中,马克思明确表达了如下思想:自我意识是人的自我意识,这里的人不是抽象的人而是现实的人,是生活在现实的实物世界中并接受这一世界制约的人。这种思想既是对哲学基本问题的又一次明确的回答,也是对社会存在决定社会意识原理的阐述。

由上可知,在《手稿》和《神圣家族》中,马克思已经彻底摧毁了黑格尔辩证法的唯心主义基础,创立唯物辩证法的最首要的前提已经具备,最根本的任务已经完成,新的道路已经全面打通。特别是《手稿》,它是马克思主义发展史上的一个重要的里程碑,把它比作马克思主义哲学的真正发源地或哲学变革的起源,是毫不过分的。有人认为对黑格尔哲学的彻底清算是在19世纪80年代由恩格斯在《反杜林论》、《费尔巴哈论》等著作中完成的,这种看法恐怕有失片面,至少是一种理论上的疏忽。

(4)马克思批判了黑格尔对个别与一般关系的歪曲,揭示了黑格尔唯心主义哲学的认识论根源

个别与一般是与本体论、认识论、和历史观都有直接关系的一对辩证法最基本范畴。在哲学史上几乎每个时代对个别与一般的认识都与对当代最重要的哲学问题的探讨紧密相连。许多哲学家的失足之处正在于未能正确处理个别与一般的关系。黑格尔作为辩证法的集大成者,在这个问题上也作出了重大的贡献。他提出了普遍性是一类事物的本性,要把普遍性和一类事物的共同点区别开来的思想,从而第一次给"一般"这个范畴作出明确的规定。他论述了个

别与一般既对立又统一的辩证关系。并把个别和一般的辩证法运用于认识论，指出了人类认识的次序是从个别到一般的逐渐深化。

但是，他把一般看作现实世界的基础、个别的创造者和本质，认为普遍概念是第一性的，个别事物是第二性的，"概念才是真正的先在的。事物之所以是事物，全凭内在于事物并显示它自身与事物内的概念活动。"①

在《神圣家族》中，马克思深刻批判了黑格尔对个别与一般关系的歪曲，阐明了自己的唯物主义观点。

首先，马克思以果实为例，指出黑格尔的主要错误在于把一般概念绝对化，当作实体，把个别事物当作实体的表现，并挖苦他这种推导对人们认识事物毫无帮助。

其次，马克思指出，在黑格尔那里，个别和一般的关系归纳为一点就是先验的"一般"把个别溶入于自身，然后又派生出去。一般概念具有活生生的、自相区别的，能动的本质，这是个别事物之所以存在的原因。一般概念根据自己的这种本质把自己确定为个别事物，个别事物成为一般概念的客观化、物化、外在表现。个别事物之间的区别是一般概念的自我区别。个别事物由于表现了一般概念的自身差别性，所以每个事物都成为一般概念发展中的一个环节，一般概念由于这些环节的存在形成了内容丰富的统一体，并且经过这些环节使自己逐渐完善，达到最高峰。

马克思还指出，黑格尔唯心主义哲学与宗教的一个区别在于它承认个别事物的多样性，但个别事物只是一般概念的化身、环节和产物。人们在这种思辨哲学中接触到的个别事物已经不是物质的感性的东西，而是超自然的纯粹抽象。人们的任务是证明它们之间的神秘联系，即证明一般概念的自我发展过程，因此，个别事物之所以能够存在，不是因为它自身的客观本性，而是因为它作为一般概念的环节和表现在其发展中有着不可否认的地位和作用。这样，黑格尔就把从一般到个别的过程歪曲成一般创造个别的过程。这种从一般概念构造具体事物的方法，同上帝创造万物在本质上又是完全一致的。

在批判黑格尔的过程中马克思着重论述了个别与一般范畴的客

---

① 黑格尔. 小逻辑[M]. 北京：商务印书馆 1980，334.

观性,认为个别的感性事物是客观存在的,世界上的任何事物都在人的意识之外存在着。一般只是个别事物的某种普遍属性。把一般概念独立化、实体化,是黑格尔整个辩证法结构的秘密。

从以上四个方面可以看出,马克思批判黑格尔唯心辩证法的过程就是创立唯物辩证法的过程,也可以理解为创立社会辩证法的过程。

2. 通过创立科学的实践观实现唯物论和辩证法的统一

在革命斗争的实践活动中提出科学的实践观,并以此作为基础建立起科学的完备的辩证唯物主义和历史唯物主义体系,揭示自然、社会和人类思维的发展规律,为无产阶级提供认识世界和改造世界的强大思想武器,这是马克思主义哲学的一个本质特征。

科学的实践观在唯物辩证法中占有重要地位,它的提出是创立唯物辩证法的重要组成部分和关键。

马克思的实践观同样经历了一个逐步形成和发展的过程。在理论活动的初期还没有跳出黑格尔思辨哲学的圈子;在博士论文中还把实践归结为自我意识和精神活动的高级形式,看作是一种理性批判;在"两个转变"过程中,实践观已开始萌芽,在《黑格尔法哲学批判》及其《导言》中已经看到哲学唯有和政治结合起来才能成为真理,认为哲学必须对历史的斗争和愿望作出当代的自我阐明。并且这时已经把哲学同无产阶级及其革命运动联系起来,第一次申明自己哲学的阶级性和实践性:"哲学把无产阶级当作自己的物质武器,同样地,无产阶级也把哲学当作自己的精神武器——,德国人的解放就是人的解放,这个解放的头脑是哲学,不把哲学变成现实,就不能消灭自己。"①

科学的实践观在《1844年经济学哲学手稿》中第一次得到全面论述。在《手稿》中,马克思深刻批判了黑格尔的精神异化理论,阐明了自己的对象化理论,即实践观点。马克思全面论述了人的实践活动的本质和特征,指出:

第一,实践是客观性的活动。实践的主体是"一个有生命的、自然的、具备并赋予有对象化的即物质的本质力量的存在物,是现实的、有形体的、站在稳固的地球上呼吸着一切自然力的人";实

---

① 马克思恩格斯选集(第1卷)[M].北京:人民出版社 1995,15.

践的客体是拥有人的本质的"现实的、自然的对象";实践的活动本身不是"从自己的纯粹的活动转而创造对象",而是主体和客体,人和对象之间的相互联系和相互作用;实践的结果和产物对人来说是"一个现实的,但以外在性的形式表现的因而不从属于它的本质并且凌驾其上的对象世界"。① 所以说,实践是人的一种客观的物质性的活动,"这是十分自然的,这里并没有什么不可捉摸的和神秘莫测的东西"。② 马克思对实践的客观性做了大量的论述,主要是针对黑格尔唯心主义实践观而发的。

第二,实践是能动性活动。人的实践能力和实践活动是对象性的本质力量的主体性,实践是主体人的能动地改造客观世界的活动,这种能动性来源于人的意识性。有意识的生命活动把人同动物的生命活动直接区别开来。通过实践创造对象世界,即改造无机界,证明了人是有意识的类存在物,——正是在改造对象的世界中,人才真正地证明了人是类存在物,这种生产是人的能动的类生活。通过这种生产,自然界才表现为他的作品和他的现实。因此,劳动的对象是人的类生活的对象化:人不仅像在意识中那样理智地支配自己,而且能动地、现实地发现自己,从而在他所创造的世界中直观自身。人和动物是在与自然界进行物质交换中得以生存和发展的,作为一个对象性的存在物,首先要以自然界为对象,要受自然界客观必然性的制约。人具有自然力、生命力,是能动的自然存在物。这些力量作为天赋和才能、欲望存在于人身上。人对自然界的需求是按照人的标准,通过对自然界有目的有意识的改造活动求得满足的。人之区别于动物,在于他的生命活动是有意识的。由于这种自由自觉的性质,人同自然界的关系比动物更为普遍;人赖以生活的自然界的范围以及自然界作为人的生活对象的内容也比动物更为宽广。一方面,人不仅把自然界作为自己直接的生活资料,而且把它作为自己生命活动的材料、对象和工具。自然界表现为人的无机身体。另一方面,人把自然界作为自然科学和艺术生活的对象,自然界又表现为人的精神的无机界。正由于人同自然界的这种关系,人不是像动物那样把自己统一于自然界,而是把自己和自然界统一于人的世

---

① 马克思恩格斯全集第 42 卷,[M]. 北京:人民出版社 1979,166.
② 马克思恩格斯全集第 42 卷,[M]. 北京:人民出版社 1979,166.

第一章 马克思主义的社会辩证法理论

界——社会。社会是人同自然界的完成了的本质的统一，是自然界的真正复活，是人的实现了的自然主义和自然界实现了的人道主义。同时，马克思还认为，在改造自然界的活动中人与人之间必然发生一定的社会关系。劳动也只有在这种关系中才能成为人的现实的生命活动。人作为社会的生物，在一个内部的相互关系上才把自己同动物区别开来。由此可见，马克思对实践的能动性已经作了精辟透彻的说明，为后来深刻批判形而上学唯物主义作了理论准备。同时也应看到，黑格尔非常强调主体的能动性，甚至把它绝对化，但他的主体是绝对精神，因此所谓能动性只能是精神的能动性；又因为绝对精神不过是上帝的别名，所以能动性本质上成为上帝的能动性。马克思正是为了对黑格尔进行改造，才把能动性还原为真正的主体——人的能动性。

第三，实践是对象性活动。黑格尔也主张活动的对象性，但在他那里，活动的主体是绝对精神，或称为自我意识。对象性是这种主体的外化，客观事物是这种外化的结果。马克思批判黑格尔的谬论，指出他把自我意识当作主体对现实对象化活动的歪曲，因而显得神秘莫测。并且，自我意识孤立进行的所谓对象化活动不会产生任何实际结果，抽象的主体外化后只能产生抽象的对象。自我意识所设定的物性不是现实的物，只是纯粹的创造物。与此相反，因为实践是主体的客观的能动的活动，所以它必然产生积极的实际效果。实践活动的结果是人化了的独立于人的对象，是人的本质力量的对象化，这种客观的产物本身又反过来证实了它的对象性活动，证实了它的活动是对象性的、自然存在物的活动。

马克思阐明了自己的实践观，他坚信只有这种观点能够理解世界历史的行动。

如果说马克思在《手稿》中着重揭示了实践的科学含义，那么在此以后不久所写的《关于费尔巴哈的提纲》中则侧重论述了实践在哲学中的地位和意义。提纲的十一条内容已为人所共知，无须赘述。关于实践，马克思主要指出以下几点：

缺乏科学的实践观是一切旧唯物主义的共同缺点和主要特征，也是他们陷入唯心史观的主要原因之一；实践是认识的基础和检验认识真理性的标准；实践是人类存在的方式，是社会生活的本质，是全部历史进程的基础；实践性是马克思主义哲学的一个重要特征。

科学的实践观对马克思创立唯物辩证法具有重大的理论意义。

物质和意识的关系是哲学的基本问题。在马克思主义哲学产生以前一直没有得到正确的解决。旧唯物主义和唯心主义各执一端,一个只知自然界,另一个只知道思想,都是对这个问题作了错误的回答。造成这种错误的基本原因之一就是由于没有一个科学的实践观而产生唯物论和辩证法的分离。古希腊时期曾经有过唯物论和辩证法的结合,但那种结合是非常原始、粗糙的、极不科学并带有极大的猜测性,不足以对客观世界作出正确的说明。在此后的哲学发展中,唯物论和辩证法基本上分道扬镳了。黑格尔在唯心形式下把辩证法发展到高峰,但本质上是错误的。究其根源来说,不能不认为唯心主义实践观在起作用。黑格尔揭示了实践的一般规定性,论述了实践和认识的关系,也提出了实践是检验真理的标准问题。包含许多合理成分,为马克思提供了宝贵的启迪。但他由于唯心主义世界观和立场所决定,把实践看作是客观概念的运动。人的真正的实践活动只是概念运动的外在表现,是客观概念的异化。在社会领域,他又把实践归结为理性的实践,对善的追求等等。

费尔巴哈作为唯物主义的杰出代表,在批判唯心主义过程中也提出了实践的概念,指出了唯心主义的主要缺点正是由于它仅仅从理论的观点提出和解决思维和存在的关系问题,但他并不真正懂得实践的科学含义,认为暂时只在一个人的头脑中存在着的东西就是理论,而在许多人头脑中已有的东西就是实践。在更多的情况下他把实践理解为人的生理需要和日常生活琐事,甚至连犹太人的投机倒把活动也算在内,可见费尔巴哈对实践的理解是庸俗和混乱的。正由于他缺乏科学的实践观点,才把唯物主义和辩证法割裂开来,把能动的方面让给唯心主义去发展,陷入了直观的机械的反映论和唯心史观。

马克思对以往一切哲学思想进行了批判改造,认为实践是人们改造客观世界的物质活动,思维和存在、主观和客观是对立面的统一,只有在实践基础上才能产生主观和客观的矛盾,也只有在实践中才能使矛盾得到解决,达到主客观的统一。实践是连接主体与客体的纽带和桥梁。这样,马克思主义实践观的提出就既克服了唯心主义无限夸大精神作用的片面性,又摆脱了旧唯物主义的庸俗解释和荒唐类比。马克思也就在实践的基础上第一次使唯物论和辩证法科学地结合起来，使唯物论和辩证法各自获得了崭新的形态，标志着人类认识发展到一个新的历史阶段。实践观的创立结束了自然观、认识论、历史观彼此割裂的局面，为辩证法开辟了更广阔的领域。

通过创立科学的实践观，使唯物论和辩证法有机结合起来，这可以看作马克思创立唯物辩证法的第二个阶段。

3. 通过历史辩证法的揭示宣告唯物辩证法的诞生

马克思创立唯物辩证法的工作不仅在自然观和认识论领域进行，更多的和更主要是体现在历史领域。唯物辩证法和历史唯物主义是紧密结合、相得益彰的，二者的创立是同一过程。马克思是通过揭示历史领域的辩证法，才使得唯物辩证法全面地确立起来。揭示历史领域的辩证运动是唯物史观的最基本内容。在自己早期的论著中，马克思也正是通过论述社会存在和社会意识的辩证关系、个人与社会的辩证关系、必然与自由的辩证关系等建立了历史唯物主义理论。马克思的历史唯物主义思想及其丰富，非专文长论不能说明一二。本文只能略举几例，证明其创立唯物辩证法的意义。

例1. 运用唯物辩证法阐明异化劳动理论，揭示私有制的根源。

马克思的异化劳动理论是在《手稿》中全面系统地提出来的，从而为已往的一切异化学说找到了一个根本点。在《手稿》中马克思从分析资本主义社会经济事实中的大量矛盾入手，通过论述矛盾双方的对立、联系和相互作用，逐层深入，最后揭示了私有制的根源，提出了解决矛盾的根本方法。马克思首先辩证地分析了劳动的二重性，认为在私有制条件下，劳动不仅具有创造性的一面，而且还有摧残人的消极一面。其后马克思论述了劳动者和自己劳动产品的异化；劳动者和劳动活动的异化；劳动者和人的类本质的异化；人和人的异化。通过这些论述马克思得出结论：阶级对立是异化劳动的产物；异化劳动是私有制的根源。马克思借助异化劳动理论揭示了私有制的根源，指出了私有制的暂时性，引出了共产主义的必然结论，这是对辩证法的卓越运用，对那种把私有制永恒化、绝对化的形而上学和唯心史观是一个根本的否定，从而使异化劳动理论在马克思主义哲学发展史中占有重要的地位。

例2. 运用唯物辩证法剖析资本主义社会，阐明无产阶级的历史作用。

对待无产阶级的态度是区分唯物史观和唯心史观的重要标志之

一。马克思早在《黑格尔法哲学批判导言》中就对无产阶级进行了热情的歌颂。在《神圣家族》中马克思运用对立统一规律剖析了资本主义社会,阐明了无产阶级的历史作用。

无产阶级和资产阶级的尖锐的矛盾对立在资本主义社会中是无时不在无处不有的,马克思用唯物辩证法的观点对这种到处盛行的对立做了深刻的剖析。

首先,马克思肯定了无产阶级和资产阶级是由两大对立的方面构成的一个统一体。其次,马克思分析了矛盾双方在统一体中所处的不同地位,通过分析得出结论:在整个对立的范围内,私有制是保守的方面,无产阶级是破坏的方面。从前者产生保持对立的行动,从后者则产生消灭对立的行动。再次,马克思指出了在资本主义社会中这一矛盾运动的结果。私有制在自己的经济运动中自己把自己推向灭亡,只有通过无产阶级才能做到这点。随着无产阶级的胜利,无产阶级本身以及制约着它的对立面———私有制都趋向消灭。

所以,马克思认为,无产阶级决不仅是一个受苦的阶级而且是一个革命的阶级,马克思在这里第一次表述了无产阶级的伟大历史作用是由其社会经济条件所决定的这一重要思想。

例3. 运用唯物辩证法阐明了生产力和生产关系的矛盾运动,揭示了人类社会发展的基本规律。

在与恩格斯合著的《德意志意识形态》中,马克思第一次从本质上阐明了生产力和生产关系的辩证运动,全面展开了历史辩证法。

第一,论述了生产方式是生产力和生产关系的统一。生产力是生产方式的决定因素。它的发展归根到底决定着生产方式的变更和人类历史的发展。

第二,论述了生产关系对生产力的反作用。指出生产力又是以一定的生产关系为前提的,一定的生产力要求一定的生产关系。同时,生产关系(马克思主要是用交往形式的概念表示生产关系)也制约和影响生产力的发展。当它适合生产力需要时,它是生产力发展的必要条件,反之则阻碍生产力的发展。生产关系发展的状况对于生产力的保存和发展有着重要的意义。

第三,论述了生产力和生产关系的矛盾运动。马克思和恩格斯指出,生产力决定社会关系的类型即交往形式,生产力发展到一定阶段就同现存的交往方式发生矛盾。通过社会革命,一种新的、更高类型的交往方式将取代已经变成生产力阻碍的原先的交往方式。以后,这种新的交往形式又不再适合发展着的生产力而变成它的阻碍,并为另一种更为进步的交往形式所代替。这样,在整个历史发展过程中,在依次更替的各个阶段之间就形成了一种承续性的联系。人类历史的发展,也就是生产力和交换关系之间的矛盾。一切历史冲突都根源于生产力和交往方式之间的矛盾,生产力和交往方式之间的这种矛盾每一次都不可避免要爆发革命。对生产力和生产关系矛盾运动的阐述,为理解一切社会现象、探索社会运动的一般规律提供了基本线索。此外,马克思和恩格斯还阐明了经济基础和上层建筑之间、上层建筑各部分之间的辩证关系。

以上三例,大致概括了从《手稿》经过《神圣家族》到《形态》唯物史观由萌芽到最后确立的过程,反映了辩证法在社会历史领域的运用和发展,体现了辩证法和唯物论的统一。随着社会的本质和发展规律的全面揭示,宣告了包括唯物辩证法和历史唯物论在内的整个马克思主义哲学的诞生。

(二)马克思社会辩证法理论的基本内容

马克思的社会辩证法理论不仅表现在创立唯物辩证法的过程中,还表现在以下几个方面:

1. 关于人的理论

马克思认为,人的属性是多方面的统一。人直接地是自然存在物。而且作为有生命的自然存在物。劳动过程就是人自身作为一种自然力与自然物质相对立。人的本质在其现实性上是一切社会关系的总和。"我决不用玫瑰色描绘资本家和地主的面貌。不过这里涉及到的人,只是经济范畴的人格化,是一定的阶级关系和利益关系的承担者。我的观点是:社会经济形态的发展是一种自然历史过程。不管个人在主观上怎样超脱各种关系,他在社会意义上总是这些关系的产物。"[①] 马克思的这些论述是人们非常熟悉的,这些论述全面揭示了人的属性,同时也坚持了关于人的本质的历史唯物主义的立场,批判了只强调人的精神属性的唯心主义和只强调人的自然属性的形而上学唯物主义。这些论述对于人们正确认识自身有重要启示。

---

① 马克思恩格斯全集(23卷)[M]. 北京:,人民出版社 1972,12.

既然人是自然存在物，那么人就应当重视自己的自然属性，珍惜生命，关爱健康，发展医疗卫生保健事业，搞好优生优育，正确认识和满足人的自然需要；既然人是意识存在物，那么人就应当树立正确的自我意识，以理性因素指导和调控非理性因素，正确而充分地发挥主观能动性；既然人是社会存在物，那么人就应当认清自己在社会中的角色和责任，正确认识和满足人的社会需要，处理好各种社会矛盾……

　　马克思在《德意志意识形态》中提出了许多关于人的思想。例如：关于孤立的个人：指的是由于生产资料的私人占有制、自发的分工、有限的交往而处于孤立状态下的个人。在这种状态下，个人之间是分散和对立的。不能进行自由自主的活动。关于偶然的个人：指的是处于不可控制的生活环境和社会条件之下的人，人是社会环境的奴隶而不是主人，但逃亡农奴和无产者的偶然性是不同的。关于完整的个人：指的是从有限的占有、交往和生产工具束缚下解放出来，从事自主活动、全面发展的、自觉自由地展示自己本质力量的人。关于有个性的人：指的是从事自主活动的人。这是一个社会历史性范畴，只有在共产主义社会，真正有个性的个人才能确立起来。关于联合起来的人：指的是在集体占有生产资料的自由共同体中存在的个人。私有制下的人与人之间的联合是被压迫的，其产生的是异己的力量。只有当人们联合起来共同占有生产资料，人们才有可能进行自觉自愿的分工与交往，个人才能实现真正的自由和全面发展。关于现实的人：指的是有生命的、从事一定活动并处在一定社会关系中的个人。这里所说的个人不是他们自己或别人想象中的那种人，而是现实中的个人，也就是说，这些人是从事活动的，进行物质生产的，因而是在一定的物质的、不受他们任意支配的界限、前提和条件下活动着的。关于世界历史性的个人：指的是生产力和交往普遍发展，历史转变为世界历史情况下存在的个人。这些个人摆脱了不同民族和地域的局限，其活动是相互联系的，受整个世界物质生产和精神生产的制约，主客体的关系要通过中介等等。在《犹太人问题》中马克思提出"人的二重化"和"人的双重生活"思想，认为人既是公民又是私人，这是政治解放带来的结果，人既过着天国生活又过着尘世生活。宗教信徒与公民之间的矛盾可以归结为政治国家和市民社会分裂，普遍利益和私人利益的冲突，要消除人的二重生活不能寄希望于政治革命,而要进行社会革命。马克思关于个人的这些思想驳斥了现代西方哲学关于马克思主义哲学存在"人学空场"的谬论,全面揭示了个人的辩证性质,为每个个人形成正确的自我意识奠定了思想基础。这些思想也成为当前中国学术界研究的新热点,每一种不同的解释也都有助于深化人们对此问题的认识。①

马克思在《1844年经济学哲学手稿》中提出了"社会生产人和人生产社会"的命题,认为在共产主义社会,产品直接用来满足别人的需要,人们彼此为对方生产,为社会生产;同时,人的活动和享受又都是社会的。在生产过程中,人与社会统一起来。在《德意志意识形态》中还提出了"人们在肉体上和精神上互相创造着"的命题,认为由于生产力的发展、活动范围和交往的扩大,个人之间的相互依赖关系日益突出,每个人肉体和精神生活中所需要和使用的财富都是别人生产的产品,每个人的产品也都被其他人所需要和使用,成为其他人肉体和精神生活的一部分。在《哲学的贫困》中提出"人既是历史的剧作者,又是历史的剧中人。"在《神圣家族》中提出"人们自己创造自己的历史"。在《路易·波拿巴的雾月十八日》中又指出,人们不能随心所欲地创造,而是在一定条件下创造。这些命题或观点阐明了个人与他人的关系、人的主体性或主观能动性与社会历史发展的客观规律性的关系,体现了人的辩证法。

2. 关于劳动的理论

马克思除了在《1844年经济学哲学手稿》中提出了著名的"异化劳动"理论之外,在评述黑格尔劳动观时提出劳动有积极方面和消极方面。还在《1857——1858年经济学手稿》中论述了劳动的对象化和非对象化,认为劳动产品就是劳动的对象化,这在一切社会形式中都存在,但在资本主义社会中,劳动又是非对象化的,因为劳动同一切劳动资料和劳动对象相分离。劳动又可分为物化劳动和活劳动,前者又称为"死劳动",是凝结在产品中的劳动,后者是劳动者在生产过程中进行着的劳动,在价值增值过程中,活劳动是价

---

① 参见李云峰. 马克思学说中人的概念[M]. 北京:人民出版社 2007. 周世兴. 个人的历史与历史的个人——马克思个人理论研究[M]. 北京:人民出版社 2013.

值和剩余价值的唯一源泉。物化劳动又称为空间上存在的劳动,活劳动称为时间上存在的劳动。在资本制度下劳动的性质可以分为生产劳动和非生产劳动,凡是创造新的使用价值的劳动就是生产劳动,否则就是非生产劳动;生产剩余价值的劳动是生产劳动,否则是非生产劳动。马克思还指出了生产劳动和消费的辩证关系,认为生产决定消费,消费反作用于生产;生产就是消费,消费就是生产;生产和消费互相依赖互相创造。

马克思一方面认为劳动是人的类本质,另一方面在《德意志意识形态》中提出"消灭劳动"的思想,认为资本主义制度下的异化劳动应当消灭。在1854年《给工人议会的信》中论述了解放劳动的两个条件,即无产阶级有能力把现代社会生产力掌握在自己手里,变资本主义私有制为公有制,完全消灭劳动受资本主义奴役的根源。在《资本论》中,马克思把生产商品的劳动分为具体劳动和抽象劳动,前者指生产一定使用价值的具体形式的劳动,后者是无差别的一般人类劳动即人的体力和脑力的消耗,它形成商品的价值,劳动二重性决定了商品的二因素。马克思关于劳动的这些论述生动地体现着社会辩证法。

3. 《资本论》

这部世所公认的马克思主义理论宝库不但是经济学著作,而且也是哲学著作,其中包含着社会辩证法的一系列哲学原理。

矛盾分析法:运用对立统一规律分析资本主义生产方式的矛盾运动。"马克思以资本主义经济的细胞形式商品为发端,进而揭示了商品的内部矛盾、商品和货币的矛盾、资本总公式的矛盾、资本主义生产过程中劳动过程和价值增值过程的矛盾、资本自身生产即资本积累过程中的财富积累和贫困积累的矛盾,以及资本主义历史发展过程的生产社会化和生产资料的资本主义私人占有的矛盾,等等。这一矛盾分析方法贯穿于《资本论》的始终。"[①]

辩证的阐述方法:即从抽象上升到具体的方法。马克思阐述了由商品到货币、由货币到资本的转化,由资本的直接生产过程到流通过程再到总过程,在思维中再现了资本主义经济的现实。

唯物辩证法的研究方法:除前两项以外,还有量变到质变、否

---

① 李淮春. 马克思主义哲学全书[M]. 北京:中国人民大学出版社 1996,863.

定之否定、形式和内容、现象和本质、原因和结果、偶然和必然、可能和现实、分析和综合、归纳和演绎、逻辑和历史相一致的方法。

唯物史观：社会结构理论、社会发展理论、意识形态和精神生产理论、生产力的质和量、人的自然属性和社会属性、人性的一般社会性和具体历史性、社会主义和共产主义。

"《资本论》在马克思主义哲学史上的地位就在于：它把黑格尔的辩证法改造为'唯物主义的方法'，并且方法与理论融为一体，标志着马克思主义科学方法论的确立；它把唯物史观应用于经济学研究，同时又在经济学研究中进一步证实和发展了唯物史观的巨大方法论功能和科学批判本质，实现了唯物史观的科学化和系统化，标志着唯物史观由假说变为科学形态。"①

马克思一生都在研究人的自由、全面、充分发展问题，以社会辩证法为武器为人类开辟解放的道路，如果把马克思的辩证法仅理解为唯物辩证法，不论加多少修饰词，也无法体现马克思对旧哲学的超越，等于抹杀了马克思的历史功绩。

二、恩格斯的社会辩证法理论

恩格斯和马克思共同创立了唯物辩证法，并且比马克思更多地确立和阐发了辩证法的基本原理。他制定了关于唯物辩证法的定义，认为辩证法是关于自然、人类社会和思维运动发展的普遍规律的科学，是关于普遍联系的科学，是关于一切运动的最普遍规律的科学，是关于外部世界和人类思维运动的一般规律的科学。他在这些定义中突出强调了辩证法的科学性，以此与黑格尔为代表的唯心主义辩证法及旧唯物主义辩证法相区别，同时，把人类社会也作为辩证法的对象。

恩格斯论述了唯物辩证法的规律。他在《自然辩证法》中提出，辩证法的规律是从自然界和人类历史中抽象出来的最一般规律，它们可以归结为量转化为质和质转化为量的规律，对立的相互渗透的规律，否定之否定的规律。这三个规律对自然界、人类历史和思维运动都是同样适应的，并且可以被认识出来。（这里已经包含了社会

---

① 李淮春. 马克思主义哲学全书 [M]. 北京：中国人民大学出版社 1996，863.

辩证法思想）他还论述了物质世界的普遍联系、物质和运动的相互关系、宇宙是无限的进步过程、运动的基本形式、自然科学各个领域的矛盾状况、客观辩证法和主观辩证法的含义和相互关系。如果说马克思是从根本上颠倒了黑格尔的唯心辩证法，那么，恩格斯则为这种颠倒提供了详尽而有力的论证。

恩格斯在《反杜林论》中深刻分析了形而上学思维方式产生的原因、特点和错误，以及辩证法和形而上学的区别。他指出，形而上学思维方式是近代英国唯物主义者培根和洛克把当时自然科学的研究方法转移到哲学中而造成的，其特点是在绝对不相容的对立中思维。初看起来它似乎是极为可取的，因为它是合乎所谓常识的，在一定领域中是正当和必要的，但一超过一定界限就变成片面的、狭隘的，并且陷入不可解决的矛盾，因为它只看到事物而忘了相互关系，看到存在就忘了产生和消失，看到静止忘了运动，只见树木不见森林。而在辩证法看来，这是一个很长的过程，每个有机体永远是它本身，同时又是别的东西，对立的两极不可分离还相互渗透，原因和结果在总联系中相互融合并交换位置，自然界是检验辩证法的试金石，自然界的一切归根到底是辩证的而不是形而上学发生的。（由于自然科学家只是少数人，这些论述用来分析社会现象似乎更有意义。）

恩格斯在《反杜林论》中还揭示了人类认识的辩证法，提出了一些重要论断：人的思维是至上的和非至上的；人的认识能力是无限的和有限的；认识是相对的和逐步完善的；真理和谬误的对立是相对的、相互转化的；自由是历史发展的产物，文化上的每一个进步都是迈向自由的一步。（由于人的认识是社会的人在社会实践中形成的对社会事物的认识，所以，人类认识的辩证法应当看作是社会辩证法的一部分。）

恩格斯的社会辩证法理论也反映在于马克思合著的那些著作当中，尤其是《德意志意识形态》和《共产党宣言》中关于历史唯物主义原理的论述，那些原理既是马克思的思想，也是恩格斯的思想，二者是无法分开也不应当分开的。列宁曾指出："如果我们试图用一个词来表明这个通信集（马克思恩格斯通信集）的焦点，即其中所抒发所讨论的错综复杂的思想汇合的中心点，那么这个词就是辩证法。运用唯物主义辩证法从根本上来修改整个政治经济学，把唯物

第一章　马克思主义的社会辩证法理论

辩证法运用于历史、自然科学、哲学以及工人阶级的政治和策略——这就是马克思和恩格斯最为关注的事情，这也是他们做出最重要、最新的贡献的领域，这就是他们在革命思想史上迈出的天才的一步。"① 列宁的这个评论是恰如其分的。

恩格斯的自然辩证法思想是他的伟大创造，这本专著史论结合，材料详实，论证严谨，仅是导言部分就引人入胜，令人难以释卷。但这本未能最终完成的著作所表达的思想却给他带来巨大的争议，这些思想在中国的哲学教科书中是辩证法的基本原理和例证，在西方马克思主义和西方马克思学那里是机械自然观和非人道主义的表现，是恩格斯背离了马克思的证明，近年来在中国学术界也受到一些人的批评，各种指责都认为恩格斯强调的是在人之外，与人无关的纯粹自然界。其实这是一种误解或者说简单化的看法。

中国学术界也有人在为恩格斯辩护。张一兵在《马克思历史辩证法的主体向度》（南京大学出版社2002年版）一书第5章以"恩格斯与社会历史辩证法"为标题，认为恩格斯的观点是以实践为基础的历史的辩证的自然观，与西方学者片面理解的所谓"机械决定论的自然本体辩证法"存在着本质的不同。而这种观点正是恩格斯确定自然史发展与社会历史观的重要基础。何萍在《马克思主义哲学史教程》（人民出版社2009年版）一书中，把恩格斯在《自然辩证法》中论述的哲学与自然科学的关系、劳动对人类形成的意义、人的两次提升思想，看作是恩格斯对哲学的三点主要贡献。朱传棨在《恩格斯哲学思想研究论稿》（人民出版社2012年版）一书中甚至认为，恩格斯的《自然辩证法》的伟大贡献，其功绩不亚于马克思对唯物史观的发现。

其实，对于恩格斯的自然辩证法换个角度来理解，完全可以看作是社会辩证法的一部分。因为马克思和恩格斯所理解的自然本来就是人化自然，经过人类实践改变了的自然，不是也不可能是与人无关的纯粹自然。这样的自然不但少之又少，而且马克思认为它对于人来说就是无。人化自然属于广义的人类社会的组成部分，自然科学是人类的科学，也是具有社会性的科学，其发展状况既受生产方式所决定，也受哲学和宗教等意识形态的影响，正如恩格斯所指

---

① 列宁全集（第24卷）[M]. 北京：人民出版社中文第2版，276.

出的那样，各门科学研究的是以地球为中心的自然图景。

恩格斯在《自然辩证法》中的许多论述都表达了社会辩证法的思想，尽管不一定用到辩证法的词语：①

"自然界经过多少万年发展出这样一种脊椎动物，在它身上自然界达到了自我意识，这就是人。"

"人是由分化产生的，不仅从个体方面而且从历史方面也是如此。"

"手的专门化意味着工具的出现，而工具意味着人所特有的活动，意味着人对自然界进行改造的反作用，意味着生产。狭义的动物也有工具，也进行生产，但是它们的生产对周围自然界的作用在自然界面前只等于零。只有人才给自然界打上自己的印记。"

"有了人，我们就开始有了历史。人离开狭义的动物愈远，就愈是有意识地创造自己的历史，不能预见的作用，不可控制的力量对这一历史的影响就愈小，历史的结果和预定的目的就愈加符合。但是，如果用这个尺寸来衡量人类的历史，即使衡量现代最发达的民族的历史，我们就会发现：在这里，不能预见的作用占了优势，不能控制的力量比有计划发动的力量强得多。"

"每一个时代的理论思维，从而我们时代的理论思维，都是一种历史的产物，在不同时代具有非常不同的形式，并因而具有非常不同的内容。"

"辩证法对今天的自然科学来说是最重要的思维形式……一个民族想要站在科学的最高峰，就一刻也不能没有理论思维。"

"蔑视辩证法是不能不受惩罚的。"

"伪造的存在，正好证明了真的东西的真实。"

"劳动和自然界一起才是一切财富的源泉，自然界为劳动提供材料，劳动把材料变为财富。但是劳动还远远不止如此。它是整个人类生活的第一个基本条件，而且达到这样的程度，以致我们在某种意义上不得不说：劳动创造了人本身。"

"手不仅是劳动的器官，它还是劳动的产物。"

"随着手的发展，随着劳动而开始的人对自然界的统治，在每一

---

① 参见马克思恩格斯选集（第 4 卷）[M]．北京：人民出版社 1995，260－386．

第一章　马克思主义的社会辩证法理论

个新的进展中扩大了人的眼界。……另一方面，劳动的发展必然促使社会成员更紧密地互相结合起来。"

"首先是劳动，然后是语言和劳动一起，成了两个最重要的推动力，在它们的影响下，猿的脑髓就逐渐地变成人的脑髓。"

"肉类食物引起了两种新的有决定意义的进步，即火的使用和动物的驯养。……这两种进步就直接成为人的解放手段。"

"但是我们不要过分陶醉于我们对自然界的胜利。对于每次这样的胜利，自然界都报复了我们。每一次胜利在第一步都确实取得了我们预期的结果，但是在第二步和第三步却有了完全不同的出乎预料的影响，常常把第一个结果又取消了。"

"到目前为止存在过的一切生产，都只在于取得劳动的最近的、最直接的有益效果。那些只是在以后才显现出来的、由于逐渐的重复和积累才发生作用的进一步的结果是完全被忽略的。"

"在今天的生产方式中，对自然和社会，主要是注意到最初的最显著的结果，然后人们又感到惊奇的是：为达到上述结果而采取的行为所产生的比较远的影响，却完全是另外一回事，在大多数情形下是完全相反的……"

"永恒的自然规律也愈来愈变成历史的规律。"

对于以上引文，人们不必作任何解释或推演，因为恩格斯的论述已经非常清楚，不需要别人画蛇添足。需要指出的是，这些论述体现了辩证法关于联系、发展、矛盾、转化等原理，在名为《自然辩证法》的著作中也到处可见社会辩证法的理论，何况其他？

恩格斯的社会辩证法理论在《家庭、私有制和国家的起源》中也有诸多表现：

第一，两种生产的理论。恩格斯认为，历史中的决定因素归根结底是直接生活的生产和再生产，但生产本身又有两种。一方面是生活资料即食物、衣服、住房，以及为此而必需的工具的生产；另一方面是人类自身的生产，即种的繁衍。一定历史时代和一定地区内的人们生活于其下的社会制度，受着两种生产的制约：一方面受劳动的发展阶段的制约，另一方面受家庭的发展阶段的制约。

第二，史前各文化阶段。恩格斯叙述了蒙昧时代和野蛮时代各自经历的低级阶段、中级阶段、高级阶段，指出了各阶段的特征。

第三，家庭形式的演变。血缘家庭——普那路亚家庭——对偶家庭——一夫一妻制家庭。在指出各种形式的家庭所具有的不同特点之外，恩格斯运用辩证法论述了由母权制社会向父权制社会过渡的必然性、婚姻和道德的关系、婚姻与阶级和法律的关系、妇女解放的条件、性爱的本质和历史变迁等问题。

第四，氏族组织的特征和灭亡的必然性及国家的产生。恩格斯分别论述了易洛魁人和希腊人的特征，以雅典和罗马及德意志为例揭示了国家的产生过程。

第五，社会分工理论。恩格斯指出，人类历史上出现过三次大分工，导致了社会的三次大分裂。第一次是畜牧业的出现，游牧部落从野蛮人群中分离出来，社会分裂为两个阶级：主人和奴隶、剥削者和被剥削者；第二次是手工业和农业分离，出现了商品和贸易，除了自由人和奴隶的差别以外又出现了富人和穷人的差别，个体家庭开始成为社会的经济单位；第三次是商人的出现，他是一个不从事生产而只从事产品交换的阶级，是社会寄生虫阶级，随之出现了金属货币，这是商品的商品，谁握有它，谁就统治了生产世界，在这种财富的化身面前，其他一切财富形式都不过是一个影子而已。分工和社会分裂为阶级炸毁了氏族制度，使之被国家所替代

第六，国家的起源、实质和特征。从分析社会分工和分裂的过程，恩格斯得出结论：国家绝不是从外部强加于社会的一种力量，国家也不像黑格尔所断言是"伦理观念的现实、理性的形象和现实。"国家是社会在一定发展阶段上的产物，是为了解决社会的自我矛盾而出现的，是表面上驾于社会之上的力量。国家与氏族组织不同的地方在于它按地区划分它的国民；设立公共权力，其构成不仅有武装的个人还有物质的附属物，如监狱和各种强制机关；为维持公共权力就需要有公民捐税。由于国家是在阶级冲突中产生的，所以它是最强大的，在经济上占统治地位的阶级的国家，这个阶级借助于国家而在政治上也成为占统治地位的阶级，因而获得了镇压和剥削被压迫阶级的新手段。国家在一切场合本质上都是镇压被压迫被剥削阶级的机器。国家并不是从来就有的，曾经有过不需要国家，而且根本不知道国家和国家权力为何物的社会。随着阶级的消失，国家也不可避免地要消失。

恩格斯的社会辩证法理论突出表现在他晚年关于历史唯物主义

第一章 马克思主义的社会辩证法理论

的通信中,这些通信中的思想构成中国哲学教科书中历史唯物主义原理的重要组成部分,也被学者们反复引用。主要观点是:

"虽然物质生活条件是原始的起因,但这并不排除思想领域也反过来对这些物质条件起作用,然而是第二性的作用。"[①] "根据唯物史观,历史过程中的决定因素归根到底是现实生活的生产和再生产。无论马克思或我都从来没有肯定过比这更多的东西。如果有人在这里加以歪曲,说经济因素是唯一决定性的因素,那他就是把这个命题变成毫无内容的、抽象的、荒诞无稽的空话。经济状况是基础,但是对历史斗争的进程发生影响并且在许多情况下主要决定着这一斗争的形式的还有上层建筑的各种因素……这里表达出这一切因素间的交互作用,而在这种交互作用中归根到底是经济运动作为必然的东西通过无穷无尽的偶然事件……向前发展。"[②]

"我们自己创造着我们的历史,但是第一,我们是在十分确定的前提和条件下进行创造的。其中经济的前提和条件归根到底是决定性的。但是政治等等的前提和条件,甚至那些存在于人们头脑中的传统,也起着一定的作用,虽然不是决定性的作用。……第二,历史是这样创造的:最终的结果总是从许多单个的意志的相互冲突中产生出来的,而其中每一个意志,又是由于许多特殊的生活条件,才成为它所成为的那样。这样就有无数互相交错的力量,有无数个力的平行四边形,而由此就产生出一个总的结果,即历史结果,这个结果又可以看作一个作为整体的、不自觉地起着作用的力量的产物。因为任何一个人的愿望都会受到任何另一个人的妨碍,而最后出现的结果就是谁都没有希望过的事物。…各个人的意志…融合为一个总的平均数,一个总的合力…每个意志都对合力有所贡献,因而是包括在这个合力里面的。"[③]

"总的说来,经济运动会替自己开辟道路,但是它也必定要经受它自己所造成的并具有相对独立性的政治运动的反作用,即国家权力的反作用。国家权力对于经济发展的反作用可能有三种:它可以

[①] 马克思恩格斯选集(第4卷)[M]. 北京:人民出版社 1995,691.
[②] 马克思恩格斯选集(第4卷)[M]. 北京:人民出版社 1995,695.
[③] 马克思恩格斯选集(第4卷)[M]. 北京:人民出版社 1995,696-697.

沿着同一方向起作用，在这种情况下就会发展得比较快；它可以沿着相反方向起作用，在这种情况下，像现在每个大民族的情况那样，它经过一定的时期都要遭到崩溃；或者是它可以阻碍经济发展沿着既定的方向走，而给它规定另外的方向——这种情况归根到底还是归结为前两种情况的一种。但是很明显，在第二和第三种情况下，政治权利会给经济发展造成巨大的损害，并造成大量的人力和物力的浪费。"①

"一种历史因素一旦被其他的，归根到底是经济的原因造成了，它也就起作用，就能够对它的环境，甚至对产生它的原因发生反作用。"②

"政治、法、哲学、宗教、文学、艺术等等的发展是以经济发展为基础的。但是，它们又都互相作用并对经济基础发生作用。并非只有经济状况才是原因，才是积极的，其余一切都不过是消极的结果。这是在归根到底总是得到实现的经济必然性的基础上的互相作用。"③

综上所述，恩格斯的社会辩证法理论非常丰富，而且其论述简捷而严密，深刻而通俗，其文风和水平不但同时代的思想家无法相比，而且对于现代中国学者来说，也是应当认真学习的。那种认为由于和马克思的分工不同，恩格斯只侧重研究自然辩证法的观点看来也是不全面的。

三、列宁的社会辩证法理论

列宁不仅是理论家而且是革命家，是马克思主义理论的伟大实践者，是把科学社会主义由理论变为现实的第一人。他的辩证法学说曾经是中国学术界辩证法研究的重点内容，人们认为列宁对马克思主义辩证法理论体系的建构和发展做出了重大贡献，他提出的一些命题和论断具有创造性。

列宁对辩证法的论述集中在《哲学笔记》中的《黑格尔〈逻辑

---

① 马克思恩格斯选集（第4卷）[M]. 北京：人民出版社 1995，701.
② 马克思恩格斯选集（第4卷）[M]. 北京：人民出版社 1995，728.
③ 马克思恩格斯选集（第4卷）[M]. 北京：人民出版社 1995，732.

学〉一书摘要》、《谈谈辩证法问题》、《马克思主义的三个来源和三个组成部分》、《卡尔·马克思》、《唯物主义和经验批判主义》等著作中。

列宁把辩证法看作是最完整深刻而无片面性弊病的关于发展的学说。这个看法被人们认为是关于辩证法的又一个定义，是对恩格斯定义的补充和完善。列宁进一步揭示了发展的特点，认为发展是在更高的基础上重复以往的阶段，发展是按螺旋式而不是按直线式进行，发展是飞跃、巨变、革命、渐进过程的中断，量到质的转化，事物内部各种力量和趋势的矛盾冲突造成发展的内因，事物的各个方面相互依存形成统一的有规律的世界运动过程。列宁的这些观点完全可以用来分析人类社会，因为发展主要是指社会的发展，人类社会发展的历史正是这样一个有规律的、在基本矛盾推动下、由量变到质变，由肯定到否定再到否定之否定的过程。

列宁把辩证法的要素归结为16个方面，其中包括观察的客观性，事物的联系和发展，事物的自我运动、事物是对立面的总和与统一、分析和综合、一般和个别、对立面的转化、过程性、人对事物从现象到本质的认识、因果性、否定之否定、内容和形式、量变和质变。列宁通过对这些要素的分析得出结论，认为可以把辩证法确定为关于对立面统一的学说，这样就会抓住辩证法的核心。后来他又指出，统一物之分为两个部分以及对它的矛盾着的部分的认识是辩证法的实质和最主要的特征，对立面的统一是有条件的、暂时的、易逝的、相对的，对立的斗争是绝对的，正如发展、运动是绝对的一样。这些观点是列宁在分析黑格尔辩证法时概括出来的，表达很抽象，但这并不妨碍我们把这些要素和观点放到人类社会历史领域去理解。作为观察者的人是社会的人，观察的对象是包括人化自然在内的社会事物，联系、发展、对立、转化、过程性等等，都是这些社会事物的辩证性质，人们应当遵循列宁关于观察的客观性的要求，全面地由现象到本质逐渐深入地认识和把握社会事物并指导实践。列宁关于发展是对立面的斗争和统一的命题以及两种发展观即辩证法和形而上学发展观的思想，也为人们认识社会事物提供了指南。

列宁通过分析马克思在《资本论》中运用的辩证法阐述了个别和一般的关系，认为对立面是同一的，个别一定与一般相联系而存在，一般只能在个别中并通过个别而存在，任何个别无论怎样都是一般，任何一般都是个别的一部分、一方面或本质，任何一般只是大致地包括一切个别事物，任何个别事物都不能完全地包括在一般之中，任何个别经过千万次转化而与另一类个别相联系。列宁的这些论述可能会使初学者感到困惑甚至迷茫，如果将其引入社会历史领域便会豁然开朗。例如：生产力和生产关系是一般，它存在于每一个具体历史时期和具体社会形态之中，社会制度也是如此，社会主义制度或资本主义制度都是一般，他们分别存在于个别的具体国家之中；人是一般，全人类的共性存在于个别人身上，通过具体的民族、种族、性别、年龄的人体现出来；水果是一般，包含于香蕉、苹果等具体水果之中等等。

列宁提出辩证法也就是认识论的论断，认为辩证法是人类全部认识所固有的，是活生生的多方面的认识。这里的活生生和多方面首先是客观事物尤其是社会事物的特征，人们在社会实践中运用辩证法加以把握，从而形成认识。形而上学唯物主义的根本缺陷就是不能够把辩证法应用于反映论，应用于认识的过程和发展。直线性和片面性、死板和僵化、主观主义和主观盲目性就是唯心主义的认识论根源。这说明唯心主义和形而上学是殊途同归，这些错误当然也只能发生在社会的人身上。

列宁揭示了认识论中真理发展的辩证法，作出相对真理的总和构成绝对真理的论断，认为相对真理和绝对真理之间没有不可逾越的鸿沟，二者的区别是不确定的，以便防止科学变为恶劣的教条，变为某种僵化的凝固不变的东西；同时又是确定的，以便最坚决果断地同信仰主义、不可知论、唯心主义和诡辩论划清界限。人的认识向客观的绝对真理接近的界限受历史条件的制约，但这个真理的存在是无条件的，人向它的接近也是无条件的。实践是检验人的认识的真理性的唯一标准，它也是不确定的，以便不至于使人的知识变成"绝对"；同时又是确定的，以便同唯心主义和不可知论及其一切变种进行斗争。列宁的这些论述同恩格斯关于形而上学产生的原因、人类思维至上性和非至上性的论述一样精彩，当然也一样可以从社会辩证法的角度去理解，因为作为真理标准的实践是社会实践，对真理的探索是在这种社会实践中来进行的。

列宁提出了辩证法、认识论、逻辑学三者一致的观点，认为不必用三个词,它们是同一个东西。而三者的统一又是以社会实践为基础的,离开实践,人就无法了解客观辩证法,也就无法形成认识、无法作出逻辑表达。

列宁的社会辩证法理论明确表现在他对马克思主义哲学的看法上。他提出马克思主义哲学是由辩证唯物主义和历史唯物主义构成的一块"整纲",辩证法是马克思哲学的本质和灵魂,这种辩证法是关于包罗万象和充满矛盾的历史发展的学说,正是由于有了辩证法,唯物主义才具有革命性,才成为行动的指南。他指出,马克思《资本论》所阐发的唯物主义绝不是经济唯物主义,而是社会形态学说,其基本点是认为社会经济形态的发展是一种自然历史过程,马克思得出这一思想所用的方法就是从社会生活的各种领域中划分出经济领域,从一切社会关系中划分出生产关系,唯物史观绝不是单纯地谈论经济的发展,而是谈论包括经济基础和整个上层建筑在内的整个社会形态的发展,不是仅仅研究经济的运动规律,而是研究社会形态的运动规律。

列宁的社会辩证法理论表现在对俄国资本主义的分析上。他认为社会分工和国内市场是俄国资本主义发展的内在动力和条件,资本主义在各国的发展是客观的历史过程,对俄国社会发展有进步作用,但它又不是俄国社会发展的最高阶段,俄国必须从资本主义到社会主义,俄国无产阶级的斗争包括双重任务,即社会主义任务和民主主义的任务,在这一斗争中,没有革命的理论就不会有革命的运动,只有科学社会主义和阶级斗争的学说才是革命理论,才能作为革命运动的旗帜。

列宁的社会辩证法理论表现在对帝国主义的分析上。在1916年写成的《帝国主义是资本主义的最高阶段》一书中,列宁说明了20世纪初期即第一次世界大战前夜全世界资本主义经济在其相互关系上的总情况,给帝国主义下了一个定义:帝国主义是资本主义的垄断阶段,概括了帝国主义的五个基本特征:"①生产和资本的集中发展到这样高的程度,以致造成了在经济生活中起决定作用的垄断组织;②银行资本和工业资本已经融合起来,在这个'金融资本'的基础上形成了金融寡头;③与商品输出不同的资本输出有了特别重要的意义;④瓜分世界的资本家国际垄断同盟已经形成;⑤最大资本主义列强已经把世界上的领土分割完毕。"① 在这本书和其他相关著作中，列宁通过对帝国主义经济和政治各种矛盾的分析，提出了资本主义发展不平衡的规律，得出了社会主义不能在所有国家内同时获得胜利，它将首先在一个或者几个国家内获得胜利的科学结论并付诸实践，领导"十月革命"取得了胜利，把马克思创立的科学社会主义从一种学说变成现实的社会主义制度，从而开辟了人类历史的新纪元。

从《帝国主义是资本主义的最高阶段》问世至今已近百年，在这一个世纪里，世界发生了翻天覆地的变化，资本主义也有很大的变化，对于资本主义发展的新阶段有人称为国家垄断资本主义、国际垄断资本主义、法人资本主义。中国著名学者高放认为，当代资本主义可以称作社会资本主义，它有六个基本特征："社会生产力的社会化程度更高；生产关系的社会化程度也更高，股份更加分散化、大众化、社会化；社会结构发生很大变化，工人更加白领化、知识化；国家的社会职能也更加强；全球各国之间的竞争与协作大为增强，国际关系也更加社会化了。"② 尽管如此，列宁对帝国主义的分析也没有完全过时，其中体现的社会辩证法理论仍有重要指导意义。

列宁的社会辩证法理论表现在它的国家学说中。他在1917年8月－9月在秘密状态下写成《国家与革命——马克思主义关于国家的学说与无产阶级在革命中的任务》一书。在书中列宁大段引述了马克思和恩格斯的国家学说，同时也作了三个方面的贡献："其一，明确了帝国主义时代的国家职能。认为在无产阶级反对帝国主义革命的时代，国家的阶级镇压职能不仅没有消除，反而加强了，国家机器大大强化，官吏和军事机构空前膨胀。其二，阐明了无产阶级与国家之间的关系，无产阶级需要的是无产阶级专政，它是逐渐消亡的国家；广大劳动者所需要的国家。国家消亡指的是由政治国家转变为非政治国家。其三，厘清了民主与国家的关系。民主既是国家形式又是阶级斗争的手段，资产阶级民主制国家和无产阶级专政的民主制国家既有质的区分又有历史的联系，从前者到后者是一个由

---

① 列宁选集第2卷 [M]. 北京：人民出版社 1995，651.
② 高放. 马克思主义与社会主义新论 [M]. 北京：黑龙江人民出版社 2007，208.

量而质的变化过程。"① 在这里，列宁关于帝国主义国家职能加强、国家消亡、民主和国家的关系等论述包含了关于变化、发展、矛盾等辩证法原理。

列宁的社会辩证法理论还表现在对社会主义的论述中。针对十月革命后布尔什维克党内一些人把社会主义与资本主义完全割裂开来的形而上学的观点，列宁列出了一个著名公式：社会主义＝普鲁士的铁路＋美国的国民教育＋美国的电气化……＋苏维埃政权。意即社会主义要保留资本主义的好东西。列宁还把建设社会主义作为一个长期探索、不断实践的过程，把大力发展生产力、提高劳动生产率放在首要地位，主张在多种经济成分并存的条件下，利用商品、货币和市场发展经济、利用资本主义建设社会主义。这些论述包含了辩证的否定、发展的过程性、矛盾的同一性和斗争性等原理。

列宁不但提出了如何建设社会主义的宝贵思想，而且付诸实践，在十月革命胜利后的七年时间里进行了多方面探索。列宁虽然英年早逝，但他为马克思主义和社会主义所做的贡献将永世长存。近年来，中国学术界关于"回到列宁、重读列宁"的主张和所发表的一些研究成果，证明了列宁思想的当代价值。

四、毛泽东的社会辩证法理论

如果说对马克思、恩格斯、列宁的社会辩证法理论有时需要引申或换个角度来理解的话，那么对毛泽东则不需要如此，因为毛泽东的辩证法是直接的典型的社会实践辩证法，马克思主义哲学的实践性特征在此得到了充分证明和显现。

毛泽东在领导中国人民进行新民主主义革命和社会主义革命及建设过程中，针对社会实践提出的重大问题论述唯物辩证法的基本原理，用以指导实践，以实践丰富和发展原理。他作为辩证法的大师，不但理论深厚，而且技艺娴熟，得心应手，令人赞叹，在马克思主义发展史上独树一帜。

毛泽东在新民主主义革命时期以各种方式向全党尤其是领导干部进行唯物辩证法教育，在社会主义时期提出哲学要从哲学家的课

---

① 何萍. 马克思主义哲学史教程 [M]. 北京：人民出版社 2009，453－455.

堂上和书本里解放出来，变为人民群众的思想武器的号召，推动了全国人民学习和应用唯物辩证法的高潮，在这一过程中虽然出现了把唯物辩证法简单化、实证化的倾向和做法，但对唯物辩证法理论深入人心确实起到了重大作用，为实现马克思主义大众化做出了贡献，对这一过程中的经验教训应辩证分析。

毛泽东的社会辩证法遍布于他的全部著述中，或者是专门论述理论，或者应用理论具体分析某一问题，人们只要认真研读，不难发现辩证法是贯穿其中的灵魂。

毛泽东的社会辩证法突出表现在关于对立统一规律的阐述。众所周知，《矛盾论》中关于内因和外因的关系、矛盾的同一性和斗争性的含义、相互关系及其在事物发展中的作用、矛盾的普遍性和特殊性、主要矛盾和次要矛盾、对抗问题、矛盾问题的精髓等论述，在唯物辩证法发展史上都不但具有开创性的意义，而且具有重要的现实指导意义。

《矛盾论》指出，事物发展的根本原因，不是在事物的外部而是在事物的内部，在于事物内部的矛盾性。许多国家在差不多的地理或气候条件下，它们发展的差异性和不平衡性非常之大，同一个国家在地理和气候没有变化的情况下，社会变化却很大，这主要是由于社会内部矛盾的发展推动的。唯物辩证法认为外因是变化的条件，内因是变化的根据，外因通过内因而起作用。十月革命影响到世界各国和中国内部的变化，但这种变化是通过了各国内部和中国内部自己的规律性而引起的。中国革命的挫折和发展证明，一个政党要引导革命到胜利，必须依靠自己政治路线的正确和组织上的巩固。毛泽东所举的事例和得出的结论对今天的中国仍然有直接的指导意义。今天的中国就是改革开放的中国，所取得的成就主要来自于改革这一内因，开放这一外因也起到了促进作用，而改革开放的决策却是中国共产党自己作出的，其巨大成就是中国共产党领导人民经过艰苦奋斗取得的。在继续改革开放的道路上还会有许多障碍和困难，"打铁需要本身硬"，只有继续发挥好党和人民这个内因的作用，才能不断取得改革开放的新胜利。

《矛盾论》指出，矛盾的普遍性已经被很多人所承认，而关于矛盾特殊性问题则还有很多人，特别是教条主义者，弄不清楚，他们不了解矛盾的普遍性寓于特殊性之中，也不了解研究当前具体事物的矛盾的特殊性对于指导实践发展的重要意义。毛泽东所指出的这种情况在当今中国仍然存在，改革开放过程中出现了数不清的新矛盾，即使是老矛盾也呈现出许多新特点，例如干部和群众的矛盾、生产和消费的矛盾等。许多人由于缺乏对矛盾特殊性的研究，仍然采取已经陈旧的方法去处理矛盾，结果不但未能解决反而还激化了矛盾。这是应当避免的。

《矛盾论》指出，差异就是矛盾。劳资之间从两阶级之间发生的时候起就是互相矛盾的，仅仅还没有激化而已。工农之间即使在苏联的社会条件下，也有差异，它们的差异就是矛盾。这种矛盾不同于劳资间的矛盾，解决方式不同。毛泽东关于差异就是矛盾的观点在学术界有争议，但他列举的这两对矛盾在当今中国不但依然存在，而且有时在有些地方还相当尖锐，必须认真对待和处理。

《矛盾论》指出，不同质的矛盾只有用不同质的方法才能解决，过程变化，旧过程和旧矛盾消灭，新过程和新矛盾发生，解决矛盾的方法也因之不同。用不同的方法去解决不同的矛盾，这是马克思列宁主义者必须严格遵守的一个原则。教条主义者不遵守这个原则，千篇一律地使用一种自以为不可改变的公式到处硬套，这就只能使革命遭受挫折，或者将本来做得好的事情弄得很坏。毛泽东列举许多例证说明这样做的必要性，这对今天的实践仍有意义。在处理国家与国家的矛盾时，要分清友好国家和敌对国家，要区分根本利益核心利益和一般利益，该坚持原则时绝不退让，该妥协时可以灵活；在处理干部问题时，要分清经济问题和政治问题、法律问题和纪律问题、腐败问题和过错问题；在处理人民内部矛盾时要分清法律问题和纪律问题、维权和闹事的问题，等等。

《矛盾论》指出，研究问题忌带主观性、片面性和表面性，所谓主观性就是不知道用唯物的观点看问题。所谓片面性就是不知道全面地看问题。"表面性，是对矛盾总体和矛盾各方的特点都不去看，否认深入事物里面精细地研究矛盾特点的必要，仅仅站在那里远远地望一望，粗枝大叶地看到一点矛盾的形象，就想动手去解决矛盾（答复问题、解决纠纷、处理工作、指挥战争）。这样的做法，没有不出乱子的。"① 毛泽东的这些话说得太生动、太形象、太深刻了！

---

① 毛泽东选集（第1卷）[M]. 北京：人民出版社 1991，313.

今天的领导干部当引以为戒、为鉴！尤其是教条主义者、官僚主义者、形式主义者、更应以此为警钟，认真总结一下自己为什么做不好工作、处理不好矛盾反而激化矛盾？找出缺陷立即改正。

《矛盾论》指出，不但事物发展的全过程中的矛盾运动，而且在过程发展的各个阶段中，也有其特点，也必须注意。毛泽东列举资本主义的发展，马克思主义的发展、中国民主革命和国共两党的演变为例说明这个道理，对于当今中国的改革开放来说，"摸着石头过河"的阶段早已过去，现在已到攻坚克难的新阶段，需要用壮士断腕的决心和勇气，去闯浑水区，去啃硬骨头，这个阶段矛盾更复杂、风险更多、但又既不能走老路和回头路，也不能走歧路，只能迎难而上，沿着中国特色社会主义道路，坚定不移走下去。

《矛盾论》指出，马克思、恩格斯、列宁、斯大林指导人们应用辩证法时，不要带任何主观随意性，必须从客观的实际运动所包含的具体条件去看具体的矛盾，教条主义者因为没有这种研究态度，所以弄得一无是处。当今的教条主义者仍然没有这种态度，反而把辩证法当作新的教条，主观随意地到处搬用，讲话时总把"一分为二、坏事变好事"挂在嘴边，实际是为自己的过错找借口，不但于事无补，而且败坏了辩证法的名声，人们对此应当保持警惕，不要被忽悠。

《矛盾论》指出，在复杂事物的发展过程中有许多矛盾存在，其中必有一种是主要的矛盾，它的存在或发展规定或影响其他矛盾的存在和发展。过程发展的各个阶段中只有一种主要的矛盾起着领导的作用。捉住主要矛盾，一切问题就迎刃而解了。矛盾诸方面的发展是不平衡的，事物的性质是由取得支配地位的矛盾的主要方面所规定的。主要和非主要是相互转化的，毛泽东的这些论述为中国共产党人和广大人民群众提供了正确的方法论，即坚持"两点论和重点论"，反对"一点论和均衡论"。毛泽东当年举了许多事例，后来的哲学教科书也举了许多，可以无限地举下去。这个方法论过去是革命战略和策略的理论依据，后来成为中国共产党在社会主义时期"一个中心，两个基本点"的基本路线的理论依据，现在也一直是领导干部抓工作和人民群众过日子办事情的理论依据。

近年来学术界有人提出："哲学上的矛盾是一个统一体，没有主要矛盾与次要矛盾的区别。矛盾的双方没有主次之分，对立的客体才有主次之分。在哲学上提出'矛盾可以分为主要矛盾和次要矛盾'的命题是错误的，之所以会造成这种错误，也是因为分不清哲学研究的对象是主体还是客体，把社会上的矛盾和哲学上的矛盾混为一谈，混淆了两种名同而实不同的概念。"① 这种说法有新意，但本书此处只是论证毛泽东社会辩证法的内容和意义，暂不介入争论。

《矛盾论》指出，矛盾双方共处于一个统一体中，依据一定条件各向其相反的方面转化，这就是矛盾的同一性。有条件的相对的同一性和无条件的绝对的斗争性相结合，构成了一切事物的矛盾运动。这些论述同样给人们提供了正确的方法论，就是要在同一中把握斗争，在斗争中把握同一，异中见同，同中见异。这一方法论在革命战争时期帮助人们制定和实施正确的策略，在当今社会生活中帮助人们正确处理各种矛盾。

《矛盾论》指出，对抗是矛盾斗争的一种形式，而不是一切形式，不能到处套用这个公式。必须具体研究各种矛盾斗争的情况，矛盾和斗争是普遍的，绝对的，但解决矛盾的方法即斗争的形式，则因矛盾的性质不同而不相同，矛盾的对抗性和非对抗性是相互转化的。毛泽东举阶级矛盾为例证明了对抗即社会革命的必要性，举城乡矛盾为例证明了对抗性与非对抗性的转化，举党内正确思想为例证明了转化的条件性。当前，在国与国的矛盾中包含着经济、政治、军事、文化等各方面的对立和冲突，是采用对抗的方式还是非对抗的方式处理国际矛盾要取决于具体条件。在人民内部矛盾中也有利益冲突，但必须用非对抗的方式去处理，努力避免向对抗的转化，所以要做好人民来信来访工作，避免群体性事件的发生，各级领导干部要牢记党的宗旨，牢记群众利益无小事的原则，深入群众调查研究，及时帮助群众解决困难。同时要加强自身作风建设，清正廉洁，不要把自己变成群众的对立面，而要成为群众的贴心人。

除《矛盾论》以外，毛泽东社会辩证法理论的代表性著作还有：《中国社会各阶级的分析》："谁是我们的敌人？谁是我们的朋友？这个问题是革命的首要问题。……团结我们的真正的朋友，攻击我们真正的敌人。"② 不能团结真正的朋友以攻击真正的敌人，是过去一

---

① 叶文宪. 新概念哲学 [M]. 上海：学林出版社 2004，67－70.
② 毛泽东选集（第1卷）[M]. 北京：人民出版社 1991，3.

切革命斗争成效甚少的基本原因。毛泽东分析了地主买办阶级、中产阶级、小资产阶级、半无产阶级、无产阶级、游民无产者,解决了中国革命的领导者、同盟军、革命对象问题,为制定革命战略和策略提供了依据。其中,对中产阶级即民族资产阶级的矛盾性的分析、对小资产阶级特点的分析,堪称辩证法的杰出运用。毛泽东的阶级分析方法启发了当代学者,一些人模仿毛泽东对当代中国社会各个阶层进行分析(如作家梁晓声),对于人们认识当代中国也有所帮助。

《湖南农民运动考察报告》:其中对"痞子运动"的驳斥,对"好得很"和"糟得很"及"过分"问题的分析,都体现了辩证法,说明立场决定态度,要透过现象看本质。毛泽东指出,农村有许多奇事,见所未见,闻所未闻。各种反对农民运动的议论都必须迅速矫正,对农民运动的各种错误处置必须迅速变更。"很短的时间内,将有几万万农民从中国中部、南部和北部各省起事,其势如暴风骤雨,迅猛异常,无论什么大的力量都将压抑不住。他们将冲决一切束缚他们的罗网,朝着解放的路上迅跑。一切帝国主义、军阀、贪官污吏、土豪劣绅。都将被他们葬入坟墓。一切革命党派、革命同志,都将在他们面前受他们检验而决定弃取。站在他们的前头引导他们呢?还是站在他们后头指手画脚地批评他们呢?还是站在他们对面反对他们呢?"① 毛泽东 80 多年前说的话至今言犹在耳,仍有现实意义。30 多年前以安徽凤阳小岗村农民为前驱的农村改革很快得到全国农民的响应,同样迅猛异常,使农民获得第二次解放。改革至今,由于党和国家制定和实施了一系列正确的政策,调动了农民积极性,农村面貌和农民生活都发生了巨变,农村、农业、农民,都为国家的发展做出重大贡献。但是"三农问题"目前仍然很严重,一些农村干部和一些城里人对待农民和农民工态度很不好,农村的奇事仍然很多,但并不都是好事,一些地方环境污染、水土流失、土地荒芜、劳力外流、儿童失学、老幼病残得不到照顾、抵抗自然灾害和适应市场的能力太弱,等等。这些都说明如何对待农民仍然像 80 多年前一样,是对当今中国的重大考验。

《中国的红色政权为什么能够存在?》、《星星之火,可以燎原》:

---

① 毛泽东选集(第 1 卷)[M]. 北京:人民出版社 1991, 13.

第一章　马克思主义的社会辩证法理论

第一篇文章指出，一小块红色政权在周围白色政权的包围中长期存在，这是世界各国从来没有的奇事，有其独特的原因和条件。其条件在于：中国的半殖民地的状况、白色政权之间的战争、民主革命的影响、全国革命形势的发展、正式红军的存在、中国共产党组织的有力量和政策的不错误。这些论述对于我们今天的启示在于，要善于分析矛盾的特殊性，要坚持全面看问题，要坚持和完善党的领导。第二篇文章揭示了星星之火可以燎原的原因，启示在于"看事情必须要看它的实质，而把它的现象只看作入门的向导，一进了门就要抓住它的实质，这样才是可靠的科学的分析方法。"① 当代中国和世界，变化频繁，矛盾多样，个人发展牵涉方方面面，掌握和运用这一科学方法是非常必要的。

《论反对日本帝国主义的策略》：文章首先强调了变化的思想，当革命形势已经改变时，革命的策略和领导方式也必须跟着改变。其次，强调了"两点论"反对"一点论"，必须看到革命力量的增长，也要看到反革命力量依然强大；既要看到革命高潮即将到来，也要看到革命发展不平衡；既要反对冒险主义，又要反对关门主义，尤其是要反对关门主义，建立抗日民族统一战线；要反对幼稚病，看到革命道路的曲折性。此外毛泽东还指出："自从帝国主义这个怪物出现之后，世界的事情就联成一气了，要想割开也不可能了。我们中华民族有同自己的敌人血战到底的气概，有在自力更生的基础上光复旧物的决心，有自立于世界民族之林的能力。"② 当前，全球化背景下的国际关系印证了毛泽东的第一句话；"中国梦"的提出继承了毛泽东的第二句话，"中国梦"的实现过程将证明中华民族的气概、决心和能力。

《中国革命战争的战略问题》：文章首先强调了规律的重要性，提示人们，不论做什么事，如果不懂得那件事的情形、性质、与其他事的联系，就不知道那件事的规律，就不知道如何去做，就不能做好那件事。其次，既要研究战争的一般规律，也要研究特殊规律，更要研究中国革命战争的规律。再次，既要考虑全局，也要考虑局部。懂得了全局性的东西，就会使用局部性的东西；全局由局部构

---

① 毛泽东选集（第1卷）[M]. 北京：人民出版社 1991, 99.
② 毛泽东选集（第1卷）[M]. 北京：人民出版社 1991, 161.

成，要注意那些有关全局的重要关节；学习全局的指导规律，要用心去想一想才行，要对感性材料加以去粗取精、去伪存真、由此及彼、由表及里的思考；既要学习别人的结论，更要从自己的经验中考证这些结论。另外，还要考虑战略战术。进攻时反对冒险主义，防御时反对保守主义，转移时反对逃跑主义；反对红军的游击主义，却又承认红军的游击性；反对战役的持久战和战略的速决战，承认战略的持久战和战役的速决战；反对击溃战，承认歼灭战；主张积极防御，反对消极防御……

这些论述中关于规律及其特性，关于全局和局部的关系，对于我们今天做好工作，无疑具有指导意义。与这篇文章相类似的还有《抗日游击战争的战略问题》、《论持久战》、《战争和战略问题》等，在此不作详述。

《新民主主义论》：这里的社会辩证法理论包括：第一，关于文化与经济和政治的关系。强调文化是经济和政治的反映，同时又对经济和政治有重大的影响和作用。第二，中国革命的历史进程必须分为两步，其第一步是民族主义革命，第二步是社会主义革命。第三，中国革命是世界革命的一部分，这个革命的第一阶段要建立新民主主义社会，第二阶段建立社会主义社会。第四，革命后建立的中华民主共和国是新民族主义共和国，它既和资本主义共和国也和苏联式社会主义共和国相区别，它的国体是各革命阶级联合专政，政体是人民代表大会制和民主集中制。第五，共产党的纲领包括最低纲领和最高纲领，这是有机构成的两部分，三民主义和共产主义有相同的部分，也有不同的部分，三民主义也分为旧三民主义和新三民主义，区别在于是否奉行"联俄、联共、扶助农工"的三大政策。第六，新民主主义文化是民族的科学的大众文化，对于其他文化，凡属我们今天用得着的东西都应该吸收，但要取其精华，弃其糟粕。上述思想中，关于文化与经济和政治的关系，文化发展的方针和对待其他文化的态度，党的最低纲领和最高纲领，都对今天社会主义建设有指导意义。当今中国要发展有中国特色的社会主义文化，增强文化"软实力"，仍然要遵循毛泽东的相关思想。

《整顿党的作风》：毛泽东指出："我们是共产党，我们要领导人民打倒敌人，我们的队伍就要整齐，我们的步调就要一致，兵要精，武器要好。如果不具备这些条件，那么，敌人就不会被我们打倒。"① 条件是辩证法的重要范畴，也是实践的重要因素。毛泽东列举的四项条件在今天仍然有意义。总体上说，今天的中国共产党具备了这些条件，但这都是相对的，还有薄弱的地方或环节。党的队伍中有先锋模范，也有落伍者，那些腐败分子成了叛逃者；许多人跟党中央步调一致，也有不一致或唱反调的；兵的数量有所减少，正在向精兵强兵方向发展，但这需要一个过程；武器比过去好得多，但与世界先进水平相比还有差距。以"三座大山"为代表的敌人被打倒了，但国内外还有各式各样的敌人存在，还在威胁和干扰中国社会和中国人民的发展，所以，中国共产党还要继续努力。怎样努力？加强党风建设是一个重要方面。毛泽东当年还指出："反对主观主义以整顿学风，反对宗派主义以整顿党风，反对党八股以整顿文风，这就是我们的任务。只要我们的党风正派了，全国人民就会跟我们学。"② 整顿毛泽东指出的这些"风"一直是中国共产党的重要工作，由于形势的变化又出现了新的整风。党的十八大以来，党中央要求全党整顿官僚主义、形式主义、享乐主义、奢靡之风，非常及时和必要，虽然已经初见成效，还必须持之以恒，才能不负人民期盼，才能适应打倒新的敌人的需要。此外，毛泽东在这篇文章中关于知识、知识分子、对待马克思主义的态度、主观主义的两种表现、马克思列宁主义和中国革命的关系、局部利益和全体利益、外地干部和本地干部、军队干部和地方干部、老干部和新干部等问题的论述，同样体现了辩证法。

《在延安文艺座谈会上的讲话》：其中的社会辩证法体现在：第一，普及与提高的关系。提高是在普及的基础上的提高，普及是在提高的指导下的普及。人民要求普及，跟着也就要求提高。除了直接为群众所需要的提高以外，还有间接为群众所需要的提高，即干部所需要的提高，为干部也是为群众，因为只有经过干部才能去指导群众。专家要帮助和指导普及工作者，同时向他们学习，只有做群众的学生，才能做群众的先生。第二，政治标准和艺术标准的关系。要求政治标准和艺术标准的统一，内容和形式的统一，革命的

---

① 毛泽东选集（第3卷）[M]. 北京：人民出版社 1991，811.
② 毛泽东选集（第3卷）[M]. 北京：人民出版社 1991，812.

政治内容和尽可能完美的艺术形式的统一。第三，关于人性、人类之爱、光明与黑暗、批评与歌颂、动机与效果、个人和群众等相互关系的分析。这些论述的当代价值是显而易见的。当今社会的文艺创造也要处理好普及与提高的关系，或通俗文化与高雅文化的关系（有人认为受西方后现代主义的影响，高雅与通俗的界限已经消失了），雪中送炭与锦上添花的关系。当然，这些话说起来容易，做起来难。"二人转"怎样才能高雅？交响乐怎样才能通俗？歌剧怎样普及？大秧歌怎样提高？都需要努力探索。专家该不该为群众服务？怎样为群众服务？这不仅是文艺创作的问题，也是学术研究的问题。学术研究也应关心群众、关注民生、为民造福，哲学研究也应如此。如果所谓的哲学家一方面享用着民脂民膏，另一方面像毛泽东描述的那样，把自己看作高踞于"下等人"头上的贵族，那么，不管他们有多大的才能，也是群众所不需要的，他们的工作是没有前途的。当今评价文艺作品社会的主导舆论仍然坚持政治标准和艺术标准的统一，主旋律作品容易获奖，但在有些人眼里，政治标准不但过时而且束缚手脚，艺术标准名义上多元化，实际上已经模糊不清，一切以赚钱为标准，票房就是一切。这都是值得商榷的。

《关于领导方法的若干问题》：毛泽东指出无论进行什么工作，有两个方法是必须采用的，一是一般和个别相结合，二是领导和群众相结合。如果没有一般号召，就不能动员群众；如果只限于一般号召没有个别实践，就会使一般号召落空。领导如果不从下级取得具体经验就不能作为普遍的指导。凡属正确的领导，必须是从群众中来，到群众中去，这就是马克思主义的认识论。对于任何工作任务，上级和下级及各部门都要做到分工而又统一，这是领导和群众相结合的一种形式。在任何一个地区内，不能同时有许多中心工作，在一定时间内只能有一个中心工作，辅以别的第二位，第三位的工作，领导人员要从具体条件出发，统筹全局，正确地决定每一时期的工作重心和工作秩序，并贯彻下去，务必得到一定的结果，这是一种领导艺术。毛泽东的这些论述，作为方法论，具有跨时空的意义。当今的党中央和各级领导干部仍在继续运用这些方法并不断取得成效，正在全党范围内进行的党的群众路线教育实践活动既是这些方法论的应用，也是它的证明。

《在中国共产党第七届中央委员会第二次全体会议上的报告》：

第一章　马克思主义的社会辩证法理论

毛泽东在这篇在中国共产党历史上非常著名的报告中阐述了党的工作重心由农村向城市转移问题，要求全党全军要努力学会管理和建设城市，学会在城市中与各种反对派进行各个方面、各种形式的斗争。同时还阐述了中心工作和其他工作的关系、南方和北方的区别、中国经济成分的现状、党的经济政治军事政策的内容及其原则性和灵活性的关系，这些论述中随处可见辩证法。在报告的最后，即第十部分，毛泽东说了一大段充满哲理的经典名言："我们很快就要在全国胜利了。夺取这个胜利，已经是不要很久的时间和不要花费很大的力气了；巩固这个胜利则是需要很久的时间和要花费很大的力气的事情。……因为胜利，党内的骄傲情绪，以功臣自居的情绪，停顿起来不要求进步的情绪，贪图享乐不愿再过艰苦生活的情绪，可能生长。因为胜利，人民感谢我们，资产阶级也会捧场。敌人的武力是不能征服我们的。这点已经得到证明了。资产阶级的捧场则可能征服我们队伍中意志薄弱者。可能有这样一些共产党人，他们是不曾被拿枪的敌人征服过的，他们在这些敌人面前不愧英雄的称号；但是经不起人们用糖衣裹着的炮弹的攻击，他们在糖衣炮弹面前要打败仗。我们必须预防这种情况。夺取全国胜利，这只是万里长征走完的第一步。……中国的革命是伟大的，但是革命以后的路程更长，工作更伟大，更艰苦。这一点现在就必须向党内讲明白，务必使同志们继续保持谦虚、谨慎、不骄、不躁的作风，务必使同志们继续地保持艰苦奋斗的作风。我们有批评和自我批评这个马克思列宁主义的武器。我们能够去掉不良作风，保持优良作风。我们能够学会我们原来不懂的东西。我们不但善于破坏一个旧世界，我们还将善于建设一个新世界。"[1] 毛泽东这段名言包含着辩证法关于事物的两面性和矛盾转化的思想，对未来的预见体现了规律的客观性。建国以后情况的发展充分说明了毛泽东的预见性。从好的方面来说，中国共产党已经学会了许多原来不懂的东西，例如：如何认识社会主义、如何建设社会主义、如何实现和巩固人民当家作主、如何发展社会主义民主和法治、如何发展经济、如何认识和利用价值规律、如何处理政府和市场的关系、如何开展对外贸易、如何处理国际关系、如何应对自然灾害、如何发展社会主义文化事业、如

---

[1]　毛泽东选集（第4卷）[M]. 北京：人民出版社 1991，1438－1439.

何推进改革开放……中国共产党已经领导中国人民在自己的土地上建立了一个新世界，并且不断完善这个新世界。从不好的方面来说，毛泽东列举的那些负面情绪早已出现并蔓延，一些意志薄弱者已经被资产阶级的捧场所征服，被糖衣炮弹打倒。尤其在社会主义建设新时期，一些党员和干部甚至是高级干部，没能经受改革开放的考验、市场经济的考验、金钱权利美色的考验，堕落成为腐败分子、违法犯罪分子，给党抹了黑，给人民利益造成重大损失。面对这些不好的变化，中国共产党一贯坚持反腐败，同各种错误思想和行为作斗争，不断加强党的建设。十八大以来，新一届中央切实加强党的作风建设，加大反腐败的力度，弘扬"两个务必"精神，完善党的领导，使中国特色社会主义的发展出现新局面、新气象，带领人民为实现"国家富强、民族振兴、人民幸福"的"中国梦"而奋斗。这些都使中国人民增强了信心，展示了未来的光明前景。

《论十大关系》：具体内容包括：重工业和轻工业、农业的关系，沿海工业和内地工业的关系，经济建设和国防建设的关系，国家、生产单位和生产者的关系，中央和地方的关系，汉族和少数民族的关系，党和非党的关系，革命和反革命的关系，是非关系，中国和外国的关系。毛泽东对这些关系的论述体现了辩证法关于联系的普遍性和多样性、矛盾的同一性和斗争性原理，是对建国初期社会主义建设中重要矛盾的概括总结，也为后来党和政府处理这些矛盾提供了指导方针。改革开放以来，这些矛盾的具体情况发生很大变化，新矛盾、新关系层出不穷，但毛泽东论述中的哲理仍然有效。

《关于正确处理人民内部矛盾问题》：在这篇经典文献中同样包含了丰富的社会辩证法理论。第一"没有矛盾的想法是不符合客观实际的天真的想法。在我们面前有两类社会矛盾，这就是敌我之间的矛盾和人民内部的矛盾。这是性质完全不同的两类矛盾。……敌我之间的矛盾是对抗性矛盾。人民内部的矛盾，在劳动人民之间说来，是非对抗性的；在被剥削阶级和剥削阶级之间说来，除了对抗性的一面以外，还有非对抗性的一面。人民内部的矛盾不是现在才有的，但是在各个革命时期和社会主义建设时期有着不同的内容。……我们的人民政府是真正代表人民利益的政府，是为人民服务的政府，但是它同人民群众之间也有一定的矛盾。……一般说来，人民内部的矛盾,是在人民利益根本一致的基础的矛盾。"① 第二,敌我之间和人民内部这两类矛盾的性质不同,解决的方式也不同。前者是分清敌我问题,后者是分清是非问题。采用专政和民主这样两种不同的方法来解决。民主的方法化为一个公式,叫做"团结—批评—团结。"第三,在人民内部,民主是对集中而言,自由是对纪律而言,这些都是一个统一体的两个矛盾着的侧面,它们是矛盾的,又是统一的,不应当片面地强调某一侧面而否定另一侧面。民主和集中的统一,自由和纪律的统一,就是我们的民主集中制。在这个制度下,人民享受着广泛的民主和自由,同时又必须用社会主义的纪律约束自己。② 第四,"社会主义社会的矛盾同旧社会的矛盾是根本不同的,……它不是对抗性的矛盾,可以通过社会主义制度本身,不断地得到解决。在社会主义社会中,基本的矛盾仍然是生产关系和生产力之间的矛盾,上层建筑和经济基础之间的矛盾。"③ 第五,"在客观上将会长期存在的社会生产和社会需要之间的矛盾,就需要……求得生产和需要之间的平衡。所谓平衡,就是矛盾的暂时的相对统一。矛盾不断出现,又不断解决,就是事物发展的辩证规律。"④

毛泽东不仅通过《矛盾论》全面阐述了对立统一规律,而且把这一规律运用于指导革命和建设,阐明了这些实践领域中一系列的辩证关系,形成了丰富的关于实践工作的辩证法,如军事辩证法、党的建设辩证法、统一战线辩证法、领导方法的辩证法、社会主义经济、政治、文化建设的辩证法,等等。这些具体的辩证法可以看作是唯物辩证法的分支,它们不仅是唯物辩证法的具体运用,而且从各个不同侧面丰富和发展了唯物辩证法,可以统称为社会辩证法。

毛泽东的《哲学批注集》(中央文献出版社 1988 年版)也包含着毛泽东关于辩证法的许多论述,若认真发掘定能促进对毛泽东辩证法的研究。

毛泽东的社会辩证法是马克思主义哲学中国化的结晶,对中国的过去、现在和将来的社会发展及中国人的发展都有巨大的作用,这种作用不会因为他晚年的错误而消失或遭到否定。

---

① 毛泽东选集(第5卷)[M]. 北京:人民出版社,1977,364-365.
② 毛泽东选集(第5卷)[M]. 北京:人民出版社,1977,368.
③ 毛泽东选集(第5卷)[M]. 北京:人民出版社,1977,372-373.
④ 毛泽东选集(第5卷)[M]. 北京:人民出版社,1977,375.

第二章　西方哲学和中国古代哲学中的社会辩证法思想

众所周知，辩证法源于西方，当代中国所了解的关于辩证法的概念、理论体系、基本原理、发展阶段，都属于西方。在古希腊最早的自然哲学中已经有了关于变化的思想，如水的流动、火的燃烧、气的聚散、种子的生长、原子的运动等等。但是，在恩格斯划分的辩证法阶段中，有古代朴素的唯物辩证法和近代唯心辩证法，却没有社会辩证法，也正因如此，才彰显马克思实现哲学革命变革的重大意义。西方古代和近代哲学中有一些社会辩证法的萌芽或思想火花，表现在关于人和一些社会问题的看法中，到了现代，西方哲学家在反对恩格斯自然辩证法的过程中表达了更显明的社会辩证法思想。

一、古希腊时期的社会辩证法思想

（一）赫拉克利特

各种版本的西方哲学史都对赫拉克利特比较重视，原因和表现有所不同。英国的罗素说赫拉克利特是第一个创造了一种至今仍然具有影响的学说的人，美国的梯利说他是一个出色的作家，富有机智和创造性的言论；黑格尔说他研究过赫拉克利特的全部观点；恩格斯说他第一次表达了古希腊正确的世界观；列宁说他是辩证法的奠基人……当然也有不好的话："他一生都保持着十足的贵族气，极端轻蔑民主政治，为人严肃，爱批评，情绪悲观，评价人时能独立

第二章 西方哲学和中国古代哲学中的社会辩证法思想

思考，武断、骄傲、好吹毛求疵。鄙视群众。"① 国内外对赫拉克利特的研究是比较充分的，那些遍布于各种西方哲学史教科书中的名言表达了赫拉克利特的立场和观点，为他博得了荣誉和关注度。"他的著作正如柏拉图以前一切哲学家的著作，仅仅是通过引文才被人知道的，而且大部分都是柏拉图和亚里士多德为了要反驳他才加以引证的。……可以想见苏格拉底以前的人物应该是多么的值得赞叹，因为即使是通过他们的敌人所散布的恶意的烟幕，他们仍然显得十分伟大。"② 下面，本文也引述一些赫拉克利特的思想，并试图从人和社会的角度来理解。

赫拉克利特最突出的哲学主张是关于变化的思想。他认为世界是一团永恒的活火，在一定的分寸上燃烧和熄灭，万物皆流，无物常在，在"逻各斯"的推动下生生不息，所以，人不能两次踏进同一条河流，也不能两次摸到同一个物体。我们既存在又不存在，太阳每天都是新的。这种观点要求人们树立"变"的观念，要在变动中认识事物，也要在变动中认识自己。一切存在物都会灭亡，无须留恋，也无法留恋。一切事情都会过去，不必烦恼和忧愁。事物运动有分寸、有原则，人应当努力把握事物变化的规律性。社会生活日新月异，人应当保持乐观心态，积极面对生活中的每一种变化，为自己每一点收获而欣喜。活着的人既是自己又不是自己，每天有大量的生命细胞在新陈代谢，每天都在向死亡的归宿迈近。所以，人不必计较外在的俗物，不要患得患失，幸福快乐每一天。

赫拉克利特认为，生与死、醒与梦、少与老，都是同一和转化的。这里说的是人的生命的两种存在状态，要求人同样予以重视。对于生，要考虑如何提高生命价值和生活质量；对于死，要设法使之不要过早到来。在醒与梦的交替中享受生命的乐趣，用清醒的思考和行动去实现美丽的梦想。要少有壮志，少有远谋，少有奋斗，以免老无是处；还要老而不老，老有雄心，老有所为，这样才能老有所乐。

赫拉克利特认为，海水最干净也最脏，鱼能喝，有营养，人不能喝，有毒。驴爱草料而不要黄金，疾病使健康成为愉快，坏事使

---

① 梯利. 西方哲学史 [M]. 北京：商务印书馆 2004，18—21.
② 罗素. 西方哲学史（上卷）[M]. 北京：商务印书馆 2003，74.

好事成为愉快，弓与生同名，它的作用却是死。这些话告诉人们事物都有两面性，要全面地看问题，处理问题或办事情看到矛盾特殊性，具体问题具体分析，不能一概而论，还要在相互比较中认识事物。人只有在疾病的折磨中才能感到健康的宝贵，但这不是聪明的做法，人应在未病之时通过自己过去患病的经历和他人的病状来加深对健康的认识，这样才能避免或减少疾病。

赫拉克利特认为，对立产生和谐，一切都是斗争产生的，战争是万物之父、之王。这是告诉人们，在社会生活中应当允许存在差别，从积极的方面去理解对立和斗争甚至战争，像毛泽东所说的那样，与天奋斗其乐无穷，与地奋斗其乐无穷，与人奋斗其乐无穷。当然，矛盾既有斗争性又有同一性，要同时兼顾不能偏废。还要区分斗争的不同性质、目的和方法。赫拉克利特夸大斗争赞美战争，虽然有其历史背景，但终究是片面的。

赫拉克利特指出："逻各斯为灵魂所固有，是增长着的，一个人怎能躲过那永远不灭的东西呢？思想是人人共有的，思想是最大的优点，智慧就在于说出真理，并且按照自然行事，听自然的话。逻各斯显然是大家共有的，多数人却自以为是地活着，好像有自己的见解似的。他们即便听到了它，也不理解它，就像聋子似的。常言道，在场如不在，正是他们的写照。"① 这里表达了规律的客观性、可知性和意识能动性的哲学原理。每个人都有认识能力，但有些人不去认识或不愿认识规律，自以为是，当然会在生活中碰钉子，这种人在当今中国社会为数不少的。

赫拉克利特指出："爱智慧的人必须熟悉很多东西，凡是能够看到、听到、学到的东西，都是我喜爱的。博学并不使人智慧。智慧只在于一件事，就是认识那善于驾驭一切的思想。"② 这是说明，理性认识要以感性认识为基础，感性认识要上升到理性认识。对于愿意学习并善于学习的人来说，处处留心皆学问。但每个人每天听到看到的东西数不清，信息量大而杂，感性材料不能直接形成智慧，

---

① 张林学、张朝晖. 辩证法的原初形态 [M]. 长春：东北师范大学出版社 2007, 55.

② 张林学、张朝晖. 辩证法的原初形态 [M]. 长春：东北师范大学出版社 2007, 58.

必须经过思考和研究才行。

赫拉克利特说:"一个人如果最优秀,我看就抵得上一万人。"① 这里表达了杰出人物具有重要作用的思想。根据马克思主义的历史唯物主义哲学,人民是历史的创造者,但杰出人物在历史上也有重大作用,这已被无数事实所证明。虽然发挥作用的前提是杰出人物要顺应历史发展的趋势,要代表人民群众的利益,但是这种作用是不能抹杀的。正是因为有了层出不穷的杰出人物,人类历史才丰富多彩,不断前行。从个人角度来说,是成为最优秀的人,还是做一个普通人平凡人,取决于个人的人生观、理想、抱负和能力,也受到外部条件的影响。优秀与否同一个人的社会地位、性别、年龄、文化、职业等并无必然联系,地位高或低的人都可以是优秀的,如当今中国在工人、农民、战士、学生等群体中涌现的模范人物。有文化的人成为优秀者的机遇会多一些,没文化或文化很低的老头儿老太太,只要善良、勤劳、奉献、照样可以成为伟大的父亲或母亲。一个人能否优秀取决于个人努力,是否优秀,还要由别人来评价,吹牛无用,自夸丢人。优秀还是平凡,允许个人选择。一个健全的社会应鼓励和赞赏优秀,也应接纳平凡。没有千千万万平凡劳动者,社会生产就无人进行,优秀者也无法生存。优秀与平凡是相对的,优秀者在某些方面优秀,在其他方面则平凡甚至愚笨,平凡者也可能在某一方面有超强技能,这样的例子比比皆是。于是,又显露出社会分工的必要性,每个人都应当从事最能发挥自己特长的工作,个人要避免入错行,单位和领导要合理安排以免屈才。

赫拉克利特上述思想既然对社会中人有启发,将其称为社会辩证法的思想火花,应该不算抬高吧。

(二)德谟克利特

据资料记载,他生于公元前 460 年,死于公元前 370 年,享年 90 岁,是个寿星佬,出身富贵,是某个城邦的王太子,但放弃了王位继承权,耗尽家财,认为"哪怕只找到一个原因的解释,也比当波斯人的王要好",于是为求知而到处游历,一生从事多方面的研究,以唯物主义原子论者留名于世,马克思称他为第一个百科全书

---

① 全增嘏. 西方哲学史(上册)[M]. 上海:上海人民出版社 1983,40.

式的学者，并以他的原子论作为自己的博士论文的研究对象。他的学说引起了柏拉图和黑格尔的愤恨，也由此可见他在哲学史上的影响。

德谟克利特认为，在民主国家里受穷，胜于在专制国家里享福。这表明他对民主和专制的不同态度，在他那个时代，民主和专制都是奴隶主阶级的专政，他把奴隶主看成优秀的人，认为统治权自然属于上等人，而奴隶只是工具，供上等人任意使唤。这当然是反动的剥削阶级思想。稍有一点合理之处在于他提示人们，对受穷与享福要作具体分析，但他还是在不相容的对立中思维，给人一种印象，似乎民主等同于受穷，专制等同于享福，这就容易使人思想混乱，不知如何取舍。其实显然，理想状况是在民主国家里享福而不是在专制国家里受穷。在这个问题上应当引入辩证法的发展原理和过程性原理，同样是专制国家，封建社会的农民状况要比奴隶好得多，民主国家发展初期也不可能立刻摆脱贫穷，而要逐步实现。

德谟克利特认为，内战对双方都有害，只有团结一致，才能办好大事，才能进行战争。为此应当认定国家的利益高于一切，以便把国家治理好。决不能让争吵破坏公道，也不能让暴力损害公益。国家健全就一切兴盛，国家腐败就一切完蛋。对他的这些看法要进行辩证分析。内战对双方当然都有害，都要死人，都会有财产损失，都会影响发展的进程。但正义为了战胜邪恶就必须通过战争。1946年到1949年的中国内战是国民党反动派强加给共产党和人民的，它要在中国建立大地主大资产阶级的统治，故意破坏和谈，首先大举进攻，共产党和人民被迫自卫反抗并最终取得了胜利。不打这场内战，人民就不能获得解放，民族就不能独立，也就不会有后来的国家发展。把团结和办大事联系起来，把国家健全和兴盛联系起来，把国家腐败和完蛋联系起来，这都是有道理的，揭示了二者之间的因果关系，对人有一定的教育作用。

德谟克利特认为："幸福不在于占有畜群，也不在于占有黄金，它的居处是在我们的灵魂之中。使人幸福的并不是体力和金钱，而是正直和公允。人们通过享乐的节制和生活的协调，才得到灵魂的安宁。"[①] 他的这种幸福观表达了条件性思想，只有正直、公允、节

---

① 全增嘏. 西方哲学史（上册）[M]. 上海：上海人民出版社 1983，106.

制、协调，才能灵魂安宁，获得幸福。这种幸福观有值得赞赏的一面。正直和公允是做人的良好品德，人人都应努力做到，虽然做起来不容易，但要以此为目标，为此就要反对偏私，纠正偏见，反对先私后公和因私废公，客观公正地对待一切人和事。节制和协调是对人的德性和能力的考验。如能做到这两点，对个人来说是非常有好处的。他还认为，在吃、喝、情爱方面过度的人，快乐的时间是很短的，随之而来的坏处却很大，不合时宜的享乐产生厌恶，人应拒绝一切无益的享乐。这些看法似乎是道德说教，实际上是逆耳忠言，某些当代中国人尤应记取。

德谟克利特认为："恰当的比例是对一切事物都好的"。人应当"丝毫不做不适当的事"。"中等的财富比巨大的财富更可靠，不论豪富或赤贫在我看来都不好。"[①] 这显然体现了辩证法关于度的原理。他关于中等财富的主张启发了亚里士多德，对今天中国缩小两极分化，建设全面小康社会，也有借鉴意义。

德谟克利特认为："很小的恩惠而施得及时，对受惠人就有很大的价值。如果有钱人能决定给一无所有的人一笔预支款项给他们帮助，并给他们恩惠，则结果马上就会有恻隐之心、团结、友爱、互助、公民之间的齐心协力以及其他许多无人能数得尽的好处了。"[②] 这些话说的是雪中送炭的重要性，体现了大和小、多和少的辩证法。对于条件优越的人来说，送再多再大的东西也没有太大的意义，这种人的生活不会因为锦上添花而改变。而对于逆境中人来说，一点小小的帮助甚至可以改变命运。想当年，释迦牟尼因为得到牧羊女送的一碗粥而延续了生命，这才有了后来传遍世界的佛教。朱元璋因为得到乞丐送的"珍珠翡翠白玉汤"才渡过了难关，成就一生大业。当今中国，党和政府以及单位和个人向困难群体送温暖的活动温暖了无数人的心，正在开展的"微捐"，钱物虽少，却传播着正能量，已经并将继续发挥重大的作用。最近媒体报道，在长春市，有年老体弱、经营文具店的老夫妻连续十多年定期向困难小学生赠送文具；饭庄小老板每天向老人无偿提供馄饨，却不揭穿老人用游戏币代替真币的真相，自身困难的清洁工向更困难的拾荒者伸出援手

---

① 全增嘏. 西方哲学史（上册）[M]. 上海：上海人民出版社 1983，106.
② 全增嘏. 西方哲学史（上册）[M]. 上海：上海人民出版社 1983，107－108.

……这些报道让读者感到这座城市不愧"最有人情味城市"的称号,那些援助别人的人令人肃然起敬。

由上可见,德谟克利特不但有鲜明的唯物主义立场和观点,而且在社会政治观和伦理观中也有很多辩证法思想,同样值得重视和研究。

(三)苏格拉底

谈论西方哲学如果不谈苏格拉底就等于暴露了自己的无知或不敬,所以必须谈,几乎人人谈,好在他的思想很有特色,也值得一谈。至于生平简历和著名的"苏格拉底之死",还是省略了吧。由于苏格拉底没有留下著作,编写西方哲学史的人只能从柏拉图的对话集等资料中去搜寻苏格拉底的思想,各种教科书或专著中谈到的共性思想有以下几方面:

苏格拉底认为,哲学的研究对象是人,应当研究国家政治和社会伦理问题,精通这些问题的人是有价值的人,应当受到尊重,而研究宇宙或自然是愚蠢的行为,自然哲学家们争论的问题毫无用处。他的这种哲学观强调哲学要研究人和社会,重视人的问题,这当然有合理之处,但否定对自然的研究则是从一种片面性走向另一种片面性。因为人有自然属性,人与自然界有多方面的密切联系,完全脱离自然去研究人是不可能的,也是不应该的。自然哲学家们关于世界本原和状态的研究为人们提供了基本正确的世界观和方法论,其意义不能完全抹杀。

苏格拉底认为:"知识就是美德",或者倒过来说"美德就是知识",无知就是不道德甚至是罪恶,人无知就不可能为善,有了知识就不会为恶。这种看法把知识与道德联系起来甚至等同起来,目的在于让人自觉实现二者的统一,出发点是好的。但在社会现实中,知识和道德的关系很复杂,从个人角度来说,既知识渊博,又道德高尚,这当然最好,这样的人也确实大量存在。但有的人心地善良却没有多少知识,也有的人知识很多却道德低下,这种背离也是很多的。当今中国社会出现的院士造假、教授抄袭、大学生研究生杀人等为此提供了不好的例证。苏格拉底劝人求知向善值得肯定,但对知识与道德关系的看法却有点简单粗暴。

苏格拉底认为,人应当"认识你自己"。这句话是德尔斐神庙的

第二章　西方哲学和中国古代哲学中的社会辩证法思想

铭文，出自何人不得而知，最先说出这句话的人值得钦佩，泰勒斯也说过。苏格拉底的重复表达了对这句话的认可，也表达了对自然哲学家的批评，意思是说哲学家不要为玄而又玄的宇宙本原去争吵，而要关注人自身。他向人类提出的这一任务最终永远不能完成，因为人是不断生成中的人，不断完善的人，但人通过不断加深对自己的认识可以促进自己的发展。人为了发展必须认识自己，这样才能知道自己的长处和短处，扬长避短，发挥优势，弥补不足；才能知道自己该追求什么不该追求什么以及怎样追求；才能知道如何给自己定位。认识自己是很难的，比认识自然和他人更难。认识自己也是与自己作战的过程，要同自己的欲望、偏见和错误的思维方式作斗争，认识自己与战胜自己相互促进，体现在每个人的发展进程中。为了认识自己，先要承认自己无知，像苏格拉底那样："我只知道我什么也不知道"，放下架子，虚心向别人求教，认真学习各方面知识，包括生理学、心理学、社会科学，以便全面认识自己的自然属性、精神属性和社会属性。还要与别人及社会各方面的标准相对照，明白自己的差距，明辨努力的方向。人贵有自知之明，人也难有自知之明。无知的人不知道应当如何认识自己，容易贬低自己，缺乏自信；某一方面的专家容易片面夸大自己，过于自信甚至狂妄。两个极端对个人都是有害的。可惜，当今中国社会处于这两个极端的人都不在少数，克服的途径惟有增强自觉。

苏格拉底认为，辩证法就是"精神助产术"，是通过对话或辩论而使真理得以诞生的方式。论辩术并非苏格拉底的发明，而是智者学派的普遍方法。苏格拉底使用并发展了这种方法，每天在大街或广场遇到人就与之辩论一番，往往把对方弄得张口结舌，无以应对，甚至对他产生恐惧和厌烦。社会的人针对某一社会性问题进行争辩然后得出结论，这倒是很有"社会辩证法"的意蕴，希望能把辩证法的这层含义保存下去。真理越辩越明，所以，论辩也应成为今天社会生活中的普遍方法，从学术讨论、法庭辩论，到政策论证会听证会，论辩正在成为常态。但论辩不是诡辩，首先辩题要有意义，每年三月份中国"两会"代表们的提案数以千件，多数提案有意义，也有的很不靠谱。像欧洲中世纪"针尖上能站多少天使"这样的辩题是对人类智慧的嘲弄，"文化大革命"期间不同派别大打"语录仗"，也是对时间和精力的浪费。其次论辩要有度，不能把论辩当成人身攻击，不能随意上纲上线，也不能离题万里，违背逻辑规则，还不能久辩不决、当断不断。

苏格拉底与自然哲学家不同，主要研究人和社会的问题，许多观点还是很有启发性的，即使有偏颇之处也不应否定其价值。

（四）亚里士多德

亚里士多德是公认的伟大哲学家之一，也是百科全书式的学者，在人类思想史上影响巨大，在许多领域作出了开创性贡献。他的"我爱我师，我更爱真理"的名言广为流传，他关于"人是社会动物、政治动物"的观点也广为人知。这里只评述他的一个颇具新意的思想即闲暇思想。

亚里士多德的《政治学》内涵丰富，影响深远，除关于政治、政体、公民、法律等论述外，关于闲暇的论述也不少，其中一些观点即使在今天看来也有启示和借鉴作用。

1. "闲暇是全部人生的惟一本原。"[①]

本原是万物所由产生又复归的东西，探讨万物本原是古希腊思想家的一个共同特征。亚里士多德的这一思想蕴涵着中国古代"人最为天下贵"和今天所说"以人为本"的思想。当然，若从概念辨析角度来看，惟一本原的提法显然不妥，但确实表达了亚氏对闲暇的重视。近年来在国内外学术界关于"闲暇"的概念讨论热烈，异见纷呈，但不论如何表述，休闲或闲暇的哲学意义和政治意义都是显而易见的。从哲学上说，闲暇是人尤其是现代人的一种生存方式或存在状态，意味着主体状况的改善，是人的自由解放程度的一种标志。闲暇具有属人性，动物的本能活动没有闲暇的意义。闲暇具有实践性，属于人的日常生活实践，与社会交往实践和精神生产实践相交叉。闲暇具有历史性，在人类发展的不同阶段呈现不同特征，从古至今表现出由低级到高级的发展过程。闲暇具有阶级性，在阶级社会里闲暇主要是统治阶级的闲暇，统治阶级的阶级利益、阶级意志、闲暇观念和方式，对全社会的闲暇状况起决定和主导作用。闲暇具有复杂性，概念难以精确，外延难以圈定，内容和形式多样，作用或效果有二重性。从政治上说，闲暇是众人之事，具有普遍性

[①] 亚里士多德选集·政治学卷[M]. 北京：中国人民大学出版社 1999，278.

和根本性，关系到全体社会成员的利益。所以，每个社会成员都应树立闲暇意识，社会的组织者管理者更应该认真对待人民的闲暇问题，将其视为自身的一项重要职责而尽心尽力。人民的闲暇状况是一定社会生产力发展程度的体现，也是社会统治者的立场和能力的反映。如何保证人民充分、科学、合理的闲暇是对社会统治者的考验。让人民衣食无忧、安居乐业、舒适悠闲，这对于社会统治者的意义也是不言而喻的。在当今中国，人民是国家的主人，党和政府是人民利益的代表，促进人民的闲暇是"以人为本"科学发展观的题中应有之意。

2. "人的本性谋求的不仅是能够胜任劳作，而且是能够安然享有闲暇。假如两者都是必须的，那么闲暇也比劳作更为可取，并是后者的目的。"①

"全部生活也可以分为劳作的与闲暇的，劳作是为了闲暇，公民们既应勤劳善战，更应该致力于求致和平与闲暇。"② 亚里士多德在此提出了一个发人深省的问题即劳作与闲暇的关系问题。关于劳动的重要性人们无论是从理论上还是从实践上都有了充分的认识和体验，如"劳动是人的本质，劳动创造了人，劳动是社会存在和发展的基础，劳动是理解人类历史的钥匙，不劳动者不得食，劳动者最光荣"等等。中国人长期缺乏闲暇意识，甚至把闲暇与懒惰、不务正业、玩物丧志等同起来，把闲暇与劳动对立起来，当成耻辱。关于休息的重要性也仅仅理解为劳动的手段，"日出而作，日落而息"，息是为了明天继续劳作，休息是为了劳动，劳动本来也是生存和发展的手段，却被当成目的本身，为了劳动而劳动，在目的和手段的理解上陷入误区。亚里士多德明确指出闲暇是人的本性，是劳作的目的，是人们追求的目标，这些论断对人们具有振聋发聩的作用。现在，越来越多的人认识到，过去批判的"好逸恶劳"其实也是人的本性之一，这一本性也促进了科学技术的进步，极大地改善了人类的生存状况。例如，汽车、火车、轮船、飞机等现代交通工具的发明不仅满足了人快捷的需要，而且减轻了旅途的劳顿，使旅行和享乐融为一体。自来水、煤气灶及各种家电的发明使过去费时费力

---

① 亚里士多德选集·政治学卷 [M]. 北京：中国人民大学出版社 1999, 278.
② 亚里士多德选集·政治学卷 [M]. 北京：中国人民大学出版社 1999, 265.

的家庭劳作变为简便、轻松、舒适的过程，等等。从这个意义上说，"好逸恶劳"也成为社会进步的一种内在动力。在劳动与闲暇的关系问题上，在改善人的生存状况、提升人的生活质量的前提下，闲暇时间越多越好，劳动时间越短、劳动强度越低越好。如果能像马克思所说彻底消除"异化劳动"，或者像马尔库塞所说使工作变成消遣则更好。

3. "闲暇自身能带来享受、幸福和极度的快活。"①

这是亚里士多德关于闲暇的作用所作的论断，在通俗直白的表述后面隐藏着对人生目的的探寻。人生的目的是什么？信奉不同人生观价值观的人会有不同回答。共产主义人生观价值观认为人的价值在于奉献，一个人活着是为了让他人活得更好，这当然是正确而极高的境界。但是，从一般的意义上说，不论是人类还是个人，活着的目的不是遭受痛苦，虽然痛苦是必然的不可避免的，许多时候也是享乐的前提条件，但人追求的不是痛苦而是幸福。按照马克思的人学思想，人是自然存在物，人有自然的欲望和需要，而需要即本性。人们在吃、喝、穿、住、性等方面的活动，低级的是满足生存需要，高级的就是一种享乐过程。人又是意识存在物，拥有思维着的精神这一地球上最美的花朵，有高级的精神活动，渴望在高尚的精神追求中享受到艺术的美和甜蜜。人还是社会存在物，人的本质是社会关系的总和，人需要交往也愿意在交往中享受到别人的尊重。所有这一切都离不开闲暇。闲暇使人享受人生也创造人生。只有在充分的闲暇时间中和自由的闲暇状态下，人才能充分发挥主观能动性，如马克思所言，按照美的规律去创造，使外部世界的改变符合人类的乐趣，在愉悦的活动中不断催生光辉灿烂的文化。或者如亚里士多德所言，"德性的生成和政治活动都需要有闲暇。"②只有在艰苦的劳作之外人才能在更为广阔的生活领域自觉培养和践行道德规范，才能商讨政治问题，不断提高自己的政治智慧。诚然，如何对待享受、什么才是快活、怎样理解幸福，这些都是非常复杂的问题。而且，闲暇也有负面作用，可以使人陷入无聊或堕落，正如饱暖思淫欲，闲暇也能生是非。亚里士多德也认为"和平的良辰

---

① 亚里士多德选集·政治学卷 [M]．北京：中国人大大学出版社 1999，279．
② 亚里士多德选集·政治学卷 [M]．北京：中国人大大学出版社 1999，252．

美景带来的享受和闲暇生活更容易导致人们的放纵。"① 而劳作本身有时也是一种享受和幸福。但不论怎样，亚里士多德关于闲暇作用的论述还是有一定道理的。

4. "在获致闲暇之先，须准备好许多必需的条件。"②

首先是物质条件。"人们如果没有财产的保证就不可能获得参政的闲暇。"③ 历史唯物主义关于物质生活资料和物质生产活动重要性的原理早已被人们熟知并认可。通俗地说，没有足够的物质财富或金钱做后盾，人就无法休闲也不敢休闲。当今中国双休日制度和带薪休假制度的实施、节假日的增加、休闲食品和其他用品的旺销（包括私家车的迅速增长）、旅游业的发展等等，都是因为改革开放打牢了物质基础，国家放假放得起，人民休假也休得起。人民的衣、食、住、行、用等各方面所需物品都比过去更加充足、丰富和方便。尤其是人民的闲暇时间大大增加，"辛苦谋生的人们不可能有足够闲暇"④ 的状况得到改变。正因如此，休闲才成为当今中国的一种普遍现象和学术界研究的新课题。其次是政治条件。"奴隶无闲暇"⑤，在长期的阶级社会里，包括亚里士多德所处的时代，休闲是统治阶级的特权，只有通过社会革命推翻反动统治，使人民成为国家主人，人民才能进而成为休闲的主体。此外，人民的民主权利、休息权和其他相关权利还需得到宪法和法律的规定，使之法律化制度化，并有具体政策和配套措施予以保障。国家应当"不折腾"，政府部门及其工作人员应当把促进人民的闲暇作为职责之一，不劳民、不扰民、更不害民，为人民的闲暇创造良好的政治氛围。再次是精神条件。"勇敢和坚韧适用于劳作之时，而哲学的智慧适用于闲暇时期。"⑥ 哲学的产生以脑体分工即一部分人的闲暇为前提，处于闲暇状态的哲学家们包括亚里士多德在内认真思考有关宇宙人生的大问题，给人们的思想和行为提供指导，例如，亚里士多德和其他哲学家的闲暇思想就有助于人们形成闲暇意识、开展闲暇活动，从这一特定角

---

① 亚里士多德选集·政治学卷 [M]. 北京：中国人大大学出版社 1999，267.
② 亚里士多德选集·政治学卷 [M]. 北京：中国人民大学出版社 1999，267.
③ 亚里士多德选集·政治学卷 [M]. 北京：中国人民大学出版社 1999，135.
④ 亚里士多德选集·政治学卷 [M]. 北京：中国人民大学出版社 1999，135.
⑤ 亚里士多德选集·政治学卷 [M]. 北京：中国人民大学出版社 1999，135.
⑥ 亚里士多德选集·政治学卷 [M]. 北京：中国人民大学出版社 1999，134.

度促进人类进步。闲暇的获得还依靠精神文明的全面发展为其提供内容、形式和手段。例如,要使人们在闲暇时有好书可读、有好的影视节目可看等等。从微观上说,个人要获得闲暇还必须冲破内心的魔障,摆脱拜金主义和名利思想的纠缠,不断清理思想垃圾,这样才能不至于活得太累,才能闲得下来。

5. "需要思考闲暇时人们应该做些什么。"①

亚里士多德在此提出了怎样休闲的问题,他还主张应该有一些关于闲暇的课程,并用较多篇幅论述了音乐对于闲暇的作用。当今中国人由于生活状况的改善也应当认真思考怎样休闲的问题了。闲暇时间怎样度过虽然是个人自由,但却能反映出休闲主体的道德境界、文化修养和价值追求,并对他人、社会、民族声誉等产生广泛影响。所以,怎样休闲是一个涉及个体和群体、物质和精神、经济和政治、法律和道德等诸多关系的重大社会问题。近年来,中国学术界关于休闲的意义、原则、方法乃至学科建设讨论热烈,但实践中人应当怎样休闲的问题并没有得到很好的解决。城里人和农村人、体力劳动者和脑力劳动者、成年人和儿童学生、富人和穷人、同一城市中本地人和外地人、领导别人的人和被领导的人,在休闲方面也同其他方面一样存在着极大的差别和不平衡;有的人违法违纪,挥霍公款,用国家财富和人民血汗满足自己的享乐;许多人为缺乏健康有益又有趣的休闲方式而苦恼;一些地方假休闲娱乐之名行"黄、赌、毒"之实,等等。由此可见,亚里士多德要求人们所思考的问题确实令人警醒。

总之,亚里士多德对闲暇的地位、闲暇与劳作的关系、闲暇的作用、闲暇所需的条件、闲暇的内容和形式等一系列问题作了清晰明确的阐述,许多思想闪耀着智慧的光芒,显现出独到的理论视野和实践价值。当然,他也有"必须让最优秀的阶层有闲暇,应该保证当政者的闲暇"② 这样惹人争议的观点和其他片面之处,但不应以此否定他对闲暇所做的研究和贡献。

(五)西塞罗

西塞罗的名字对于大多数中国人来说显得很陌生,他在前边引

---

① 亚里士多德选集·政治学卷 [M]. 北京:中国人民大学出版社 1999,278.
② 亚里士多德选集·政治学卷 [M]. 北京:中国人民大学出版社 1999,69.

第二章 西方哲学和中国古代哲学中的社会辩证法思想

述的几本代表性西方哲学史中未能占有一席之地，在《中国大百科全书·哲学卷》中可以见到关于他的条目，评价不高，认为他的思想缺乏贯彻始终的原则，包含着混乱和矛盾，以折中主义而著名，其主要贡献在于把许多专门的哲学术语译成拉丁文，将希腊哲学思想通俗化，使罗马人更易理解和接受。

2005年商务印书馆出版了《西塞罗三论：老年·友谊·责任》一书，使中国人增加了对他的了解。据该书译者徐奕春介绍，西塞罗名字的全称是马尔库斯·图利乌斯·西塞罗，生于公元前106年，是古罗马最有才华的政治家之一，当过执政官、元老院元老、总督，也是当时最伟大的演说家、哲学家和散文家，他的作品达到了古罗马散文的顶峰。公元前43年他因为反对当时唯一的执政官安东尼而被杀害，头和双手被割下来，钉在罗马广场上示众。罗马统治者恺撒评价西塞罗，说他的功绩高于伟大的军事将领。扩大人类知识的领域比扩大罗马帝国的版图，在意义上更为可贵。徐奕春认为西塞罗是人类理智星空中一颗璀璨的星星，虽然作古已2000多年，但他的智慧之光依然鲜亮绚烂，给后人以无穷的启迪。

笔者认为，在《西塞罗三论》一书中有许多社会辩证法思想，对人、尤其是对青年人的生活和发展的意义要比黑格尔的辩证法更大。此处只以书中的论友谊部分为例作评述，以下引文皆出自该书第52—85页。

西塞罗认为"友谊只能存在于好人之间。好人指的是这样一些人：他们的行为和生活无疑是高尚、清白、公正和慷慨的；他们不贪婪、不淫荡、不粗暴；他们有勇气去做自己认为正确的事情，尽人之所能顺从自然，而自然则是善良人生的最好向导。"

照此说来，中国人所说"秦桧也有三个好朋友"的说法就站不住脚了，因为他们都是坏人。西塞罗对好人特征的描述也有道理，可以使人照着去做，但还不完全，起码应当增加"讲诚信、负责任、敢担当"的规定性。关于"有勇气去做自己认为正确的事情"需要辨析，因为坏人也能做到这一点。

西塞罗认为，"友谊胜过亲戚关系，因为亲戚可以是没有感情的，而友谊则决不能没有。亲戚没有感情依然是亲戚，而友谊没有感情就不成其为友谊了。将人类联结在一起的那些纯粹自然的关系是无定限的，而友谊却是非常集中的，它被限制在一个非常狭小的范围里，只有两个人，或者最多只有少数几个人，才能分享这份情感。可以把友谊定义为，对有关人和神的一切问题的看法完全一致，并且相互间有一种亲善和挚爱。除智慧之外，友谊是不朽的神灵赋予人类最好的东西。"

他关于友谊和亲戚的区别、友谊和感情的关系的说法可以接受，在现实生活中，亲戚不如朋友的情况也比较常见，但在利益面前，是亲戚重要还是朋友重要却不好说，两种情况都有。穷居闹市无人问，富居深山有远亲，利益有决定性的作用。为朋友舍弃利益的也大有人在，恩格斯对马克思的无私而长期的援助便是明证。友谊应否限定范围？有的人主张"人生得一知己足矣"，有的人追求"朋友遍天下"，各有道理，不应强求一致。他关于友谊的定义值得商榷，按照他的说法，友谊只能存在于宗教信徒之间了，这恐怕难以成立。而且，朋友之间也不应对问题的看法完全一致，有差别、能互补岂不更好？亲人之间都做不到完全一致，对朋友怎能苛求？

西塞罗认为，"假如有一个人，你对他绝对信任，什么事情都可以跟他说，就像和自己谈话一样，还有什么比这更令人愉快的呢？如果没有一个人能够与你分享快乐，那么你的成功不是失去了其一半价值？另一方面，如果没有一个人比你自己还着急地为你分忧，那么你有了灾难就会难以承受。友谊有数不尽的好处，你无论走到哪里，友谊永远在你身旁。它无处不在，而且永远不会不合时宜，永远不会不受欢迎。友谊既能使成功增光添彩，也能通过分忧解愁减轻失败的苦恼。友谊的好处很大也很多，它无疑是一个绝好的东西，因为友谊能使我们对未来充满希望，能给我们以力量和信心。"

看到这里，有朋友的人可能会立即去找朋友喝酒谈心，没朋友的人可能会感到烦恼和后悔，立即投入找朋友的行动。友谊的好处确实如他所言，又好又大又多，但是他忘记了友谊的地位是变化的。在人生困境中，友谊的正面作用非常突出，遇难之人急盼朋友伸手相救；而在顺境之中，友谊的正面作用淡化，甚至转化为负面作用，成为当事人的累赘，朋友变成敌人。许多人只能共苦，不能同甘，便是证明。中国历史上的陈胜吴广起义时和朋友们相约"苟富贵，勿相忘"，当了王之后却"一阔脸就变"，唯恐老朋友登门泄露其昔日贫贱的老底，对老朋友逐之杀之。当今中国社会中，有些同学会之类的聚会不再是感情的交流，不再有甜蜜的回忆，而是一些人趾高气扬地炫耀,一些人尴尬羞愧,"相见不如想念"。看来西塞罗的辩证法不够彻底,对友谊的作用有所夸大,使之绝对化,陷入形而上学。

西塞罗认为,"希求友谊是不是因为脆弱或贫乏的缘故?友谊这个拉丁词是从'爱'这个词派生出来的,而爱无疑是相互之间产生感情的原动力。友谊就其本性来说是容不得半点虚假的,它是真诚的、自发的。友谊是出于一种本性的冲动,而不是出于一种求助的愿望;出自一种心灵的倾向,而不是出自对于可能获得的物质上的好处的一种精细的计算。如果友谊是靠物质上的好处维系的话,那么,物质上好处的任何变化都会使友谊解体。"

他这些话说的是友谊产生的原因和判定的标准,有一定道理。友谊出自于爱,这种爱与爱情、恋爱应当有所区别,是广义的爱。友谊能够给双方带来物质方面的好处,但友谊的建立和维系不应以物质好处为出发点和纽带。友谊是双方相互认可,而不是一方乞求,另一方恩赐。社会上对物质好处精细计算的人太多了,所以,真正的友谊就属于难能可贵了。但是,他说友谊出于本性冲动和心灵的倾向,是不妥的。难道建立友谊的过程中没有对对方的考察吗?没有某种形式的考验吗?没有理性的判断吗?都有的,而且必须有。他只看到非理性因素的作用,这是片面和肤浅的。

西塞罗引述并赞成他朋友的观点,认为"终生不渝地保持友谊是世上最难的事情。朋友之间可能会发生许多这样的事情:利益的冲突;政见的不同;人的性格也常常会变化(有时是因为遇到不幸,有时是因为年龄的增长)。儿童之间的友情是和童装一起被抛弃的,即使保持到了青年时代,往往也会由于成为情敌,或者由于相互争利而决裂。虽然在大多数情况下,对友谊最致命的打击是贪财,但就上层人物来说,对友谊最致命的打击是竞求功名,它往往会使最亲密的朋友变成最大的仇敌。"

这里说的是友谊的变化及其原因,在一定程度上弥补了前边把友谊绝对化固定化的过失。描述的现象也符合社会生活的实际。但对友谊破裂的原因还有遗漏,除他列举的以外,还有一方或双方的重大过错、相互的误会、他人别有用心的挑拨,等等。童年伙伴长大便分手甚至成为仇敌,这表明了友谊的脆弱,也会引发人们对友谊的恐惧。

西塞罗认为,"有一种反目是情有可原的,它们起因于要求朋友做一件不道德的事情,当遭到拒绝时,虽然这种拒绝是完全正确的,被拒绝的一方往往会指责对方不够朋友。那些毫无顾忌地要求朋友去做任何事情的人,为了朋友什么事情都干得出来。正是这种人往往不仅破坏友谊,而且还会产生持久的敌意。为了朋友才犯的罪,这不是一个正当的理由。可以制定这样一条友谊的规则:勿要求朋友做坏事;若朋友要求做坏事,你也不要去做。因为,为了友谊这个托词是一个不名誉的托词,是决不会得到原谅的。在堕落的道路上一旦迈出了第一步,那就会以越来越快的速度往下滑,一发而不可收。让我们把这定为友谊的第一条规律:我们只要求朋友做好事,而且也只为朋友做好事。但我们也不要等人家要求了才去做,永远要热心主动地去做,不要迟疑。要有勇气坦率地提出劝告,忠言要坦诚还要尖锐,而当朋友作这种劝告时就应当听从。"

这些话说的是维系友谊要坚持的立场和原则,有些是正确的,如自己不做坏事,也不要求朋友做坏事。中国社会一些人为了所谓"义气"而胡作非为是愚昧的。有些话体现了辩证法量变引起质变的原理,提示人们要防微杜渐。关于劝人和听人劝的说法也是对的。但是,"永远热心主动为朋友做好事"却不见得任何时候都合适。好心干坏事,要竭力避免才是。有句谚语说:"一个人如果有一个无知的大脑,再加上一副热心肠,那就是最危险的了。"此话言之有理。对朋友应当怎样帮、何时帮,要从实际出发,具体情况具体分析。对于犯错误的朋友应当提出劝告,对执迷不悟者还要当头棒喝,击一猛掌,令其醒悟。虽然说"良药苦口利于病,忠言逆耳利于行",但如果能做到良药不苦口,忠言不逆耳,则更便于对方接受,效果会更好。

西塞罗认为,"谁会选择一种虽然极其富有但却不准他爱任何人或为任何人所爱的生活呢?那是一种暴君才能忍受的生活。他们当然不会指望有什么忠贞、挚爱、也不会相信任何人的善意。对于他们来说,一切都是猜疑和忧虑,根本不存在友谊的可能性。谁会爱一个自己所怕的,或者知道是怕自己的人呢?虽然这种人有时也会对他们装出一副很友好的样子,但这只是一种暂时的假象。当他们一旦失势(一般说来这是难免的),他们就会立刻看到,昔日的朋友纷纷离他们而去,他们是多么的孤独。非常富有的人也常常会出现这种情况——正是他们的财富阻碍了真诚的友谊。他们往往会忘乎所以,变得狂妄而任性;世界上没有什么比成功的蠢材更令人难以忍受的了。常常可以看到这样一种人:他们以前态度谦和,一旦有了权势,就一反常态,嫌弃旧友而热衷于新交。那些具有幸运、财富和权势所能给予的一切机会的人,只知道去谋求那些能用钱买到的东西,而不去设法结交朋友(朋友是人生中最有价值、最漂亮的家具)。难道还有什么能比他们更愚蠢的吗?当他们获得那些财物时,他们还不知道将来谁能享用它们,也不知道自己辛辛苦苦是为了谁,因为它们最终都会落入强者之手;……"

这段话说的是友谊的反面:什么人在什么情况下没有友谊,其中包括事物的两面性的辩证法。暴君无友谊、位高权重者无友谊、富人无友谊,这些话有道理。暴君权力大,张口便可杀人,又被权力所折磨和奴役,成天为保住龙椅而殚精竭虑,都是半个精神病患者,看谁都对自己有威胁,只好变成孤家寡人,臣子们伴君如伴虎,随时会丢命,只能战战兢兢,谁敢与君真心相交?封建社会官场中人身陷名利漩涡,利益冲突严重,人际关系复杂。皆怀追名逐利之心,戴着假面跳舞;既要算计别人,又要防人算计;既盼别人遭灾,又恐自己倒霉;既想攀龙附凤,又怕找错靠山;惶惶不可终日,神经脆弱不堪;不愿坦诚示人,何来友谊可谈?大富之人或者害怕泄露赚钱秘术,或者担心财产安全,怕抢怕偷怕骗,或者以财压人,恃强凌弱,敢与何人真心交往?以上三种人与别人的交往只能是互相利用,与友谊毫不沾边。"以势交者,势尽则疏;以利交者,利尽则散。"所以,暴君下台就被追杀,官员被贬就无人理睬,富人亏空就被嘲笑。

西塞罗认为,关于友谊的限制或爱慕之情的界线,有三种看法他都不赞成。"第一种是:我们应当像爱我们自己一样爱我们的朋友,而不应当有过之;第二种是:我们对朋友的爱慕之情应当完全对应和等同于朋友对我们的爱慕之情;第三种是:对个人的评价应当和他的自我评价完全相同。"

他不赞成的原因是:第一种不对,因为有许多事情我们为自己从不会去做,却会为朋友去做。第二种把友谊限制为一种彼此间服务和情感的等量交换,把友谊降低到心胸狭窄而鄙俗的斤斤计较的关系,而真诚的友谊比这种账簿式的友谊要富足和慷慨。第三种最坏，对于自卑的人，他的朋友就不应像他看待自己那样看待他。友谊的真正限制是"两个朋友的品格必须是纯洁无瑕的，彼此的兴趣、意向和目的必须完全和谐一致，没有任何例外。"

这些话说的是友谊的标准和维护的方法。以马克思和恩格斯为例可以说明，他们二人都立志为全人类而工作，兴趣、意向、目的完全一致，为人与人的友谊树立了光辉榜样。也有割裂的情况，一些人由于兴趣、意向、目的一致而走到一起，但人格低下，这些人之间也谈不上友谊，只能算是"臭味相投"，如土匪和黑社会或其他狐朋狗友。为了维护友谊需要有奉献精神，为朋友做事超过为自己做事，不计较个人得失，不因朋友的自谦而轻视。这段话需要辨析的是品格问题，每个人都认为自己纯洁无瑕，谁也不会说自己是坏蛋，如识辨别？既要听其言，更要观其行；不看他对你如何，要看他对别人怎样。对别人好，当然也会对你好；对别人不好，只对你一个人好，这种好是靠不住的。

西塞罗认为，"择友必须谨慎，如果觉得这个人将来也许我们要恨他，就决不能和他交朋友。即使我们不幸交错了朋友，也得保持下去，切不可伺机绝交。为了友谊应当作出某种让步，但不应当完全不顾自己的名声，决不应当摒弃美德。选择朋友应该选择那种坚定、稳健、忠贞不移的人。应当通过一种尝试性的友谊来检验朋友的品性。常常会出现这样一种情况：有些人在小额钱财问题上完全暴露出他们是不可信赖的；又有一些人，虽然经得起小额钱财的诱惑，但如果是大额钱财，就会暴露出真面目。很难在那些争权夺利的政客中找到真正的友谊。绝大多数人以两种方式暴露出他们不可信赖和易变的品性：自己得意时看不起朋友；或朋友有难时就抛弃朋友。能保证友谊永恒不变的品质是忠诚，任何缺乏忠诚的友谊都是不能持久的。选择朋友时还应当找那种性格直爽、友善且富有同情心的人，能和我们一样为某一事物所感动的人。决不能信赖一个老谋深算、城府很深的人。"

这些话说的是交朋友的原则和方法，包含着透过现象看本质的辩证法。每个人自己应当做到的是忠诚、直爽、友善、同情、谨慎、经得起钱财的考验。对朋友不离不弃、坚定、稳健，然后去找与自己相同的人做朋友。人在春风得意时对朋友的依赖性减弱，不会把朋友放在心上，而此时又是朋友最多的时候，可以说是门庭若市；

人在危难时对朋友的依赖性增强，非常重视，唯恐失去，而此时又是朋友最少的时候，可以说是门可罗雀。这就是社会生活的辩证法。人对待钱财的态度像一面镜子，能映照出其品行，贪婪之人绝不可交，否则早晚会被出卖。不论是大贪还是小贪，都应远之避之。维护友谊需要坚守道德底线和法律底线。所谓的江湖中人为了义气而杀人越货违法犯罪，已超出了友谊的范围。但这段话也有需辨析之处。"如果觉得某个人将来会是可恨之人，现在就不能与之相交"，如何才能作出这样准确的预测呢？谁有未卜先知的能力呢？当年汪精卫谋刺摄政王时，许多革命者与之相交，汪作为大英雄受众人敬仰，谁能料到若干年后他成为头号汉奸呢？"交错了朋友也得保持下去，"这不是沿着错误道路越走越远吗？在汪成为汉奸之后还能继续交往吗？难道不应当机立断与之决裂吗？不应割袍断义吗？"应找性格直爽的人"，性格内向的人就不可交吗？"为友谊而让步时要顾及自己的名声"，是友谊重要还是名声重要呢？为了真正的友谊生命都可以舍弃，名声又算得了什么呢？

　　西塞罗认为，人应当和朋友平等相处，有任何优势的人应当和不太幸运的人平等相处。"那种为别人做了一点事就总是挂在嘴边的人是最讨厌的。接受别人帮助的人固然应当铭记在心，但帮助别人的人则不应当提起。对待朋友，地位高的人应当降低自己的身份，这样做从某种意义上说也就是抬高了比他们地位低的人，因为有些人由于自惭形秽而不愿与人为友。和朋友绝交是一种不幸，却不可避免。一个人突然干出一件伤害朋友或陌生人的事情，而他的朋友因此蒙受耻辱，在这种情况下，应当通过断绝来往而使友谊逐渐地枯萎死亡。当我们只是打算放弃友谊时，我们就应当格外谨慎，防止出现公开的敌意。因为最可耻的事情莫过于同自己昔日的密友反目。第一个目标是防止朋友之间出现不和，第二个目标是保证：倘若出现了不和也要设法使友谊自然消亡，而非猛然绝交。应当小心，别让友谊变成仇怨。出现了争执要能忍且忍。在给予爱心方面不要操之过急，不要把爱心完全给予那些不值得你爱的人。你在爱慕一个人之前应当先对他进行评判，而不要先爱慕后评判。姑息朋友的错误会使朋友无所顾忌地走向毁灭。我们劝告时不应当太尖刻，责备时不应当使用侮辱性的语言，对人应当谦恭有礼，但决不应当阿谀奉承，怂恿人去作恶"。

这些话仍然是说对待友谊的原则和方法。朋友相交，贵在平等待人，既不能居高临下，也不能仰视乞怜。有个电视剧的台词说："当你是人上人时，要把别人当人看，当你是人下人时，要把自己当人看"。这台词把人分为人上人与人下人，似有不妥，但其态度体现了个人和他人的尊严。做人既要善良，又要学会行善，善而不为人知，方为真善，如同雷锋做好事从不留名。行善而希望人知、广而告之、期待回报，不能算是真善。行善一方不能看作是自己给别人恩惠，受善一方也不应将此当成精神包袱。朋友之间总是互相帮助的，一方给另一方物质帮助，对方也可回报以精神帮助。君子之交淡如水，如果双方没有物质交往可能会更好。友谊出现裂痕应设法修补，无法挽回时应好合好散。这段话值得辨析的是，如何对待朋友给自己造成的伤害？蒙受耻辱是否一定要绝交？底线是什么？反目往往成仇，之后怎么对待？裂痕由自己造成该怎么办？绝交是长痛好还是短痛好？争执中要忍让，要不要坚持原则？对于不值得爱的人还应当献爱心吗？

由上可见，西塞罗关于友谊的论述全面而详尽，考虑周全，见解独到，可以成为人生导师。虽然通篇未见辩证法的字样，但其道理包含其中，尽管他的论述也有许多偏颇，但总体上还是对人有启发的。

二、近代西方的社会辩证法思想

近代西方哲学的总特征是唯物主义与辩证法的分裂，辩证法被唯心主义所发展，唯物主义却具有机械性、形而上学性、不彻底性的缺陷，形而上学性的原因已经被恩格斯详细阐明了。这样一来，近代西方所有唯物主义哲学家都被贴上了形而上学的标签，似乎他们所有人的所有思想都犯了形而上学的大罪，一听到这个名称就可判定为谬误，可以弃之不顾了。其实这种态度和做法才是荒谬的。在他们的学说中也与古希腊一样，存在着社会辩证法的思想闪光，需要人们做一番探寻工作。

（一）霍布斯

托马斯·霍布斯，英国哲学家，生于1588年死于1679年，曾任培根的秘书,其学说被称为机械唯物主义。马克思认为他把培根的唯物主义系统化了,消灭了培根唯物主义中的有神论偏见。在17世纪的英国,凡不信仰宗教的人都被称为霍布斯主义者。他的唯物主义、无神论、政治哲学等学说已经得到相当细致的研究,这里不再重复。在他的名著《利维坦》①第十章论权势、身价、地位、尊重及资格中有关于人的集中论述,作为本文评述的切入点,引文皆出自该书第62—78页,由于较为繁琐,恕不能详注页码。

1. 关于权势

霍布斯认为,"权势是一个人取得某种未来具体利益的现有手段,一种是原始的,另一种是获得的。自然权势(原始权势)就是身心官能的优越性,如与众不同的臂力、仪容、慎虑、技艺、口才、慷慨大度和高贵的出身。获得的权势是来自上述诸种优越性或来自幸运、并以之作为取得更多优势的手段或工具的权势,如财富、名誉、朋友,以及上帝暗中的神助(即好运)等都是。权势的性质就像名誉一样,愈发展愈大;也像重物体的运动,愈走得远愈快。"

他的这些话实际上说的是个人发展所需要的条件,涉及到条件的客观性和多样性,有些辩证法的意思在内。上述条件中有个人自身的内在条件(包括生理和心理)和外在条件,不同条件在个人发展中的作用是有差别的,对此霍布斯未做分析,只是罗列一堆,尚需深入。在这些条件中,"慎虑"是理性思考,为人的行动谋划方案和步骤,起指挥和决策作用。这个条件不会丢失或倒退,只会随着人的成长而不断提高。臂力和仪容的优越性受时间限制,随年龄增长而减弱或消失,也会因意外而改变,应当趁年轻抓紧利用。技艺和口才有相对性,要与别人比较才能见高低,而且要不断提高以免落伍。高贵的出身对个人发展的作用有两面性,既可以使人增进动力,减少阻力,也可以使人产生依赖丧失主观能动性。

"人类权势中最大的,是大多数人根据自愿同意的原则联合起来,把自身的权势总和在一个自然人或社会法人身上的权势。有时是国家,有时是党派或联盟。"

这是说个人力量有局限性,要想发展必须借助国家或社会组织的力量,或者拥有仆人或朋友。

---

① 霍布斯. 利维坦[M]. 北京:商务印书馆1997.

"财富与慷慨大度相结合也是权势,因为这样可以获得朋友和仆人。没有慷慨大度就不然了,因为在这种情况下财富不能保护人,只能受嫉妒而成为被人掠夺的对象。"

这是说财富对人也有两面性,既是幸福生活的源泉,也是招灾惹祸的根苗,关键看财富的拥有者如何对待和处理。慷慨大度、乐善好施,既可以博得好的名声,又可以保障财富的安全,聪明的财主都会这么做,以小的付出换取大的保护。为富不仁或极端吝啬者因小失大,遭人嫉恨,平时受人白眼,一遇革命或造反则首先被清算。在社会生活中,慷慨大度者朋友多,人缘好,遇事有人帮忙,能够逢凶化吉;炫耀小气者无人理,麻烦多障碍多。何去何从,财富拥有者需要深思以便正确抉择。

"具有权利的声誉也是一种权势,因为它可以吸引需要保护的人前来皈附。举国爱戴(亦称得民心)的声誉也是这样。使一个人受到很多人爱戴或畏惧的任何品质或其声誉都是权势,因为这是获得许多人帮助或服务的手段。成功是权势,因为它可以造成才智或幸运的声誉,使人们不是惧怕他就是依赖他。当权的人和蔼可亲是权势的增进,因为它可以博得爱戴。"

这些话进一步展开了个人发展的条件性。必须有权力,同时当权人又受人爱戴,两方面结合发展才会顺利。权力能保护人,能带来利益,所以有吸引力,当权人得民心,所以有凝聚力,皈附的人多,国家或地区当然就会兴旺发达。可见有权力是发展的前提。要想获得许多人的帮助或服务,可以有两种手段,受人爱戴或令人恐惧。以爱为基础,提供帮助或服务的人心甘情愿,心情舒畅,服务效果好,并能长期持续。以恐惧为基础,提供帮助或服务的人是被迫的,心情不舒畅,服务效果差,一有机会就想逃离,总逃不成就会造反,把压迫者推翻。这就是以德服人和以力服人的区别,是民主制度和专制制度的区别,也是贤君和暴君的区别。已经取得的成功证明了成功者的智慧、力量或运气,会吸引大批追随者或"粉丝",从而扩大知名度,为下一步的发展奠定阶梯。当代社会中的名人效应以及成功学书籍的热销就证明这一点。

"在平时或战时做事精明慎重的声誉是权势,因为我们愿意把自己的管理托付给谨慎的人,而不愿托付给别人。"

做事精明慎重就容易成功,有了这样的声誉就会使人觉得靠得住，值得信赖，接受的委托就会越来越多，事业就会越做越大，成功也会随之增长。

"口才是权势，因为它是外观的慎虑。"

内在的理性思考要通过外在的口语表达体现出来并发挥作用。口才好会增进吸引力和说服力，能把自己的主张和产品推销出去，当然能够给自己带来最大的效益。当年希特勒被关在监狱里，面对墙壁做演讲，使他上台以后讲话时增加了煽动力。今天，演讲能力成了大学生的必备素质和求职就业的敲门砖，在职业生涯中会发挥越来越大的作用。俗话说"练胳膊练腿不如练嘴，好马出在腿上，好人出在嘴上。"但也要记住，良好的口才要宣扬真理而不是鼓吹谬论，是为了与人沟通而不是坑蒙拐骗，还要防止祸从口出。

"仪容是权势，因为它象征着善，使妇人与陌生人见爱。"

霍布斯这种说法只看现象不看本质，是典型的形而上学表面性，连小学生都知道是不符合实际的。在各种各样的骗子中，帅哥靓妹为数不少，貌似忠厚的、引人同情的也很多，善良的人们要提高警惕。当然，姣好的容貌来自于父母的优秀基因和大自然的恩赐，是个人的一张名片，同样可以帮助拥有者敲开职场的大门，在社会竞争中取得一定暂时的优势，但只凭这一点是远远不够的，也是不长久的，必须以真才实学为后盾。

"学识是一种微小的权势，因为它在任何人身上都不是很显著，因而也不易被人公认；而且除在少数人身上以外，连小权势都不是，在这些人身上也只限于少数事物。因为学问的本质规定它除开造诣很深的人以外就很少有人能知道它。"

霍布斯这个观点有一定深刻性，越是专深的知识了解的人就越少，也就很难给拥有者带来经济效益，例如研究古文字的学者，书写完也卖不出去。但在培根提出知识就是力量的背景下，作为培根秘书的霍布斯提出这种观点显得有点不同寻常。当今世界离霍布斯的时代已300多年，人类知识状况发生巨变，知识的地位和价值人所共知，一些专门知识知道的人仍然很少，但其价值却不小，如航天知识等。所以，霍布斯的这个观点还是留在史书里吧。

2. 关于尊重

"人的身价不是绝对的，而要取决于旁人的需要和评价。善于带兵的人在战时价格极高，在和平时就未免逊色。对人来说，也和对其他事物一样,决定行市价格的不是卖者而是买者。"

这些话指出了人的身价的相对性和变化性,体现了辩证法。霍布斯举的例子也对,能够说明问题。类似例子还可以举很多,美国总统想涨工资需要国会批准,而且要下一任总统享受。国家领导人的收入远不如球星影星,大学教授上一年课也抵不上明星代言几秒钟……这都是由别人决定的。但是在市场经济条件下,情况正在发生一些变化,个人在自己身价问题上的话语权在增加,演员可以和制作方谈片酬,去公司求职也可谈报酬,球星转会或教练应聘都可自己报价,在原单位不满意,可以辞职另谋高就……无论哪种具体情况,有真本事的人不会吃亏,所以,个人还是要在提高自身能力方面下工夫。"高度评价一个人就是尊重,低度评价则是轻视。"表面上看是这样,但是高与低要与被评价者真实情况相一致,人为拔高或故意贬低都是错误的,溜须拍马的高度评价绝不是尊重,而是包藏祸心,实事求是的低度评价也不算轻视。当今中国社会各种评奖浮夸成风,是对尊重的讽刺。

"为任何事务而求助于某人就是尊重他,因为这就说明我们认为他有帮助别人的力量。帮助的事情越困难,尊重就越大。"

这种说法符合一定社会现象,但不一定都符合当事人的心理。朋友之间出自感情互相帮助或者单方帮助是尊重,走投无路的百姓跪求"青天大老爷"就不是尊重,所以求之未成就会采取极端手段。

"服从就是尊重,不服从就是轻视。"

此言差矣。口服心不服的情况很多,服从的原因很多,并非都是力量使然,不服从有时是为了坚持真理,并非轻视。

"馈与厚礼就是尊重,赠与微物就是轻视。"

情况复杂,不能简单化,有时是礼尚往来,厚薄持平,有时是礼轻情意重,有时是重金收买,计算投入产出,与尊重无关。

"相信、依靠、信赖他人就是尊重,因为这说明自己重视他的品德和权势,反之,不信任则是轻视。"

这种说法有道理,信任和尊重是连在一起的,是对对方优秀人格和能力的一种肯定和赞扬,每个人在信任和尊重别人时一般也会得到相同反馈,形成良性互动。

"倾听对方的任何一种意见或议论就是尊重,反之,打瞌睡、走开或乱扯就是轻视。"

第二章　西方哲学和中国古代哲学中的社会辩证法思想

愿意倾听别人意见的人不但表现了谦虚和礼貌，而且表现了平等意识和较高的修养水平，那些相反的不良表现也暴露了自身修养低下。但另一方面，说话人不被尊重也有其自身原因，经常说假话、大话、空话、套话的人根本就不值得别人尊重，因为他首先不尊重听众，被轻视也属咎由自取。

"财富是令人尊重的，贫穷则是不被人尊重的。慷慨、大方、希望、勇敢、自信都是令人尊重的；怯懦、吝啬、畏惧、不自信是不令人尊重的。"

这段话的前两句需要做些辨析。全人类的财富是值得尊重的，因为那是人类本质力量的证明，个人拥有的财富是否值得尊重，要看获得的方式是否合乎法律和道德。贫穷也要看什么原因造成的，如果是由于个人懒惰和愚笨所造成当然不值得尊重，如果是个人以外的原因则另当别论。

"当机立断是值得尊重的，因为这是藐视微小的困难和危险。犹豫不决则是不令人尊重的，因为这说明对小利小害重视过多。"

这段话第一句是正确的，但理由说的不对。一事当前能做到当机立断，说明当事人有处理突发事件的知识和本领，对事件的前因后果在短时间内做出正确判断，对可能产生的责任敢于担当，这才是值得尊重的原因。犹豫不决可能是对小利小害计较过多，这种情况确实不值得尊重。但也可能像恩格斯所说是因为无知，这就不能盲目责备。也可能面临感情上的矛盾纠纷或重大取舍，这种犹豫不决也是值得尊重的，因为体现了当事人的责任感。

"由于财富、职位、伟大的行为或任何杰出的善而闻名是令人尊重的，湮没无闻是不令人尊重的。出身望族是令人尊重的，出身寒门则是不令人尊重的。贪得巨富或热衷声名是令人尊重的，贪得些微之物，热衷细小的升迁则是不令人尊重的。"

这段话难以让人赞成，既片面又武断，反映了霍布斯剥削阶级的本性。

在霍布斯的这些思想中，辩证法的火花与形而上学的粗暴同时存在，但不论怎样，对权衡尊重问题的看法还算别具一格，起码可以作为思考的线索。

（二）帕斯卡尔

布莱斯·帕斯卡尔生于1623年，死于1662年，享年39岁，被称为法国17世纪最具天才的数学家、物理学家、哲学家,在科学领域做出了巨大贡献,在哲学领域虽然和西塞罗一样未能列入哲学史教科书,但他留下了一部《帕斯卡尔思想录》(中国电影出版社2005年版),300多年来畅销世界,被译成了几乎所有文字,在关于人性、人生、社会、宗教等问题的思考中同样闪耀着社会辩证法的思想火花,引发人们的关注和兴趣。以该书为线索略作述评,引文只注页码。

"人们喜欢伪装,喜欢谎言和虚假,无论是对自己还是对别人。他不愿意别人向他说真话,他也避免向别人说真话。我们在向自己隐瞒自己并矫饰自己。"(第28页)

这段话描述了一部分社会现象,但也只停留在现象,人间确实充满了谎言,然而,人为什么要说谎?社会存在决定社会意识,是哪些存在造成了这样的结果?

"人必须自知。没有比这更好的人生法则了。了解自己本性的人,只有他才明白自己的本性是可悲的。如果生而不了解自己是什么,那是一种出奇的盲目。"(第32页)

这是古希腊"认识你自己"名言的延伸,是人终生探索的奥秘,是无法最终完成又要努力完成的任务。

"人天生既轻信又多疑,既胆小又鲁莽。人的状况:变化无常,无聊,不安。人的本性在于运动;完全安息等于死亡。"(第34页)

这只是人自身矛盾的一个侧面,还有许多侧面有待揭示,人的运动具有多样性,包括生物运动和社会运动。

"人有太多自由反而不好。想要的东西全有了,并不是什么好事。"(第39页)

自由是相对的,自由的程度与社会和人发展的程度相一致,人在争取自由的斗争过程中才能感到乐趣,什么都有了,乐趣和动力一起消失,烦恼和痛苦就会找上门来了。

"了解一个人最大的喜好,我们就肯定能够取悦于他。小事要当大事来做,做大事时亦当小事和轻便的事情来看。"(第 40 页)

矛盾就是对立面的统一,最大的喜好也可能就是最大的弱点,容易被对手或敌人乘虚而入。大事与小事是相比较而言的,应当举重若轻、举轻若重,注意量的积累。

"我们在各个方面都是极其有限的,因而在我们能力的各个方面,都表现出这种在两个极端之间处于中项的状态,我们的感官不能感受无限:太大的声音让我们耳聋,太强烈的光线让我们眼瞎,太远或太近的距离让我们视而不见,太多的真理让人无法动弹,太多的快乐让我们觉得不快乐,太多的和弦让人心烦,太多的恩惠让我们不安,一切过度的品质都是我们的敌人,太年轻和太老都会阻碍思想。因此,我们就不要寻找确定性和稳定性了。我们的理解总是受到变幻无常的表现所欺骗,没有任何东西能够固定两个无限之间的有限。"(第 49—50 页)

这段话是对人生辩证法的生动描述,通俗而又有一定深度,揭示了人的能力的有限性和度的道理,提示人们在生活中坚持适度原则,同时也要有个人的独立性。有些观点也需要辨析。如"太多的真理让人无法动弹",使人无法动弹的不是太多的真理,而是太多的意见,因为真理是一元的,同一条件下对同一事物的许多看法中与事物相符合的只能是一种。以此为指导就能取得实践的成功,但真理被许多意见所遮蔽,要发现真理是很难的,这反过来显示了真理的宝贵。要验证各种意见哪个是真理就要通过实践来进行。人的理性确实受到现象的蒙骗,但实践会逐渐驱散迷雾,使客观事物的确定性和稳定性呈现在人面前,所以,他的悲观结论是没有根据的。

"对人类而言,其自身便是自然界中最奇妙的对象,因为人无法理解肉体是什么,更无法理解精神是什么,最无法理解的是肉体如

何竟与精神结合在一起了。这是人最大的困难，也是他生存的本质。"（第55页）

人是什么？这一难解的斯芬克斯之谜自古以来就有人探讨，柏拉图说人是两腿无毛的动物，亚里士多德说人是社会动物。在帕斯卡尔提出问题之后，几百年中，唯心主义说人是精神，唯物主义说人是机器，到马克思哲学中才得出关于人的属性和本质的正确结论，帕斯卡尔之问促进了人学研究，这就是他的一个贡献。

"他希望自己伟大，却发现自己很渺小；他希望自己完美，却发现自己缺陷很多；他希望在人群中成为被爱慕和尊重的对象，却发现自己的缺点只能被人厌恶和鄙视。"（第70页）

这是对人性特点的描述，人是矛盾存在物，是伟大和渺小、完美和缺陷的统一，被爱慕和被厌恶的统一，人看待自己必须从这种统一入手，只看一方面不仅是偏见而且对自己的发展不利。

"讲真话对听的人是有益的，但对讲的人是不利的，因为会使你成为不受欢迎的人。人的生活仅仅是永恒的错觉。人类彼此欺骗，彼此奉承，没有人当着我们的面说出他们背后所说的话。人类社会就建立在双重欺骗上。如果每个人都知道自己的朋友背后所说的话，那就没有什么友谊能够长久了。人类无论对自己还是对别人，都不过是掩饰、欺骗和虚伪而已。"（第73页）

这是对所谓人生的真相的描述，在帕斯卡尔之前和之后都有类似看法。但是，假如世界充满谎言，人生就是欺骗，这样的世界和人生岂不是太可怕了？人为什么不因此而自杀以逃避呢？为什么都沉醉其中不知警觉甚至还自得其乐呢？因为世界和人生还有美好的一面值得人去欣赏和留恋。矛盾的地方在于，每个人包括骗子在内都希望听到真话，但同时又在不同程度上也说假话，所以，每个人都应当想一想自己对不好的社会状况应当承担什么责任。说真话对别人有益，对自己可能有害，说还是不说，是对良心的考验。

第二章　西方哲学和中国古代哲学中的社会辩证法思想

"我们人类非常脆弱和终有一死的那种状态是如此的令人悲伤，以至于我们仔细地想到它时，竟没有任何东西可以安慰我们。人们想象真正的快乐就在于赌博赢来的钱或打猎捕来的兔子，假如那是送上门的话，我们是不愿意要的。我们并不追求轻易就能得到的东西，它会让我们想起自己的状况。我们也不会寻求战争的危险和从政的辛苦，但是，那种奔忙转移了我们的思想，让我们得到娱乐。人与困难作斗争，以求安宁的生活，等他们克服了困难以后，安宁的生活又变得无法忍受了。"（第86、90页）

这是对人生辩证法的又一阐释，人生的快乐在于过程而不是在于结果，在于拼搏而不是在于获得。人静而思动，动而求静，总是静会觉得无聊，总是动又感到疲惫，动与静不断转化才是理想的状态。奔忙能够转移思想得到娱乐，所以，人要主动做事，没事找事，这对退休的人尤为重要，有事可做又能做事，这是人生喜剧，无事可做或做不了事则是人生悲剧，我们希望喜剧长演，悲剧晚来，最好别来。

"我们从来都是没有掌握住现在，我们对现在视而不见，因为它使我们痛苦。如果它使我们快乐，我们就会遗憾于它消失得太快。我们极少想到现在，现在永远也不是我们的目的，过去和现在都是我们的手段，只有未来才是我们的目的。因此，我们从没有真正生活过，我们只是希望在生活。由于我们永远都在准备能够幸福，所以，我们就必然永远也不会幸福。"（121页）

这些话是对一种错误的人生态度的批评。他认为人只重视过去和未来而忽视现在，这是错误和有害的，将使人失去幸福。在帕斯卡尔的启发下，人们越来越重视现在，认识到过去——现在——未来是一个无始无终的因果链条，现在是过去的结果又是未来的原因，作为承前启后的中间环节，现在的痛苦和快乐都值得珍惜，享受人生从现在开始，创造新的人生也是从现在开始。

"没有强权的正义是无用的，没有正义的强权是暴虐的。没有强权的正义会被否认，因此，我们必须将正义与强权结合起来，为此

我们就要使正义强而有力，使强有力的东西拥有正义。"（157页）

这是对社会辩证法一个方面的正确说明。人类社会不能没有正义，否则就会损害全体社会成员的公共利益，而对个人利益的追逐又在威胁着正义，所以需要强权的保护，强权又通过保护正义使自己的存在具有合理性，强权和正义相互依存相互促进。在社会主义制度下，正义和强权都属于人民，正义表现为民主，强权表现为法制，二者结合表现为民主法制化、法制民主化。但在实践中还有一定的缺陷，由于工作失误，有时强权出现偏差，有时正义出现迟到现象，需要通过深化政治体制改革加以纠正和完善。

此外，帕斯卡尔还谈到社会成员和社会整体的关系，认为个人只是在整体中通过整体并且为了整体才得以生存。在想着整体利益时成就了个人利益。个体必须甘愿为整体而牺牲，只有整体才是大家都要维护的。这些看法也体现了社会辩证法。

近代西方哲学中社会辩证法思想的突出代表还有卢梭和黑格尔。卢梭的《论人类不平等的起源和基础》被恩格斯在《反杜林论》中称为"充满辩证法的杰作"；黑格尔的历史辩证法更被恩格斯称为伟大的历史功绩。只是他们二人早已被详细研究过了，本文不再赘述，但他们的思想是不能忘记的。

三、现代西方的社会辩证法思想

（一）布哈林

当今中国人除了少数学者和相关工作人员以外，大多数人不知道布哈林为何许人也，更不知道他有何理论。他是俄罗斯人，生于1888年，是俄国十月革命的领导人，列宁的战友，革命胜利后长期领导苏共中央《真理报》的工作，留下大量著述，被列宁称为"全党所喜欢的人物，当代最可贵和最伟大的理论家。"后因政治问题被处决，1988年平反。布哈林于1921年出版了《历史唯物主义理论》一书，据国外统计，此书在世界上有近20种文字译本，中国在解放前就已有好几种译本，1983年人民出版社出了新的译本。笔者以此

第二章 西方哲学和中国古代哲学中的社会辩证法思想

为根据介绍布哈林思想，引文出自此书，只注页码。由于前苏联或俄罗斯横跨世界的东方和西方，怎么安排都可以，笔者就将其置于现代西方的题目之下。

布哈林在《历史唯物主义理论》一书中提出了平衡论思想，在他生前、死后及现在都有争议，笔者认为他的学说体现了社会辩证法的思想。

布哈林认为，任何事物都是由相互联系的各部分组成整体，可以把这个整体看作是一种体系，每个体系周围有环境。环境和体系之间的关系有三种类型：一是稳定的平衡，二是带正号的平衡（体系的发展），三是带负号的平衡（体系的破坏）。这些都是外在的矛盾，还有内在的、体系本身之内的矛盾。"严格地说，既然环境和体系之间没有绝对的平衡，那么体系本身的各要素之间也没有这种平衡。"（81页）

布哈林书中第五、六、七章的标题分别是：社会与自然之间的平衡、社会要素之间的平衡、社会平衡的破坏和恢复。在这三章内容中人们可以看到许多后来所熟知的历史唯物主义原理，平衡论思想贯穿其中。

布哈林指出，社会与自然界之间的物质交换过程是社会再生产过程，这里所取得的平衡有着决定性的意义，社会劳动生产率十分准确地反映了社会与自然之间的整个平衡。在简单再生产情况下，社会与自然之间保持稳定的平衡，是社会劳动生产率不变基础上的平衡。在扩大再生产条件下，"消费掉多少，生产出更多；又消费掉更多，重新生产的还要更多。每一次平衡都是确立在新的、更广阔的基础上。这是带正号的自动的平衡。第三种情况是生产力衰退的情况。这时再生产的过程是回头路，它每次涉及的范围越来越狭窄。社会生活的基础越来越缩小，社会本身是通过自身局部的破坏才适应这个日趋狭窄的生活基础的。这是带负号的平衡。"（132页）社会与自然界之间的"这种平衡经常被破坏，又经常被恢复；这里存在着矛盾，它经常得到恢复、又重新生产、又重新得到克服，……这也就是社会发展或社会衰落的基本原因。"（146页）

布哈林指出，不但社会和自然界之间存在平衡，社会内部也是如此。"社会内部在它的各种要素之间、各个组成部分之间、不同种类的社会现象之间存在某种平衡，是毫无疑义的。"（148页）"社会有三种要素：物、人、观念。在所有这几种要素之间应当存在某种平衡。假如物的结构、人的结构和观念的结构不是相互适应的话，社会就无法存在。"（150页）社会和自然界的关系是社会的外在平衡，社会现象之间的平衡是社会的内在平衡。生产力的运动以及与之相联系的各种要素的运动和重新组合，就是社会平衡的不断破坏及其恢复的过程。"社会平衡可以通过两种形式恢复：一种是通过社会整体的各种要素缓慢地（以进化方式）相互适应的形式，另一种是通过剧烈变革的形式。"（287页）

布哈林对平衡论的论述是通过分析论证社会基本矛盾原理来进行，由于这些原理现在已经成为基本的哲学常识，所以没有重复的必要。如何评价布哈林的思想呢？在他没有被因政治问题而关押之前，人们的评价相当高，后来成了批判对象。今天开始重新评价，有人认为"明确运用系统观点来考察人类社会及其同自然的关系，在马克思主义哲学史上布哈林是第一人。"[①]

（二）萨特

存在主义哲学产生于德国，以海德格尔、雅斯贝尔斯为主要代表，由于社会条件的作用和萨特等人的努力，二战后法国成为存在主义的中心，相比较而言，中国人对萨特的研究更多一些，兴趣更浓一些，当然，他的影响也更大一些。萨特的辩证法叫做"人学辩证法"，认为辩证法的根源只能在人的意识活动和实践活动中去寻找，辩证法是行动的逻辑，分为三个阶段：个人实践辩证法——群体实践辩证法——共同实践辩证法。他在人学思想中也体现了一些辩证法思想。他的主要思想和对人的启示在于：

第一，人的存在先于人的本质。"先要有这个东西的存在，然后才能用什么概念来说明它。这个东西就是人。首先有人，人碰上自己，在世界上涌现出来，然后才给自己下定义。人就是人。人除了自己认为的那样以外什么都不是，这就是存在主义的第一个原则。"[②]

这就告诉人们，人的本质不是先验的，不是事先确定的，人不同于动物，又高于一切人造物，人既不是其所是，又是其所不是，

[①] 郑异凡. 布哈林论[M]. 北京：中央编译出版社 1997，132.
[②] 萨特哲学论文集[M]. 合肥：安徽文艺出版社 1998，112.

第二章　西方哲学和中国古代哲学中的社会辩证法思想

这就为人的主观能动性的发挥提供了条件，人就不应该也不必要为自己的家庭出身等先在情况所苦恼。同时，人还要有正确的自我意识，人要正确评价自己，这是制定自我发展计划的前提和事业成功的保证。人愿意成为什么样的人直接关系到人生目标的确定，也影响今后的奋斗过程。没有目标或定位不准对人生都有重大影响。当然人的愿望和社会现实之间存在着矛盾和距离，脱离现实的愿望只能是空想，但这不能成为没有愿望的理由，而应当立足现实的基础上创造实现愿望的条件。在当代中国的社会现实中，既有很多成功者，也有很多失意者，失意的原因有很多，但缺乏正确的自我意识，无根据地自卑或自傲，甘于现状不思进取，陷入宿命论等也是重要因素，当事之人应当反思。

第二，"如果存在真是先于本质的话，人就要对自己是怎样的人负责。所以存在主义的第一个后果是使人明白自己的本来面目，并且把自己存在的责任完全由自己担负起来。还有，当我们说人对自己负责时，我们并不是指他仅仅对自己的个性负责，而是对所有的人负责。"①

关于这一思想，曾有学者指出，在资本主义剥削制度存在的情况下，要求受剥削受压迫的人民自己为自己的状况负责，就是在为社会制度和统治阶级开脱责任。这种看法有一定道理，即使在当今中国的社会主义制度下，人们在社会生活中仍然有许多身不由己、不得已而为之的情况，仍然有许多自己办不到的事情和自己无法克服的困难，这就需要国家和各级政府部门及工作人员，按照以人为本的原则承担其相应的责任，若有失职，人民群众有权问责。但另一方面，每个社会成员又都以个体形式存在，拥有法律和制度赋予的自由，在一定条件下能够决定自己的生活方式和工作方式，能够决定自己在特定情况下的具体行为。所以，个人应当为自己负责，顺利时认真总结经验，挫折时查找原因吸取教训，多作自我反省，不应怨天尤人。不应当拿以人为本作借口把自己的责任推给别人，任何时候都要自立自强。自己还要遵循以人为本的原则，为他人负责，不做损人利己的事，助人为乐，以个人之力为社会和谐做出贡献。

---

① 《萨特哲学论文集》[M]. 合肥：安徽文艺出版社1998，113.

第三,"人是自由的,人就是自由。存在主义用行动说明人的性质,它把人类的命运交在他自己手里,它告诉人除采取行动外没有任何希望,而唯一容许人有生活的就是靠行动。"①

自由是专属于人类的名词,是人类的理想,为了得到自由,人类不惜以生命和爱情为代价,关于自由的各种解说贯穿于人类思想史。自由是人的本性,自由的实现要靠行动,没有行动,自由就是空无。马克思主义哲学认为自由是对必然的认识及对客观世界的改造,自由要以知识为基础,以所掌握的客观规律为根据,以实践为条件,以改造世界使之发生合目的性的变化为归宿。以人为本作为执政党的发展观和执政理念,要求其尽最大努力保障和促进人的自由,人的全面、自由和充分的发展是人类解放的目标和标志。当今中国社会通过改革开放为中国人民的自由提供了前所未有的优越条件,人们的思想自由及政治、经济、文化等各方面的自由都有长足进步。自由促进了社会繁荣,增强了社会活力,增进了人的幸福。但自由永远是相对的,永远是受着社会物质生活条件以及法律和道德的约束,永远不会允许为所欲为。人们一定要对自由有一个清醒的全面的认识,要处理好自由和法律的关系、个人与社会和他人的关系,要认识到自由和民主发展的渐进性、由必然王国向自由王国飞跃的长期性和艰巨性,绝不能以"人就是自由"歪曲以人为本的原则。

(三)马尔库塞

马尔库塞是西方马克思主义中法兰克福学派的著名代表,他提出了"否定的辩证法"。认为辩证的方法是一个总体,在这一总体及每一概念中都包含着现存的东西的否定和毁灭。马克思辩证法包含着普遍的否定性,也包含着自身的否定。他于1964年出版了《单向度的人——发达工业社会意识形态研究》一书,在当时的西方产生广泛影响,该书上世纪80年代曾译为中文,近年又有新的版本,表明其人其书一直受到中国学术界的关注。

在该书中所谓单面人或单向度的人指的是丧失否定、批判和超越能力的人。他认为,发达工业社会是一个新型的极权主义社会,

---

① 《萨特哲学论文集》[M]. 合肥:安徽文艺出版社 1998,125.

第二章　西方哲学和中国古代哲学中的社会辩证法思想

它使战争的危险永恒化，同时又变得更加富裕、强大和美好，社会的防卫结构使多数人生活得更加舒适并扩大了人对自然的控制，大众传播工具把特殊利益作为所有正常人的利益来兜售，社会的政治需要变成个人的需要和愿望，它们的满足刺激着商业和公共福利事业，所有这些似乎都是理性的具体体现。然而这个社会总体却是非理性的。社会对个人统治的范围比以往大得不可估量，其特点是这种统治是利用技术而不是恐怖来进行的，技术进步创造出种种生活形式，它们调和着反对社会制度的各种努力。一种舒舒服服、平平稳稳、合理而又民主的不自由在发达的工业文明中流行，这是技术进步的标志，是一种可悲而又有前途的发展。人们似乎是为商品而生活，小轿车、高清晰度的传真装置、错层式家庭住宅以及厨房设备成为了人们生活的灵魂。当代工业文明具有不合理中的合理性，一切反抗似乎都是不可能的，拒绝"随大流"就会显得神经过敏和软弱无力。一种比以前好得多的生活方式阻碍着质的变化，由此便出现了一种单向度的思想和行为模式。单向度的人组成的社会是虚假意识的牺牲品，它所满足的人类需求是虚假的需求。

马尔库塞的思想是非常深刻的，20多年前传入中国时，由于社会条件的差异，人们并没有更多的感受，只是将其作为对现代资本主义弊端的批判。经过30年的改革开放，中国的科技进步和社会生活发生了重大变化，在新的条件下重温马尔库塞的思想，应当从中得出一些启示。

第一，必须正确认识物质文明。唯物史观认为历史的前提是有生命的人的存在，物质生活资料的生产是社会生活的基础，生产方式是社会发展的决定力量。高度的物质文明既是人类追求的目标，也是人类全面发展的根本条件。没有这一条件，人民陷入贫困，国家软弱无力，社会动荡不安，以人为本就无从谈起。改革开放以来，党和政府花大力气提高人民生活水平，使之发生了翻天覆地的变化。这是以人为本的突出表现。马尔库塞所提及的小轿车和错层住宅等生活设施，过去对中国人来说是天方夜谭，今天已成为现实，并正在加快普及的速度。物质的丰裕增加了中国人的幸福感，综合国力的增强提高了中国的国际地位。物质生活水平的提高与单向度的人和单向度的社会之间并没有直接的必然联系，中国社会没有理由为避免出现单向度的人而放缓物质文明建设的步伐，更何况中国离富裕还有相当大的距离,国内各地区发展很不平衡,国家为人民造福的能力还有待增强。

第二,必须建设精神文明。精神文明的重要性早已由党中央的文献和学者的研究所阐明,在实践中也取得了显著成绩。但是,在一些地方和部门,一手硬一手软的情况依然存在。在市场经济的影响下,确有一些人只顾发财致富,过分追求物质,丧失了精神追求的意识和能力。更有甚者则为追求物欲贪欲而置道德和法律于不顾,铤而走险,丧心病狂,剥夺他人生命,危害公共安全,恶行丑行不一而足。这样的人和事如果日益增多必将危害社会,危及民族和国家的前途。所以,党和国家应当依据以人为本的原则,继续采取措施加强精神文明建设,拯救和减少这种单向度的人。作为个人如果也能以人为本帮助他人更好,起码也要以己为本,加强个人修养,培养自己的批判能力和超越能力,通过自我否定不断迈上人生的新台阶,防止自我的畸形发展。

第三,必须正确对待科学技术。唯物史观把科学技术作为生产力的重要组成部分,今天已经将其提到第一生产力的高度,视为社会发展的重要动力。但科技的发展也带来一些新的社会问题。对科学技术的批判性研究是西方马克思主义的一项重要工作和贡献,马尔库塞在科技革命的形势下揭示了科技与资本主义统治形式之间的关系,阐述了科技的负面效应,发人深省。但是应当看到,单向度的人及其社会出现的原因从根本上说还是在于现代资本主义社会制度。科技是中性的,如何运用取决于掌握科技的人及社会的统治阶级。马尔库塞还提出"技术进步=增长的财富=扩大的奴役",对这个公式也应辩证分析,不能一概而论。最近几十年出现的全球问题也是由于人类对科技的滥用和失控造成的,不应该让科技为人的失误承担责任。在当代中国加快科技发展有多方面的意义,与贯彻落实科学发展观直接相关,科学技术是实现以人为本的手段,是创造物质文明、精神文明、政治文明、社会文明和生态文明的工具。从发展教育培养人才,到文化娱乐卫生保健,从解决民生问题到制裁犯罪,从保卫国防到抢险救灾,时时处处离不开科学技术。中国社会要实现全面、协调、可持续的发展,同样离不开科学技术的支撑。因此,党和国家制定并实施科教兴国战略,每个社会成员也应努力学习和掌握现代科技,才能促进发展,为国尽责。

（四）弗洛姆

美国哲学家弗洛姆被称为弗洛伊德主义的马克思主义的代表人物，以"逃避自由"的观点闻名于世，他还提出了一系列"爱情伦理学"①的思想，主要观点有：第一，爱的含义。他认为爱是一门艺术，爱是需要学习的，爱的重要特征是主动，爱是行动，是人的能力的体现。爱是唯一的求知途径，爱本身就是目的而不是手段，爱的唯一重要性就在于本身，爱是给予而不是获取，人只有通过爱才能理解他人和世界。第二，爱的种类。他认为母爱是无条件的，母爱的实质是关怀和责任，母爱是极乐，是安宁，无须争取和被恩赐。父爱是有条件的，父亲给孩子指出通向世界之路、克服困难之路。兄弟之爱是最本源的爱，一切爱都由此发端，人对所有的人均应承担责任。性爱是排他的，男女之爱超越性爱成为情爱才有意义，男女双方在爱情中获得新生。信仰之爱，人把爱和公正原则注入自己心中，从而与神融为一体。第三，爱的原则和方法。他认为爱要有一定的训练，要专一，要有耐心，全力以赴，要关切，要负责任，要尊重，要有知识，要妥善解决相爱的人之间的冲突及自私、自爱和自利之间的关系等。

弗洛姆的这些思想让人感到温馨和亲切，一些观点让人耳目一新，表现了他作为一个人本主义者的情怀，也引发了人们对爱的思考。

首先，以人为本与人类之爱是一致的。为本之人应是可爱之人，可爱之人也值得人们去尊重，去关心，去塑造，去服务。爱是以人为本的动力，领袖因为爱人民而日夜辛劳，干部因为爱群众而勤勤恳恳，教师因为爱学生而呕心沥血，父母因为爱儿女而含辛茹苦，情侣因为爱对方而做出各种牺牲。以人为本的实践过程就是爱的表现过程，党和国家每一项惠民制度的建立、政策的出台、规定的实施，其中都蕴含着对人民群众的关爱。以人为本，爱在其中矣。

其次，在任何时候都不能忘却爱，不能失去爱。爱是人的本性，爱使人善良，使人美丽，有了爱才有真善美的追求，人生才有光明，生活才有魅力，失去了爱，人便产生仇恨，社会变得邪恶和丑陋，社会争斗不息、两败俱伤、自我毁灭。爱是生命的源泉，爱使人健

---

① 参见弗洛姆. 生命之爱、爱的艺术 [M]. 北京：国际文化出版公司 2001、2008.

康，使人有安全感和幸福感。爱是人们交往的基础，促进人际关系的和谐和社会的安宁。人类社会应当永远回响爱的旋律，有了爱，人才成其为人，才能谈论以人为本。

再次，要认清市场经济与人类之爱的复杂矛盾关系。一方面，市场经济强调个人本位，人与人之间是利益竞争者，利害关系超越爱的情感，商战中也弥漫着硝烟，闪动着刀光剑影，真正的爱成了奢侈品。另一方面，经济行为的目的是获取利润，因此，要大量销售商品，而商品必须符合消费者的需要才能卖出去，所以经营者应当为消费者着想，归根结底还要为自己谋利。如果能够真正地出于爱心则必能得到消费者的回报。当今中国社会，市场经济刚刚起步，社会主义制度和优秀传统文化培养的爱心仍有强大生命力，社会上经常传出感天动地的爱的故事。但在一些人那里，爱被物欲所排挤，被遗忘和践踏，以人为本变成了以物为本、以钱为本、以官为本、以利益为本。个别家庭中，父母不慈、子女不孝，兄弟失和，夫妻反目；社会一些角落里，坑蒙拐骗，尔虞我诈，互相算计，性与爱分离，多少肮脏交易假爱之名以行。还有一些人，有爱之心，无爱之能，溺爱子女，娇生惯养，违背规律，拔苗助长，甚至是非不分，包庇犯罪，名为爱，实为害，令人扼腕叹息。看来为了把主观愿望与客观效果结合起来，把爱作为一门科学和艺术来研究是很必要的。

四、中国古代哲学中的社会辩证法思想

中国古代哲学中包含极其丰富的辩证法，从古至今一直影响着中国人的思想和行为，并为马克思主义哲学中国化奠定了思想基础。关于中国古代辩证法的特点，在比较哲学的研究中已多有论述。笔者认为可作如下概括：第一，有实无名。中国古代思想家无人提出辩证法的名称或概念，他们的辩证法是在唯物辩证法传入中国后由学者们在研究中对号入座予以命名的。第二，历史悠久，一以贯之。从夏代开始萌芽至今未断。第三，范畴概括、命题表达、论辩阐发。第四，源于实践，影响实践，以政治实践为重点。这最后一点也可以用社会辩证法一词来概括，中国古代辩证法的这一特点使它能够在历史上对中国社会发挥直接而广泛的作用，这一点它超过了西方辩证法。夏、商、周三朝被看作是中国哲学包括辩证法在内的萌芽

时期,虽然也有零星的火花与唯物辩证法原理沾上边,但过于零散,语言文字不好理解,学术界也经常处在猜谜状态,故暂时割爱,只选先秦时期若干代表性人物作一介绍。建国以来由于政治原因,不同时期对同一人物有不同评价,时褒时贬,此处不介入争论,尽量从积极意义去理解。

(一)孔子

孔子在中国的命运波折最多,他活着时到处推销自己的主张却到处碰壁,虽然当过一段时间的官,也未能施展自己的抱负,死后在2000多年的中国封建社会却万分荣耀,被封赏一大堆吓人的头衔,子孙后代均沾光,除了皇族,孔氏一门最为显赫。近代"五.四运动"喊出打倒孔家店的口号,真正砸烂孔家店则是在"文化大革命"中,不仅"三孔"被毁,而且孔子学说被全面批倒批臭。改革开放以来,孔子重新大放异彩,从官方到民间,尊孔祭孔活动连续不断,孔子学说被重新解释,研究著作汗牛充栋,从课堂到电视,学者们忙个不停、喋喋不休,一些人借此良机出成果、赚大钱、名利双收,孔子塑像遍布神州,孔子学院开遍全球,坐落在山东省的孔府、孔庙、孔林,为地方经济发展作出了重大贡献。原因何在?主要靠孔子学说的影响力。

在辩证法方面,孔子主要是提出了"中庸"学说。中国古代在孔子之前已有关于中和庸的概念,孔子"第一次把中与庸联结起来,上升到哲学高度,正式提出中庸这一概念,具有道德论和方法论的意义"[1] 孔子说:"中庸之为德也,其至矣乎!民鲜久矣。"(《论语.雍也》)意思是说中庸是最高的道德标准和不变的行为准则,但一般人难以做到或已经很久不见了。在这里,中指的是不偏不倚,无过无不及;庸指的是用、常、普通,中庸就是要以中为用,以中为常(不变)、以中为普遍的道理。体现在方法论上,要"执两用中",即执其两端取其中间,在事物的两端之间找出重心,保持平衡。

"过犹不及",是孔子在评价自己学生时得出的结论,认为他们都有所偏,未达人格修养的最高境界,还需不断努力。孔子这种看法今天仍然适用于任何人,因为金无足赤,人无完人,是人就会有

---

[1] 葛荣晋.《中国哲学范畴通论》[M]. 北京:首都师范大学出版社 2001,557.

缺点，性格或行为必有所偏，谁也不能完全做到无过无不及，包括孔子自己，只能把它作为一个努力方向。

"不偏不倚"也是一样，人处理矛盾和问题不可能做到这一点，总会有一定的偏差，只能尽力而为，还应当有社会监督，及时纠正偏差，维护社会公正，防止冤假错案。

"执两用中"就是不走极端，做到恰到好处。孔子举例证明，"君子既不粗野，也不轻浮，合文质于一体；既要给人们一点小恩小惠，但又不要过于浪费；既要让百姓服役，又不使之怨恨；统治者既要有一定欲望，又不要贪得无厌；既要泰然安适，又不要骄傲；既要威严，又不凶猛；既要庄重矜持，又不争执；既要合群，又不结党营私；讲大信而不让小信。要求君子在文与质、惠与费、劳与怨、欲与贪、泰与骄、矜与争、群与党诸对矛盾中，能够执其两端而用其中，保持适中的最佳状态。这里包含有一定的合理成分。"①

孔子提出"君子和而不同，小人同而不和"的观点，中国学术界过去批判他把人分成高低贵贱等级，为了维护旧的社会统一体，是保守的，与辩证法相对立的。现在又说他提倡的是崇高人格，包含着对立面统一的思想，对"和同之辩"有重要贡献。前些年中国的国家领导人访美演讲时又把这一学说传向世界，作为处理国家之间关系的指导思想。同一观点，一会踩到地下，一会抬到天上，孔子若有知，该作何感想？其实这就是对做人提出的一点要求，要认真吸收他人看法来补充自己之不足，学习他人优点使自己更完善。再往高点说，要有博大胸怀，海纳百川，通过与他人他国的交流来提高自己。这种要求在任何时候都是有道理的。

孔子在治国方面提出了"宽猛相济"的原则和方法："政宽则民慢，慢则纠之以猛。猛则民残，残则施以宽。宽以济猛，猛以济宽，政是和。"（《左传·昭公二十年》）这类似现代以法治国和以德治国，两手一起抓，互相配合，适时调整，体现了辩证法因果关系和转化原理。

孔子的中庸思想被后代儒家不断继承和完善，形成了中华文化的一大特色。中庸类似于辩证法关于度的道理，但也有本质区别，度是客观事物的规律性，既是方法论又是世界观，中庸只是为人处

---

① 葛荣晋.《中国哲学范畴通论》[M].北京：首都师范大学出版社 2001，559.

世的主观态度和方法，而且缺少可行性，又容易导致折中主义，使人丧失原则和立场。

（二）老子

老子与孔子有许多相同点和不同点。相同点是：他们都是大思想家，都是重要学派的创始人，都是中华文化标志性人物，在中国和世界都有极高的知名度，在中国的特定时期都遭到政治批判。不同点是：孔子只有一个，历史清楚，资料丰富，生活经历翔实可信；老子有好几个，彼此名字有交叉，历史不清，生活经历不明，资料极少，只能以司马迁的简略记载为据，猜测性明显。孔子述而不作，《论语》由学生记录整理而成，记载的语录是否完整、准确、及时、全面，都不敢打包票；老子留下《老子》，全书也叫《道德经》，究竟是哪个老子所写还需要继续考证，版本较多，互相之间差距很大。孔子代表儒家，老子代表道家，学说差别明显。孔子有归宿，老子不知所终。孔子受官方尊崇，老子却无此殊荣。孔家代代相传，老子未闻有后代。

时常有人把老子与黑格尔相比较，认为老子是中国的黑格尔，黑格尔是西方的老子。其实不好相比。老子短短一篇5000字文章便创建辩证法学说体系，同时代人大多能看懂。黑格尔著述颇丰，却处处故意打哑谜，同时代大多数人看不懂，要靠马克思恩格斯替他挖掘一点点功绩。黑格尔靠官方帮他来维护哲学地位，老子哲学在民间广泛流传。黑格尔死后信徒分裂，把老师当死狗；老子身后信徒日众形成宗派奉为祖宗。所以，研究他们的学说不能生拉硬扯。

《老子》提出了相反相成的矛盾思想："有无相生，难易相成，长短相形，高下相倾，音声相和，前后相随"（第2章）。"曲则全，枉则直，洼则盈，敝则新，少则得，多则惑"（第22章）。"大直若屈，大巧若拙，大辩若讷"（第45章）。这说明矛盾是普遍的，而且有时对立面是直接同一的。

《老子》列举的矛盾包括：有无、大小、多少、高下、前后、生死、难易、进退、古今、始终、正反、长短、智愚、巧拙、美丑、善恶、强弱、刚柔、兴废、与夺、胜败、轻重、厚薄、损益、利害、阴阳、盈虚、静躁、荣辱、祸福、辩讷、牝牡、明昧，等等，这些矛盾都是存在于社会生活之中的，是人时刻都会遇到并要认真处理的。

《老子》揭示了矛盾双方的互相转化："祸兮，福之所倚；福兮，祸之所伏"（第58章）。"图难于其易，为大于其细。天下难事，必做于易；天下大事，必做于细"（第63章）。"反者道之动，弱者道之用。天下万物生于有，有生于无"（第40章）。

《老子》揭示了事物由量变到质变的过程："合抱之木，生于毫末；九层之台，起于累土；千里之行，始于足下"（第64章）。这些小学生都知道的格言千百年来被人无数次引用，指导着人的实践。

《老子》提出了"无为无不为"的著名思想，这一思想在许多章节都有论述，中心思想是主张"无为而治。""我不为而民自在，我好静而民自正，我无为而民自富，我无欲而民自朴"（第57章）。统治者不要做违背客观规律和人民意愿的事情，不要粗暴干涉人民的正常活动，不要给人民提供坏的榜样，要相信人民有自我教育、自我规范、自我发展的能力。中华人民共和国成立以来，由于对国家建设和社会发展的规律认识不足，国家、政府、单位、各种组织做了许多不必要的事，管了许多不该管的事，结果往往事与愿违，好心没好报，束缚了人民群众的手脚，压抑了主动性和创造性。改革开放以来，政府纠正了偏差，除法律约束和政策引导以外，许多事情不再亲历亲为，由市场自行调节，由人民群众自行选择，结果事半功倍，效益提高，人心舒畅。这其中的经验教训值得认真总结。

《老子》提出"治大国若烹小鲜，"提示统治者治理国家要谨慎，因为小鲜虽美而易碎，禁不起折腾，国家也同样，统治者切不可任意妄为。后来历史的演变验证了老子观点。汉武帝连年征战、劳民伤财，导致庞大帝国由盛而衰，诸葛亮和姜维不自量力，执意多次北伐耗空了小小的蜀国，加速了灭亡。建国以来中国的一波接一波的政治运动也使国家和人民很受伤，当别国大搞科技革命时，我们在搞"文化大革命"，人为制造阶级斗争，极大地延误了国家的发展。现在党中央提出了"不折腾"，这是对以往教训的总结，预示今后国家和人民会减少或避免这方面的损失，令人欣慰。

《老子》提出"道大、天大、地大、人亦大"，把人列为四大之一，提示人要增强自我意识，认清人与动物的区别。另一方面又指出"人法地，地法天，天法道，道法自然"（第25章）。要求人们顺其自然，自然而然，服从客观规律，不要逆天行事。这种看法虽然

第二章 西方哲学和中国古代哲学中的社会辩证法思想

忽视了人的主观能动性，但警告人们不要胡作非为还是有一定道理的。

《老子》主张"上善若水"，柔弱胜刚强，告诫人们"夫唯不争，故天下莫能与之争"（第 22 章）。他举例说明，强硬的牙齿早掉光，柔软的舌头却长存，这对于那些只知争强好胜之人是个提醒。

《老子》辩证法当然有许多局限性，过于消极，"不敢为天下先，"缺乏奋斗进取的精神，还有愚民的主张等等，需要人们仔细分辨，努力克服，勿受其害。

（三）墨子

在中国古代灿若群星的思想家中，墨子及所创立的墨家学派颇有特色，因为他们来自于社会下层，从事"贱业"，了解民间疾苦，对社会矛盾有直接感受，因此能够提出一些反映民众要求的思想，使之成为"世之显学"。墨子死后墨家一分为三，自秦以后退出了历史舞台，但他们的学说在中国古代的思想星空还是留下了痕迹，对今人也有启发。

墨子提出"强必富，不强必贫，强必饱，不强必饥，强必暖，不强必寒，"所以农民要起早贪黑辛勤耕作，农妇要纺纱织布，丝毫不敢怠倦。否则就要成为穷光蛋，挨饿受冻。这些直白浅显的道理被从古至今靠勤劳致富的人所证实，也被那些因懒惰而穷困潦倒的人所反证。

社会的统治者也应该知道："强必治，不强必乱，强必宁，不强必危，强必贵，不强必贱，强必荣，不强必辱"的道理，从而起早贪黑，勤奋理政，不敢懈怠，才能保住自己的统治地位。以上这些在《墨子·归命》中提出的思想被世界各国的演变状况所证明。看一下今天的伊拉克、阿富汗、叙利亚、及其他非洲国家，便一目了然。中国从秦至清，历代王朝建立初期都因为强而治、宁、贵、荣，后期因为弱而乱、贱、辱，然后被新的朝代推翻。当今中国，不论是个人还是国家，都应记住墨子这些提示，自强不息，努力奋斗，如此这般，个人才能进步，国家才能在世界上傲然挺立。

墨子关于"强力、非命"的主张也是对儒家传统天命观的否定，能够使人对自身的力量充满信心，依靠劳动创造自己的生活，摆脱宿命论的阴影，不靠天地，不靠他人，全靠自己克服困难，实现人生目标。这对于当代中国青年人尤其重要，遭遇困境时不能等、靠、要，发展不顺利时首先检查自己是否懒惰软弱，用辩证法原理来说就是要强化内因。

墨子揭示了当时的社会矛盾状况："强劫弱，众暴寡，诈谋愚，贵傲贱，富骄贫，壮夺老，"（《墨子·天志》）这些矛盾表现统称为"别"，是逆天意的，而顺天意的为"兼"，要"兼以易别"，以"义正"代替"力正"，要使大不攻小，强不侮弱，众不贱寡，诈不欺愚，贵不傲贱，富不骄贫，壮不夺老。要"兴天下之利，除天下之害。"

墨子主张"兼相爱，交相利，"意思是"视人之国，若视其国，视人之家，若视其家，视人之身，若视其身。"如果做到了，就会"国与国不相攻，家与家不相乱，盗贼无有，君臣父子皆孝慈，若此则天下治。"（《墨子·兼爱》）兼相爱是无差别的普遍之爱，交相利是交往中使对方获利从而自己也获利，这种主张过去遭到阶级斗争学说的批判，在当今市场经济条件下有一定的可行性，就是力争双赢。但是，只顾一己之私、目光短浅的人可能不愿这样做。在阶级矛盾和国家矛盾尖锐的情况下这种主张便沦为空想。

墨子主张"非攻"，即反对非正义的攻伐，同时肯定正义的"诛"，著名影星刘德华主演的电影"墨攻"对此有所反映。战争有正义和非正义之分，墨子反对非正义战争的立场与我们今天也是一致的。

墨子主张"尚贤、尚同，"即选贤任能，以贤能为准绳，不分贵贱，"官无常贵，民无常贱，有能则举之，无能则下之。"用今天的话来说叫做唯才是举，而不以出身为据，这是一种进步思想。尚同是要统一人们的是非标准，标准不统一就会秩序混乱，甚至天下大乱。这个标准就是国君，国君之所是，必亦是之，国君之所非，必亦非之，全体国人都如此，国家必治。尚同的反面是"交相非，"背离了这一标准则父子弟兄作怨恶离散，百姓皆以水货毒药相亏害，势必造成社会混乱。他以国君为标准显然是错误的。

墨子提出了检验认识正确性的三个标准，也称"三表法"，即古者圣王之事，国家人民之利，百姓耳目之实。这里涉及到直接经验和间接经验的关系。

墨子的局限性也很明显，他追求一种没有矛盾的理想状态，实际上也是空想,他对社会矛盾的作用的看法不够全面,认识论也表现了经验论的倾向,等等。但其正面价值还是主要的。

(四) 庄子

庄周的故事广为流传,庄周的人格受到称赞。庄周的思想也令人欣赏。庄周被称为庄子,其著作也被称为《庄子》,研究者们认为《庄子》不是庄周一人独撰,这无所谓,值得人们关注的是它表达的思想。《庄子》与《老子》被并称老庄,说明他们的思想继承关系,但庄子又有所前进,从而具有独特地位。庄子生于战国时代,这个时代由于社会矛盾状况所决定,思想空前解放,人才层出不穷,各领风骚。"庄周及其后学以其思维方式的独特、思想的解脱、辩术的巧妙,而崛起于百家争鸣的战场,卓然自成一派,在中国思想史上发生了巨大影响。一部《庄子》汪洋肆意,仪态万方,形式和内容都远迈前古,长启来人。一部《庄子》一座智慧的殿堂,思想的丰碑!"①

《庄子》论述了宇宙的衍化,认为"道"是宇宙万物的本原,"道"是"非物",不能被感官把握,但又真实可信,在时空上无法穷尽,自本自根,自己产生自己,它是对有和无的超越。"道"是万物之祖,天地是万物之母,阴阳是构成万物的材料,阴阳之气互相贯通聚合产生万物,人是万物之一,所以人也是由气聚结而成。在万物产生过程中,"道"是自然无为的,但它以必然性使万物合规律地产生出来,所以万物的产生也是自然而然的,万物产生以后,"道"就成为万物的普遍本质,万物按照"道"的必然性进一步演变,直至产生人和人的精神。这些论述既有唯物辩证法,也有唯心主义的谬误。

《庄子》认为,自然万物和人及其社会都处于运动变化之中,万物有生有死,不能一成不变,从不停滞于某一状态,人一降生就与万物处于矛盾运动之中,社会制度和各种社会现象也处于运动变化之中,礼仪法度应时而变,人的行为也要适时而变,同样的行为在不同时代会有不同结果,要以时代条件为转移。时空是无限的,由于事物不断转化,事物之间的界限也是变化的。这些思想是相当深

---

① 李德永. 中国辩证法史稿(第1卷)[M]. 武汉:武汉大学出版社 1990,195.

刻的。但《庄子》又认为宇宙间的一切运动变化都有待于"道"的支配，这又是错误的看法。

《庄子·齐物论》中论述了本质和现象、共性和个性、有限和无限、对立与统一等问题，在这些论述中既有辩证法又有诡辩论。《庄子》认为，"道"是事物的普遍本质和共性，事物的现象千差万别，从个性看，事物相差遥远，从共性看，事物一而无别。《庄子》不了解矛盾的特殊性，夸大共性，得出了"万物齐一"的结论。

《庄子》认为宇宙在空间上有实在而没有处所的限制，在时间上有增长而没有始终，因此是无限的，但具体事物是有限的，不可能是绝对的最大或最小，包括人的寿命长短也是如此，一切都是相对的，比较而言的、不确定或不固定的。这里的辩证法是很精彩的，但后来颠倒了大和小、长和短，硬把他们"与我齐一"，从而回到形而上学。

《庄子》认为，相互联系的各种事物既互相矛盾又自相矛盾，是多种对立属性的统一。例如：大小、有无、是非、贵贱、阴阳、彼此、贫富、喜怒、愚智、善否、合离、成毁，等等，它们都是相反相成的，而且还相互渗透和转化，这种性质在人的生与死的转化中突出显露出来。但《庄子》后来又夸大了事物依存和转化的同一性，引出了取消矛盾对立的齐物论。至于《庄子》否定是非之间的界线、夸大运动否认静止的错误早已为人们所熟知了。

《庄子》论述了自由和必然的关系。认为人世间的一切都受命运的支配，人的死生、存亡、穷达、贫富、贤与不肖、毁誉、寒暑，等生理和社会现象都由命决定。对于未得"道"的人来说，命是一种盲目的必然性，在它面前人没有任何自由，自由和必然是尖锐对立的。但如果人得了"道"，顺乎天和命，精神上就能自在逍遥，于是自由和必然就达到了统一。人通过一定的修养便能"同于大通"，到了这种与"道"同一的境界就可以随心所欲，游方之外。但得"道"者仍然要生活在现实世界之中，受各种矛盾的桎梏，处处感到不自由。得"道"者应当把现实中顺乎必然与精神上保持自由统一起来，从必然走向自由。

《庄子》认为，人的本性与"道"同一，因而是自由的，远古社会的人就实现了这种统一，作为"至德之人"是无忧无虑的。后来出现了仁义礼乐这些违背人类天性的东西，成了束缚人的精神枷锁，导致人性的异化，人变成"非人"。为了克服异化，就要通过主体修养来返璞归真，逐渐排除或忘却世俗的仁义及人心中的相关观念，甚至忘掉自己的形体和生存，泯灭自我意识。这些思想看到了社会的发展变化及社会的矛盾，体现了辩证法，但又否定了人的能动性。

（五）管子

管子名管仲，春秋时齐国宰相，执政40年，使齐桓公成为春秋五霸之首，使齐国成为当时最强大的国家，作为政治家和思想家而被人称道，至今在齐国故地即山东淄博还有很大知名度。他的学说体现在《管子》一书中，在历史上研究不多，改革开放以来日益受到重视。

《管子》提出了朴素唯物主义的天道观和人性论思想。他认为天是自然之天，天有"天道"即"天时"，也就是自然现象变化的规律性。《管子》较早提出"道、常、则"这些概念，"道"是自然规律，这种思想比《老子》更明确。"常"是规律的不变形式，"则"是规律的客观性和普遍性。《管子》把"天道"与"人情"并论，"人情"就是普遍的人性，是人所共有的。人性的具体内容就是追求物质利益的本能。"凡人之情，得所欲则乐，逢所恶则忧，此贵贱之所同有也。凡人之情，见利莫能勿扰，见害莫能勿避。"（《禁藏》）"仓廪实则知礼节，衣食足则知荣辱。"国家政策和法令必须"顺民心"才能得到贯彻执行。

《管子》提出了许多矛盾统一的概念：兴与废、治与乱、安与危、荣与辱、哀与乐、生与死、盛与衰、赏与罚、强与弱、贫与富、存与亡、得与失、利与害、难与易、杀与生、决与塞、俭与侈、取与予、损与益、刚与柔、轻与重、上与下、长与幼、大与小、虚与实、远与近、多与少、先与后、贵与贱、美与恶、尊与卑、贤与不肖、有余与不足，等等。这些矛盾都是从社会生活中概括出来的。当然是社会辩证法思想的体现。《管子》还详细论述了这些概念之间的关系。要求人们从对立面的相互斗争和相互依存中认识和对待事物，这无疑是非常正确的。

《管子》提出了矛盾的转化的思想，认为事物在自身发展中包含着否定自己的因素，例如爱憎、德怨之间就可以互相转化，智与愚、圣人与群众，也可以转化，还有"利与害、置与废"等也如此。"政之所兴，在顺民心；政之所废，在逆民心。"民恶忧劳，我佚乐之；民恶贫贱，我富贵之；民恶危坠，我存安之；民恶灭绝，我生育之。能佚乐之，则民为之忧劳；能富贵之，则民为之贫贱；能存安之，则民为之危坠；能生育之，则民为之灭绝。故从其四欲，则远者自亲；行其四恶，则近者叛之。故知予之为取者，政之宝也。（《牧民》）这些话的通俗说法是：我能使人民安乐，就可以转化为人民为我承受忧劳；我能使人民富贵，就可以转化为人民为我忍受贫贱；我能使人民安定，就可以转化为人民为我承当危难；我能使人民生育繁息，就可以转化为人民不惜为我牺牲。满足人民的四欲，疏远的就可以转化为亲近；强行人民的四恶，亲近的就可以转化为叛离。对立的东西，在一定的条件下，可以各自向其相反的方面转化。"予"和"取"是一个对立面，在一定的条件下，"予"可以转化为"取"，"予"就是"取"。① 管子把"予之为取"作为一项政策原则贯彻于治国理政之中，取得了较好的效果。此外，《管子》还涉及了转化的条件和界限问题，提出了过度就会走向反面的思想，强调统治者取于民要有度，用之有止，这样，国虽小必安；如果相反，国虽大必危。这些思想在今天看来也是有道理的。

《管子》强调人必须按客观规律办事，否则就不能成功，即使侥幸成功，最后也归于失败。但人可以"用道"，可以利用规律，要抓住时机。不要做办不到的事，不要追求得不到的东西。人在办事时要虑，要务，"不虑则不生，不务则不成，"即要发挥主观能动性。事物矛盾转化的关键在人。"不努力，大可变小；管理不善，强可变弱，众可变寡；不讲礼仪，高贵可以变为贫贱；超出了礼仪，尊重可以变为轻薄。"②

《管子》提出"夫霸王之所始也，以人为本。本理则国固，本乱则国危。士、农、工、商四民者，国之石民也。凡治国之道，必先富民。民富则易治也，民贫则难治也。"（《牧民》）这是在中国历史上最早提出以人为本思想，为我们今天理解以人为本的科学发展观提供了思想材料和历史线索。把人民群众作为国家的基础，强调富民的重要性，主张正确处理物质文明和精神文明的关系，这些思想

---

① 方克. 中国辩证法思想史·先秦 [M]. 北京：人民出版社 1985，206.
② 方克. 中国辩证法思想史·先秦 [M]. 北京：人民出版社 1985，210.

都是非常宝贵的。当然也要看到,《管子》思想的目的在于"牧民治民",这是他的阶级局限性。

《管子》的辩证法是典型的社会辩证法,论及政治、经济、军事、管理等各个方面,表现出积极的倾向,很多观点对后人产生重大影响,对于今天治国理政的实践也有借鉴意义。

(六)孙武

战争是人类历史的重要组成部分,战争起源于不同国家、不同利益集团的根本冲突,是人类不愿面对又不得不面对的魔鬼。战争双方都想取胜,于是就要研究战争、战略、战术,于是出现了战略家、军事家,孙武就是这方面的杰出代表。他投身战争,研究战争,研究的成果又指导战争,成为古今中外备受钦佩的人物。《孙子兵法》由于充满了社会辩证法而被人们欣赏、传诵和应用,应用的范围早已超出军事而进入经济、政治等领域。

孙武用全面的或联系的观点看待战争问题。认为战争是双方经济、政治等多种力量的竞争,一场战争的胜败关系到国家存亡,"兵者,国之大事,死生之地,存亡之道,不可不察也。"(《计篇》)孙武以十万之师的耗费为例,说明战争在兵力、物力、财力诸方面的负担,要求明智的君主,良好的将帅,不要贸然发动战争,这是安国全军之道。估计战争的胜负要看到五个方面:领土大小、资源多少、兵员数量、力量对比、胜负的可能性。军事家在战前要对敌我双方的国情军情进行全面分析。决定战争胜负的因素有五经:道、天、地、将、法。"道者,令民与上同意也,故可以与之死、与之生,而不畏危。"即民众同君主意愿一致,打仗才能出生入死不畏危险,这是战争的政治因素,是第一位的。天时和地理环境也是必须考虑的客观条件。"将者,智、信、仁、勇、严也,"将帅要有智谋,赏罚有信,爱护士卒,勇敢果断,军纪严明。法指的是军队组织编制严密,将校职责分明,物资供给得当。以上诸方面都需要做到,不可偏废。进行敌我比较时可以从七个方面入手:"主孰有道?将孰有能?天地孰得?法令孰行?民众孰强?士卒孰练?赏罚孰明?"军事行动之前要进行"庙算",通过开会分析各方面情况,制定计划,这样才能稳操胜券。"知己知彼,百战不殆。"

孙武提出以"变"为核心的战术原则。认为"兵形象水。水之形避高而趋下,兵之形避实而击虚。水因地而制流,兵因敌而制胜。故兵无常势,水无常形;能因敌变化而取胜者,谓之神。"(《虚实》)作战方针要根据对方条件的变化而变化,随机应变。在战争中要力争主动避免被动,"制人而不制于人。"要善于调动敌人,威逼利诱使敌上钩或就范。

孙武强调"出奇制胜"的指挥艺术。"兵者,诡道也。故能而示之不能,用而示之不用,近而示之远,远而示之近,利而诱之,敌而取之,突而备之,强而避之,怒而挠之,卑而骄之,逸而劳之,亲而离之。攻其不备,出其不意。"(《计篇》)这些做法的目的在于迷惑敌人,使敌上当,然后一举战胜敌人。为了出奇制胜,行动上要违反常规,有路不走,有敌不击,有城不攻,有地不夺,连国君的命令也可不执行。为了出奇制胜,还要虚实结合,虚虚实实,真真假假,避实击虚,攻而必取,守而必固,使敌人不知虚实,四处设防,分散兵力,便于我方集中优势兵力攻击敌人。为了出奇制胜,还要掌握敌军士气的变化,敌军"朝气锐,昼气惰,暮气归。"我方要避其锐气,击其惰归。

孙武揭示并阐发了战争中的许多矛盾关系。如利与害、众与寡、强与弱、攻与守、勇与怯、迂与直、奇与正、虚与实、制人与制于人,等等,在对这些矛盾的阐发中处处可见辩证法思想。

孙武的军事辩证法也有一些片面性和绝对化的缺陷,但他的创新之处是主要的,一直为人们赞叹不已。

(七)荀子

荀子名况,战国末期赵国人,游学于齐、秦、楚等国,儒家的重要代表人物,在当代中国哲学史教科书中被称为先秦时期唯物主义学说的集大成者,他的学说中也可见到社会辩证法思想的闪光。

荀子提出了辩证的天人关系论。主张先要"明于天人之分,"天有天功,天地合而万物生,阴阳接而变化起,天创万物而有功。天有天行,整个自然界处于运动之中。天有天职,不为而成,不求而得。"天行有常,不为尧存,不为桀亡。"人不能与天争职,而应按常规办事,就是要遵守客观规律。人的特点在于:能治——通过人的创造性活动把天地提供的自然存在物转化为为我所用之物。物之所以生,在天,物之所以成,在人。能知——只有人才有认识自然治理社会的能力,这种能力也是天生人成的结果。天生各种感官,它们各有各的职能,不能互相代替,心居中虚以治五官,所以,心是天君。同样的器官会导致君子和小人两种结果。能群——人力不若牛,走不若马,但牛马为人所用,原因在于人能群,有群体之力。明确了天人之分,在承认客观规律基础上"制天命而用之。"

荀子论述了知和行的辩证关系。主张"不闻不若闻之,闻之不若见之,见之不若知之,知之不若行之,学至于行而止矣。"闻之是间接经验,见之是直接经验,各有局限性,"闻之而不见,虽博必谬;见之而不知,虽识必妄。"而"行之,明也。"通过实践才能证明知识的可靠性。这是认识论上的辩证法。

荀子论述了人的自然属性和社会属性的辩证关系。提出了"性伪之分",主张"化性起伪"。性指人的自然本性,伪指对自然本性的人为加工。"凡性者天之就也,不可学,不可事。礼义者,圣人之所生也,人之所学而能,所事而成者也。不可学,不可事而在人者,谓之性;可学而能,可事而成之在人者,谓之伪;是性伪之分也。"(《性恶》)人性的自然发展导致社会混乱,因而产生礼义,礼义维持社会秩序,又能满足人性的一定需要,所以人性和伪是对立统一关系。在化性起伪的过程中,既要重视外因,创造良好的社会环境,更要重视内因即主观努力的作用。

荀子论述了社会分工的必要性。认为,个人的生活需要靠各行各业来满足,但一个人的能力是有限的,不可能兼通各种技艺,不可能兼管各种事物,个人只顾自己就会穷困,没有分工和等级就会争夺,所以要有明确的职业分工和等级名分。"无分者,人之大害也;有分者,天下之本利也。"(《富国》)分主要是社会等级之分,以礼义为工具或手段来分,从天子到老百姓,各按等级享有一定的待遇。在这些论述中包含了个人与社会的关系,但也暴露了他的阶级本性。他还提出不平才是平,不齐才是齐的观点,看到了事物的相对性。

荀子论述了矛盾转化的思想。认为在动荡社会中,常安之术和常危之术是可以转化的,主观愿望中的强、安、存,往往会转化为事实上的弱、危、亡。人如果贪生、逐利、苟安、耽乐,就会走向死、害、危、灭的反面。转化是普遍的,百姓和官吏、小人与君子,都可以转化。但转化需要条件。由贱到贵、由愚到智、由贫到富的转化都是可能的，条件是必须学习，还要有量的积累。

中国古代哲学中的社会辩证法思想还有：韩非关于"法、术、势"相统一的治国理论；王充关于"人性善恶互变"的思想；王弼关于"不忘亡者存，不忘危者安"的思想；刘禹锡关于"德与刑并用适中、声实并用、居安思危、化钝为利"的思想；王安石崇尚变化的思想；张载关于"仇必和而解"的思想；程颢程颐关于"物极必反"的思想；王阳明关于"知行合一"的思想；黄宗羲关于"君为天下之大害"的思想；王夫之关于"理势相成"的思想；康有为的"社会进化论"思想；严复关于"标本兼治"的思想；谭嗣同关于"变化日新"的思想；梁启超关于"进化和普遍联系的历史观"思想及"十德相反相成"的思想；孙中山关于"精神和物质相辅为用"的思想……这些思想虽然缺乏系统性深刻性，还受阶级性的制约，但毕竟论及了人类社会和历史演变的许多侧面，启发人们更全面更深入地探讨相关问题，其价值不应全盘否定。

第三章　社会发展的辩证法

马克思主义哲学认为，辩证法是关于联系和发展的学说。人是发展的主体，表现为个人、国家和社会，深入研究发展的辩证性质，对于促进人的发展具有重要意义。

一、关于发展概念的辨析

（一）发展主要是个人、国家和社会的发展

恩格斯指出："一个伟大的基本思想，即认为世界不是一成不变的事物的集合体，而是过程的集合体，其中各个似乎稳定的事物以及它们在我们头脑中的思想映像即概念，都处在生成和灭亡的不断变化中，在这种变化中，前进的发展，不管一切表面的偶然性，也不管一切暂时的倒退，终究会给自己开辟出道路，——这个伟大的基本思想，特别是从黑格尔以来，已经如此深入一般人的意识，以致它在这种一般形式中未必会遭到反对了。但是，口头上承认这个思想是一回事，把这个思想具体地实际运用于每一个研究领域，又是一回事。"[①] 恩格斯的这一论述经过列宁、斯大林、毛泽东的阐发，形成了唯物辩证法理论的第二个总特征——发展的特征（另一个总特征是联系）。从客观物质世界不断发展的事实出发得出唯物辩证法的发展特征，这既是正确的也是必要的，可以同形而上学发展观区别开来，并为人类实践提供正确的方法论。此后，各种哲学教科书包括哲学辞典、百科全书哲学卷等都把发展看作是整个宇宙万

---

① 马克思恩格斯选集（第4卷）[M]. 北京：人民出版社 1995，244.

事万物的共同特征。

但是，列宁又强调指出："发展似乎是重复以往的阶段，但那是另一种重复，是在更高基础上的重复（否定的否定），发展是按所谓螺旋式而不是按直线式进行的；发展是飞跃式的、剧变的、革命的"。① 照此规定就会使人产生疑问：自然界有飞跃吗？有发展吗？

"自然从来不飞跃"的观点来自德国 17 世纪哲学家莱布尼茨，从那时到现在人们争论不休。"太阳底下没有新的东西"，这种说法当然是武断和荒谬的。"太阳每天都是新的"这句格言说的不是太阳本身而是太阳照耀下的人类社会生活日日新时时新，表达了社会的发展变化。从人的观察和感受来说，日月星辰有圆有缺，时隐时显，气候温度有阴晴雨雪，冷热干湿，旱涝风雹皆可成灾，山川更易沧海桑田。世界是无限的，这些自然变化是无穷的，但用发展一词来表达显然是值得商榷的。诗云："离离原上草，一岁一枯荣；野火烧不尽，春风吹又生。"今年的花草树木与去年相比在成长状况上肯定会有区别，如发芽变绿和枯黄凋零的时间早晚等，但会有质的不同吗？若干亿年前地球上发生了生物大爆炸，突然形成了生物多样性，其原因至今仍是未解之谜。不同物种之间既有共性又有差别，但人为划分的等级真是合理的吗？生物进化既可理解为前进的变化，也可理解为延续中的变化，遗传和变异只是为了适应环境求得生存，今天的变异因素不久也转化为新的遗传因素，难说谁高谁低。

自然界有没有飞跃和发展可以讨论，不能简单否认。"新生事物不可战胜的规律在自然界特别是无机界的表现是一个有待深入研究的课题。"② 但这个问题对于大多数社会成员来说既无直接意义也无驾驭能力，还是留给科学家们去承担吧。需要指出的是，自然科学确确实实在不断发展，从古到今不断发生革命性的飞跃，这种发展和飞跃对全人类具有非常重大的意义。但自然界的发展与自然科学的发展是两回事，后者作为人类认识世界改造世界的成果属于人类社会发展的一部分，它本身既促进着社会发展同时又受社会的制约，社会生产方式和上层建筑的各种因素都对自然科学的发展产生影响。

---

① 列宁选集第 2 卷 [M]. 北京：人民出版社 1972，584.
② 肖前、李秀林、汪永祥. 辩证唯物主义原理 [M]. 北京：人民出版社 1981，155.

第三章　社会发展的辩证法

简而言之，发展虽然是唯物辩证法的总特征，但人们关注和研究的重点应当是个人、国家和社会的发展。

（二）发展是好的质变并通过好的量变来表现

从马克思主义经典作家的论述中已经知道了发展与变化的区别。有学者进一步指出："发展与变化、运动不能划等号。因为运动只是表示事物在活动着，它只同静止的观点相对立，难以反映事物之间的内在联系，以及事物由低级向高级的进展。变化只是标志着一种状态的事物过渡到另一种状态，它与固定的观点相对立。变化有前进的、向上的，也有倒退、向下的。由新到旧，由旧到新，由好到坏，由坏到好，由进步到落后，由落后到进步，由保守到革新等，都是变化。可见，有的变化是前进的、向上的，属于发展，而有的变化是倒退、衰亡，则不属于发展。发展是指事物的上升的、向前的和进步的趋势"[1]

发展是好的质变，是飞跃，但并非所有的质变都是飞跃，一些教科书或宣传资料把质变直接等同于飞跃是形而上学的简单化的认识和做法。一个人由于长期刻苦学习从文盲变为学者、一个罪犯经过改造而浪子回头、一个国家经过改革开放而由穷变富由弱转强等等，都是质变和飞跃。而个人由好变坏、国家由盛而衰甚至由存而亡也都是质变，显然不能叫飞跃。一场地震和一颗原子弹爆炸瞬间夺去几十万人的生命，能说这些人都是飞跃了吗？如果这样说，既是对逝者的不敬，更是理论的荒唐！不加分析任意妄断，这样的理论只能是授人笑柄。

个人的发展是个体生命延续中的进步，国家和社会的发展是各方面的完善与提高。好的质变要通过好的量变表现出来。国家的经济增长速度、人民生活水平的提高速度、社会政治生活的文明程度、文化的繁荣程度、个人各方面素质的完善程度等等，都是发展的具体表现。当然，坏的质变也与坏的量变相联系，个人若身患绝症必然体力下降，贪污受贿必有具体行为和数额，国家制度若腐朽社会必呈衰败景象，等等。

"量变是质变的必要准备，质变是量变的必然结果"。这是当代

---

[1] 林青山. 智慧学——辩证法趣谈 [M]. 济南：山东人民出版社 1985，36.

中国各种哲学教科书关于量变和质变相互关系的表述，但事物是复杂的，质变的原因和形式也是多样的。普列汉诺夫曾认为，在自然界和历史中所常常遇到的复杂事物中，飞跃以不间断的变化为前提，而不间断地变化必然引到飞跃。这种观点也会遇到客观事实的挑战，生物学揭示的基因突变、社会领域中"放下屠刀立地成佛、一失足成千古恨"等都是这种观点的反证。

强调发展是好的质变，这是为了把发展与一般的变化尤其是坏的变化区分开来，其实践意义在于帮助人们明辨是非，坚定立场，正确抉择。在社会生活中一些人确实存在着是非不分、良莠不辨、进退混淆的情况，造成误判影响个人发展。可见这种区分还是很有必要的。

二 发展是前进性与曲折性的统一

这个题目属于老生常谈。学过哲学的人都知道，事物发展前途光明道路曲折，是螺旋式上升波浪式前进，是由肯定到否定再到否定之否定，因此，人在实践中既要有坚定的信心又要准备走曲折的路，要反对直线论和循环论两种错误倾向。这些观点当然是正确的。需要深入探讨的问题是：前进性的原因或发展的动力是什么？如何坚持和发挥？曲折性的原因或发展的障碍是什么？如何避免和克服？

（一）发展的前进性

国家和社会发展的前进性或原因与动力，在于社会基本矛盾、阶级斗争、科学技术、国家利益的驱动、新旧社会更替的辩证否定过程等，生产力是最终决定力量。这些历史唯物主义原理人所共知，无需赘述。

个人发展的原因和动力是多方面的。首先是个人的主观追求。个人为了生存，为了获得生存资料，必须不断发展自己的能力，这样才能把衣食住行用玩等各种物品源源不断地收入囊中并日益改善生活条件。

其次是外部竞争的压力。人是社会存在物，每个人与其他人都是潜在的或现实的竞争对手，为了工作岗位、福利待遇乃至权势地位而互相竞争，为了取得竞争优势，作为竞争主体的个人就必须不断发展自己。

再次是他人的逼迫。在中国尤其以父母对子女的逼迫为突出代表，父母出于各种原因，逼迫子女按照父母的意愿学习某种技能或从事某种职业，牺牲子女的兴趣爱好甚至人身自由，使子女有所发展。这种逼迫的结果有好有坏，有的人因此而成为音乐家、艺术家、运动员、企业家、由农村人变为城市人、由文盲变为高文化的人，等等。也有人由于逆反心理产生抵触，或资质不足以胜任而使父母愿望落空。还有恋人之间、夫妻之间、兄弟姐妹之间出于感情，一方逼迫另一方必须达到某种目标，如经济目标（有房有车有存款）、政治目标（公务员或社会地位、等级）、家庭目标（父母的赡养和子女抚养教育的标准）等，也会在一定程度上促进个人发展。

此外，还有一些心理因素也对个人发展起作用。好奇心能使人对某一方面的事物或现象产生浓厚兴趣，激发研究热情，促进科学发现和发明创造（例如爱因斯坦、爱迪生等人的事迹）；自尊心和好胜心能使人奋发图强，克服弱点赶超别人；甚至喜新厌旧、好逸恶劳之心也能促进某一方面的发明，从而推动个人和社会的发展。

（二）发展的曲折性

造成个人、国家和社会发展的曲折性的原因可分为天灾和人祸两大方面。

天灾很多，地震、海啸、台风、山体滑坡、泥石流，这些自然界的巨变突变会立刻结束许多人的生命，终止他们的发展进程，对于已经不幸遇难的人来说已经不是曲折性所能表达的了，而是由原来的各种可能性一下子变成了不可能，虽然令人扼腕叹息，多数情况下却也无可奈何。

在那些因灾受伤或致残的人身上，曲折性更为明显。原来的理想、梦想、愿望可能会无法实现，原来的人生设计可能不得不改变，原来的职业或工作也可能会被迫放弃，原来的家庭也可能消失解体而面临重组，原来父母双全的人也可能成为孤儿，更为重要的是，原来对人生的态度也可能转变，等等。所有这些变化肯定会使当事人今后的发展面临新的困难或挫折。

对于那些重大灾难的发生地来说，生命财产的损失、善后补偿、恢复重建等也都显示其曲折性，可能几年或几十年才能恢复到灾前水平。

旱、涝、虫、雹、洪水、雷电、瘟疫等天灾，也会死人，也会破财，还会带来饥荒、流离失所，曲折性不言而喻。

天灾的发生具有必然性，对于不可抗拒的巨变，人类应当加强预测预报。力争做到事前躲避，把损失降到最低限度。对于旱涝等灾难，人类可以通过兴修水利、人工降雨、药物灭虫、科技驱雹和避雷、医药除瘟防疫等方式与之抗衡，当然，抗衡的过程也不会一帆风顺。

人祸也可分为两种。一种是他人、外力给发展主体造成的曲折性。具体表现为以下形式：

1. 战争

非正义的一方即某国某族对另一方发动的侵略战争，极大地破坏了对方的发展。中国近代自鸦片战争以来一百多年饱受侵略，西洋和东洋的强盗争先恐后开动坚船利炮，挥舞带血屠刀，在中国大地横行肆虐。中华民族备受摧残，难以数计的无辜人民被屠杀，美丽河山遭践踏，宝贵资源被掠夺，完整领土被瓜分占领，国家主权被篡夺。为了赶走这些强盗，中国人民做出了巨大牺牲，付出了生命财产等多方面的惨痛代价，虽然最终取得了胜利，但国家、社会和个人的发展却受到不应有的阻碍。痛定思痛，每一个中国人都应当认真反思其中的经验教训。

人们普遍认同并一直强调"落后就要挨打"，但这只是表层的原因，还需认真查找为什么会落后的深层原因，找到后加以克服或排除，才能避免今后继续挨打。造成中国近代落后挨打的原因很多，其中，半封建半殖民地的社会制度的腐朽、大地主大资产阶级的反动统治、民族的不团结、生产能力的低下、经济和军事实力的薄弱等，都是非常重要的方面。

当今世界，虽然总体上处于和平与发展的时代，但各个国家之间、各利益集团之间矛盾冲突不断，战争的危险依然存在，一些敌对势力对中国发出战争叫嚣，并且磨刀霍霍，中国人民绝不可对此掉以轻心。反思历史，正视现实，牢记教训，保持警惕，纠正失误，强大自己，这是减少曲折促进发展的重要途径。

2. 犯罪

各种犯罪行为都是犯罪主体对犯罪客体的损害，必然会阻碍犯罪客体的发展。杀人犯用各种手段夺取了受害人的生命，终止了受害人的发展。偷盗、抢劫、诈骗等经济犯罪不但在不同程度上损害了受害人发展的经济基础，而且有时也会造成受害人自杀，所以，小偷和骗子的危害绝不可小看。放火、投毒、爆炸、破坏交通工具和生产设备、掺杂使假等危害公共安全的犯罪同样会造成受害人死亡或伤残及财产损失。诬蔑、辱骂、诽谤、虐待、遗弃等犯罪也会引发相同后果。

犯罪的性质、原因、行为、方法是多种多样的，处罚也是多种多样的，但一切犯罪都造成发展的曲折，一切处罚都是为了减少曲折。每个发展主体，不论是国家、社会还是个人，都要自觉地与犯罪行为作斗争，以法律武器维护权益、保障发展。

为了从根本上减少犯罪，不能光靠警察抓小偷，还要发展经济增加就业；不能只抓罪犯，还要努力化解冲突，解决矛盾、减少罪犯；不能只重视事后惩治，还要大力做好事前预防。

3. 车祸

曾有资料统计，目前全世界每年死于车祸的人达30万之多，而中国占三分之一。这么多人被车轮夺去生命，终止了发展进程，实在令人遗憾。还有数不清的伤残人员，发展进程也被改变。车祸的原因既有意外也有人为，人为之中又分故意（如有罪犯以车为杀人工具故意撞人）和无意、非法与合法（如司机的紧急避险行为）等，但不论哪种情况，被撞死撞伤的人都无法继续发展或正常发展。

4. 瞎指挥

有地位有权力能够决定别人命运的人因为主观失误也会造成其他发展主体的挫折乃至死亡。例如，封建社会父母包办子女婚姻可能会造成子女终生不幸福，甚至逼迫子女自杀；军队统帅的错误命令把许多士兵送上不归路（中国民主革命时期，中国共产党内左倾路线领导人和外国顾问的瞎指挥曾使成千上万的红军战士白白牺牲）；企业领导或工程负责人的错误决策导致工人死伤；国家领导者的错误路线和方针政策使人民群众的命运发生不好的改变（如中国20世纪50年代的大跃进，60年代的文化大革命对中国民众的负面影响）等等。

造成瞎指挥及其危害后果的重要原因是民主制度的缺失，也有领导者指挥者个人素质的因素，应当有针对性地加以克服。

5. 反动统治者的残暴统治

在人类历史上，古今中外都存在这种情况。古罗马的角斗场上罗马皇帝及其统治集团成员以杀人为乐；秦始皇焚书坑儒……历朝历代的国王、皇帝、奴隶主、地主、资本家，不论叫什么名称或身份，都对被统治者或任意宰割，或横征暴敛，或粗暴剥夺，或巧妙剥削，无所不用其极。在这样的统治下，被统治者生命都没有保障，发展更是无从谈起。

造成发展曲折性的人祸还有另一种情况，即发展主体自己给自己造成的人祸。也大致有以下情形或表现：

第一，犯罪

犯罪主体与犯罪客体不是固定的，每个人都可能成为罪犯或受害人，当一个人是罪犯时，其行为作为外在力量给受害人造成人祸，与此同时，罪犯本人也因为自己的行为而断送或改变了自己的发展进程。没有人天生是罪犯，但在生命延续中由于内因和外因的共同作用，每个人都可能发生由非罪犯到罪犯的转化，甚至有的人先是某种犯罪的受害者，由于处置不当又变成了罪犯，如先被别人偷后又去偷别人，亲人被杀为了报仇而去杀人等。

由于社会生活的复杂性，每个人都会遇到许多矛盾或压迫，解决矛盾有许多方式，犯罪绝不应当成为主体的主动选择。由于义愤而杀人，由于长期受人欺辱而杀人、由于防卫过当而杀人等情况虽然令人同情，但还是不值得赞许。杀人偿命，偷盗坐牢，法律无情，人当自省。那些腐败官员利令智昏，一步一步自己走进监狱甚至走上断头台，以可悲可鄙的方式结束了自己的发展，实在是咎由自取，愚蠢至极。

第二，违规

为了保障社会秩序或工作的顺利进行，人类自己立下了许多规矩，没有规矩不能成方圆。国有国法，也有行政规定，各行各业甚至许多家庭也都有自己的规定。规矩当然会对人有所限制，但科学合理的限制本质上是一种保护。如果发展主体硬要突破这些限制，就会给自己的发展带来曲折。

例如：违背党纪军规要受到处分，违背家规族规村规要受到惩罚，违背行规要受到制裁，违背交通法规易出车祸，违背操作规程会出事故，等等。违规就是犯错，就要付出代价，有时甚至要付出生命，所以，主体要想顺利发展，还是要老老实实按规矩办事。当然，对于不科学、不合理的陈规陋习应当改革，改革后所立的新规也要自觉遵守。

第三，恶习

一些人由于各种原因形成了恶劣的生活习惯，这些习惯具有长期性、顽固性和危险性，也会给发展主体带来曲折。吸毒严重损害健康，危及生命，还会导致倾家荡产；赌博既败坏家财又容易引发图财害命；酗酒既伤身败德又会因酒后驾车或闹事而危害他人；嗜烟不但抽坏了自己也熏坏了别人；网瘾既耽误了正业又容易上当受骗；等等。

这些恶习都是当事人主动为之，有时虽然有外界诱惑但基本无强迫，因此而影响发展，当事人自己要承担主要责任，要认清危害，努力戒除或降低程度，最好与之决裂，迷途知返，为他人和社会尽一份责任，也使自己回归人生正道。虽然说恶习难改，战胜自我不容易，但积久成灾，关乎生命和事业，当事人还是应当痛下决心，忍一时之苦恼换长久之康宁。

第四，疏忽

人在日常生活中粗心大意，注意力不集中，或观察不仔细，考虑不周全，也会影响自己的发展，这种影响有时还很严重。如有人走路只顾看手机而撞树身亡、或失足踏空而摔死；车主开自己的车进车库却把自己挤死；因疏忽而签错了合同、算错了账目、看错了数额，都会造成经济损失；因疏忽而吃错了药、走失了孩子、上错了车，走错了路、遗忘了物品，等等，也都会导致一定的不良后果。

此外，作为发展主体的个人还可能因无知而犯错、因贪婪而犯罪、因轻信而受骗、因愚忠而供人驱使……这些情况也会给个人发展造成一定的曲折，需要主体努力避免。

发展主体自己给自己造成人祸，本质上是一种愚蠢。芸芸众生，谁也不会承认自己愚蠢，但蠢人蠢事却无处不在无时不有，每个人都应当认真反思。这种人祸与他人外力造成的人祸是同时并存相互交织的，有时界限并不分明，只是观察分析的角度不同。这些人祸也与天灾交织在一起，天灾引起人祸，人祸加剧天灾，共同阻碍个人、国家和社会的发展，都是发展主体的大敌，必须努力战胜之。

发展是前进性与曲折性的统一，只看到前进性或曲折性都是片面的，盲目乐观和盲目悲观都是错误的。正确的做法是认清前进性的原因，坚持之完善之；认清曲折性的原因，避免之克服之。两方面结合起来才能促进发展。

三、发展的条件性

唯物辩证法认为，条件是对某一事物的存在和发展发生作用的诸要素的总和，其中每一个要素都是一个条件。条件是具体的、多样的、可变的，在实践中，一切要以条件为转移。把唯物辩证法的这一原理用来分析社会发展和个人发展，既能促进发展，又能确证原理的价值。

（一）国家和社会发展的条件
1. 国家要有一个先进的领导者

国家作为上层建筑本身是社会基本矛盾运动的产物，是社会进步的表现和结果。国家代替原始氏族部落组织是人类发展的重大进步，虽然国家的实质是阶级统治的暴力工具，但国家对社会的组织、协调、控制、动员等方面的能力是氏族组织无法相比的，不能因为其有剥削有镇压就否定其进步意义，正如恩格斯所言，没有古代奴隶制就没有现代社会主义。国家政权的力量是巨大的，它是发挥正能量还是发挥负能量，取决于是否有一个先进的领导者。

根据历史唯物主义原理，这个先进的领导者指的是先进的阶级及其政党，而不是某个贤明的君主。历史上的剥削阶级在它产生和发展的初期都曾经是进步的，代表了生产力的发展要求，为人类进步做出过贡献。但当它们所维护的生产关系由生产力发展的动力变为桎梏时，它们也与其生产关系一起转变为反动落后的势力，被新的更进步的生产关系和阶级所取代。当国家和社会由进步阶级所领导时，发展是主要的，反之，停滞和落后是主要的。作为国王、皇帝、总统、首相的个人如果素质优秀，当他属于本阶级上升阶段时也会发挥一些积极作用，从而进入杰出人物的行列。如果品质恶劣或处在本阶级堕落时期则起负面作用或无能为力，有的人也会被钉在历史的耻辱柱上。

当今中华人民共和国的领导者是中国工人阶级及其先锋队——中国共产党，工人阶级是与最先进生产力相联系的阶级，中国共产党是各种政治力量中最进步、最有力量、最受人民拥护的政党。中国走上社会主义道路并由中国共产党来领导，既是历史的必然，也是中国人民的正确抉择。

2. 国家领导者要有正确的思想路线

思想路线是国家领导者的灵魂和总的指导思想，在不同时期不同国家，通过宣言、政纲、党纲等载体表现出来，在国家发展中起重要作用。

中国共产党在领导中国人民进行新民主主义革命的过程中形成了一条"一切从实际出发，理论联系实际，实事求是，在实践中检验真理发展真理"的思想路线，指引革命取得胜利，并在中华人民共和国成立以后继续取得社会主义革命和建设的胜利。由于各种原因也曾在一定时期背离了这条路线，致使社会主义事业遇到严重曲折。党的十一届三中全会重新确立了这条路线，使中国特色社会主义一步一步走向辉煌。正反两方面的经验教训都证明了并将继续证明思想路线的重要性。

3. 国家要有法制和法治

在原始社会，每个氏族部落规模较小，人口不多，人与人之间存在着或远或近的血缘关系，氏族首领通过自己的才能、威望和风俗习惯来统领自己的小社会。而国家与氏族部落相比，地域广大，人口众多，不同血缘的人杂居在一起，公共事务显著增加，又有了常备军和官吏，原始的统治方式已无法满足社会需要，必须建立健全法律制度才能规范人的行为，调节社会关系，维护社会秩序。

由原始习惯到法律制度是一个重要进步，由法律制度再到依法治国的制度又是一个进步。法制普遍存在于阶级社会之中，而法治只有资本主义法治和社会主义法治。在奴隶社会和封建社会虽然也有法律制度，但最高统治者总是"朕即国家、言出法随"，以维护自身利益为根本原则，以主观任意性代替法制的严肃性，口头上高喊"王子犯法与庶民同罪"，实际上又规定"八议制度"来维护特权。

法制作为上层建筑的重要组成部分，既有镇压人民的阶级性，也有保障生存和发展的社会性；既有好的规定，也有坏的规定；既有促进作用，也有束缚作用；既有稳定性，也有变化性。所以对法制本身也要辩证分析。由法制到法治，严肃性增强，任意性下降，对社会发展的正面促进作用日益显著。

当代中国实行社会主义法治，贯彻法律面前人人平等的原则，坚持"有法可依，有法必依，执法必严，违法必究"的统一，不断完善各方面的具体法制建设，为中国特色社会主义保驾护航，成绩不可低估，但仍有许多薄弱之处有待加强。

法制和法治只有在国家存在的前提下才成为发展的条件，将来到了共产主义社会，将与国家一起消亡，代之以新的社会规范。

4. 国家要有高素质的人民

人民是国家的主体，人民素质包括：生理、文化、智慧、团结、组织纪律性、奉献精神等诸多方面。人民素质和国家发展互为条件、互为因果、互相促进。人民素质高，国家发展就顺利；国家发展得好，社会就能够促进人民素质的提高。反之，民弱国就弱，国衰民亦衰。古希腊时期，以雅典为代表的城邦国经济发达，工商业和海外贸易促进了国家强盛，人民有条件发展哲学、自然科学和政治学，探究世界本原，设计政治制度，为国家献计献策。这种良好互动使古希腊得以名垂青史。

勤劳、节俭、智慧、勇敢的中华民族创造了光辉灿烂的中华文明，对世界文明做出重大贡献，赢得各国景仰。近代以来，中华民族在反剥削、反压迫、反侵略的革命斗争中，万众一心，团结奋斗，不怕牺牲，战胜了强敌，获得了解放。中华人民共和国成立以来，尤其是改革开放以来，中国人民锐意进取，努力拼搏，既推动了国家和社会经济、政治、文化的全面发展，也使自身素质得到了全面提高。

当然，从古到今，中国人的素质都是不平衡的。过去有病夫，现在仍有残疾人；过去有文盲，现在仍有文盲还有科盲法盲；过去有奴才，现在仍有奴才甚至洋奴；过去有汉奸，现在仍有卖国贼；过去有鸡鸣狗盗之徒，现在仍有贪官硕鼠甚至窃国大盗；过去有地痞无赖，现在有黑社会；过去有狡诈之人，现在有缺德小丑……除生理素质差的人以外，素质低下甚至恶劣的人所做之事给国家抹黑，给人民丢脸，当事人必须自省自律，国家和社会也要给予惩戒，这样才能保障社会发展和人的发展。

5. 国家要有和平的国际环境和朋友

国际环境是战争还是和平对各个国家的发展有不同影响，这是显而易见的。如果是战争状态，交战双方就要投入大量的兵员、石油电力煤炭等资源、粮食药品武器弹药等物资，还有交通运输等支出，必然会扯社会发展的后腿。即使不参战的中立国也会受到干扰，外贸无法顺利进行，原料进口和商品销售被阻碍。战后，战胜国也需多年才能恢复元气，战败国境遇更惨。如果是和平状态，每个国家都可以不因战争而死人、少花钱、安心生产、贸易顺畅，发展良好。但和平不是幻想、等待、乞求、购买等方式所能获得的，而是靠斗争、博弈、妥协、互利等方式来实现。

当今世界总体上处于和平与发展的时代，对于大多数国家来说，和平更有利于实现自己的国家利益，所以倾向和平。个别国家为了一己之私，唯恐天下不乱，到处煽风点火，浑水摸鱼，成为麻烦和冲突的制造者，使国际局势呈现错综复杂的状况。对于这样的国家，国际社会应予以谴责和警惕。也有一些国家由于内部和外部、历史和现实的复杂原因，陷入长期战乱，面临分裂危险，社会动荡，政局不稳，甚至岌岌可危。所有渴望发展的国家和人民应当引以为鉴。

得道多助，失道寡助。和平的国际环境并不能保证每个国家都能顺利发展，还要看其在国际上的朋友多寡。长期以来中国坚持实行独立自主与和平友好的外交政策，遵守国际关系准则，积极参与国际事务，广交朋友，大力支持其他国家尤其是亚、非、拉等第三世界国家的正义事业，得到了广泛的尊重，同时也促进了自己的发展。

6. 其他条件

以上五个方面都是国家和社会发展的必备条件。此外，还有一些条件也会对国家和社会的发展产生影响，可看作是选择性条件或参考性条件。例如：

社会制度：当今世界存在着许多不同的社会制度，主要是社会主义制度和资本主义制度。不论哪种制度都可以使国家和社会得到发展。西方国家主要凭借资本主义制度在发展；苏联曾在社会主义制度下发展，苏联解体后的俄罗斯在资本主义制度下发展；中国内地在社会主义制度下发展，香港、澳门、台湾在资本主义制度下发展。具体采取哪种社会制度，由该国或该地区的具体情况和人民的选择来确定。符合历史发展趋势，能够最大限度实现人民利益的社会制度，将会具有长久而旺盛的生命力。

领土面积：国家领土面积大小与发展程度没有必然联系。大有大的优势，小有小的长处，大小又各有弱点。有的国家大而强，如美国和俄罗斯；有的国家小而强，如以色列；有的国家大而穷，如印度；有的国家小而富，如北欧各国。中国曾经是个大而穷且弱的国家，领土被帝国主义列强占领和瓜分，今天，崛起的中国正日益成为强而大的国家。

人口与民族：国家是民族共同体，人口是国家形成的前提，当然都很重要。但人口多民族多能发展；人口少民族少也能发展；相同人口和民族的国家在不同历史阶段和不同社会制度下呈现不同的发展状况；同一个国家的人口和民族在不同的国家制度和政策影响下也有不同的发展，如当今中国的民族区域自治制度和计划生育政策所产生的效果。

自然条件：山川秀美、物产丰富、资源多样、气候适宜，这样优越的自然条件无疑会促进国家和社会的发展。但自然条件较差甚至很恶劣的国家通过采用科学技术选择适当生产方式也会得到发展。而如果制度腐朽、领导错误、社会腐败，这样的国家自然条件再好也无法发挥优势，甚至任人宰割。

国家和社会的发展需要条件，作为发展主体的国家和社会尤其是其领导者，必须通过自身努力工作尽量创造又多又好的条件去促进发展，这样才能对得起人民的重托。

（二）个人发展的条件

1. 生理条件

马克思恩格斯指出："任何人类历史的第一个前提无疑是有生命的个人的存在。"[①] 这简单淳朴的真理对人们有哪些启示呢？

启示之一，必须感谢父母的养育之恩。是父母给了我们生命，母亲为子女经历十月怀胎之辛苦，又经历了生育过程的危险和剧痛，以及哺育抚养漫长过程的巨大付出；父亲同样为子女的成长操心费力。父母为子女所做的贡献奠定了子女孝敬父母的基础，古往今来，

---

① 马克思恩格斯选集（第1卷）[M]. 北京：人民出版社 1995，67.

孝成为中华传统文化的重要理念和为人准则，也是社会对个人的评价标准之一。现代人既要继承孝的传统，又要实现孝的现代化，处理好孝与顺的关系，探讨具有时代特征的尽孝方式。

启示之二，必须爱护生命。首先要爱护他人生命，不能杀人（战争或依照法律对罪犯执行死刑者除外）；其次要爱护自己生命，不能自杀。改革开放以来，由于各种原因，中国社会自杀现象在增长，自杀者的年龄在下降，其中包括研究生、本科生、中学生、甚至小学生，令人痛心。所以，相关部门和人员应当对青年学生加强生命教育，加大保护力度，引导学生打消自杀意识，对导致学生自杀的人或事要严厉追责，对制造校园或校外以学生为对象的惨案的凶手要严惩不贷。自杀的类型多样，有宁死不屈型、与敌人同归于尽型、自我解脱型、畏罪自杀型，等等。自杀者或者被人敬佩和纪念，或者被人争议或嘲笑。当今社会，由于各方面条件的变化，一般来说，自杀行为是不值得提倡的。

启示之三，不能当叛徒。不能因为生命是发展的前提就以保命为由当叛徒。当了叛徒的人暂时保住了自己的命却害了许多别人的命，与直接杀人犯没什么两样，而且自己的命也长不了，自己原先这一方会千方百计除掉他，后投靠的一方在其价值用尽也会将其处理掉，所以，古今中外叛徒没有好下场。

启示之四，必须珍惜健康。健康与生命直接相连，健康与否制约着发展状况，残疾人与健全人相比、患病之人与无病之人相比，要经历更多的曲折性；同一个人患病之时和无病之时也不一样，如果患了重病或长期慢性病，就可能被迫离开原来的岗位或职位，个人发展就会受到影响。"年轻时拼命干，拿健康去换钱；老年后跑医院，拿钱买健康"，这样的想法和做法既是错误的又是有害的。珍惜健康就要告别不健康的生活方式或生活习惯（如嗜烟酗酒、长期熬夜、起居不规律），尽量不做危害健康的傻事（如盲目减肥、整容），科学养生、科学锻炼、科学治疗。珍惜健康还不能只顾自己，也要珍惜别人的健康，不做危害别人健康的坏事（如公共场所不吸烟、爱护公共卫生等），尽其所能促进别人健康（如护理病人）。

2. **心理条件**

良好的心理与健壮的身体一样，也是个人发展的条件。兴趣被称为最好的老师，是个人进行研究和探索的心理基础，个人对某种事物或某个问题有浓厚的兴趣就会凝聚力量、投入大量时间和精力,自然就会有许多收获。"动机是推动人行动的内在力量,它是引起和维持个体行为、并将此行为导向某一目标(个人需要的满足)的愿望或意念。动机是人的活动的推动者,体现着所需要的客观事物对人的活动的激励作用。"① 积极的幻想可以推动人设计发展蓝图和发明创造,热烈的情感和乐观的态度帮助人对自己从事的事业抱有信心,顽强的意志和坚定的信念帮助人克服困难排除障碍。(前文已述,心理因素也是个人发展的一种原因和动力。)

人与人之间心理方面的差别也会导致发展程度的差别。曾有国外富翁指出,穷人与富人相比,缺少的不是金钱或机会,而是使自己成为富人的野心。这话对错可以讨论,却也表达了心理因素在个人发展中的作用。

但是,良好的心理因素并非天赋,而是实践的产物,是个人所受教育和自我磨炼的结果。这就要求教育者,包括家长、教师、社会培训机构、单位领导,要采取科学的教育方法培养受教育者的心理因素,也要求作为发展主体的个人主动自觉磨炼,对当代中国青年来说尤其要提高抗挫折的心理能力。

3. 知识条件

"知识就是力量",英国近代唯物主义哲学家弗兰西斯·培根的原话是"人的知识和人的力量结合为一,达到人的力量的道路和达到人的知识的道路是紧挨着的,而且几乎是一样的。"② 这一卓越的思想被概括成上述简明的口号,几百年来对科学和人类的发展起到了巨大推动作用,至今对每个人的发展仍有重要的启示:

第一,知识是真理的凝缩,是人类经验和智慧的总结,拥有知识是人与动物的重要区别,是人的优良素质的组成部分和具体表现,所以,苏格拉底才说,知识就是美德,无知就是罪恶。

第二,书是知识的载体,读书是学习的基本方式和获得知识的主渠道,当前虽然出现了电子书,但仍要以纸质书为主,"书到用时方恨少",知识永远不嫌多。"书山有路勤为径,学海无涯苦作舟。"当代中国人,尤其是青年人,必须排除读书无用论的干扰,苦读书,

---

① 宋书文. 心理学词典 [Z]. 南宁:广西人民出版社 1984,85.
② 全增嘏. 西方哲学史·上册 [M]. 上海:上海人民出版社 1983,451-452.

读好书，争取早日成为有用之才。

第三，知识无限，人生有限，必须处理好专与博的关系，集中精力汲取与自身实践和理想最贴近的知识，并把高、精、尖的系统知识转化成高强的能力，然后再旁及其他，尽量掌握更多的科学知识、政治知识和生活知识，促进自身全面发展。

第四，知识是力量，力量有二重性，要用知识去创造人生奉献社会，不能坑人害人（学会数学和会计知识不能做假账，学会化学不能制毒投毒，等等）。

第五，知识是武器，武器必须创新。当代人要在继承原有知识的基础上努力创造新知识、新工具和新武器，才能适应新形势新需要，登上发展的新台阶。

4. 人脉条件

人脉是近年社会流行的新名词，指的是良好的人际关系。每个人都是社会的人，每个人的发展都是在社会中、在与他人的交往碰撞中进行，国家发展需要朋友，个人发展也离不开朋友。在发展过程中，个人的需要是多方面的，个人能力是有限的，必须靠朋友来弥补个人之不足。"一个篱笆三个桩，一个好汉三个帮"，这句俗语形象而深刻，并被许多史实所证明。

刘邦得张良、韩信、萧何等人帮助才夺得天下；刘备文靠诸葛亮、庞统，武靠"关、张、赵、马、黄"，这才能够在三国群雄中独树一帜，三分天下得其一；水泊梁山既拥有军师、大将，又有医生、铁匠，甚至小偷等各式人才，宋江才能稳坐交椅，与朝廷叫板；朱元璋借助徐达、常遇春、刘伯温等人的力量而从乞丐变为皇帝；凡此种种，不一而足。

再比如，马克思得到恩格斯方方面面巨大而长期的帮助才能成为举世公认的伟大思想家；恩格斯在各国革命者中得到广泛尊重而成为国际共产主义运动的领袖；毛泽东得到朱德、周恩来、刘少奇等老一代革命家的支持才开创了自己在中国历史上的丰功伟业。

普通人也需要亲戚、朋友、熟人、伙伴等相帮扶衬，才能事业有成，生活快乐。当今社会，流行各种"圈子"，如学术圈、商业圈、演艺圈等，若没有足够的人脉或"粉丝"，则思想没有共鸣，买卖难以做成，表演无人喝彩，生活冷冷清清。具有良好的人脉的人往往心情愉快，事业顺遂，增加发展的机会，减少障碍和曲折，如果再有较高的地位或较大的权力,甚至可以在一定领域内呼风唤雨、叱咤风云。

但是,人际关系应当有质的规定,不能只看表面现象。良好的人际关系应当是肝胆相照、情谊深厚、真心互助,彼此都走正道、干正事,而不是狐朋狗友、酒肉之徒、私利当头、斤斤计较、追腥逐臭、互相勾结、共同堕落。

人脉是个人发展的条件,人脉的形成本身也需要一定条件。包括:个人素质是否优秀、能力是否强大、能否礼贤下士、宽宏大量、感召力亲和力怎样、值不值得追随、追随者与被追随者是否有共同的理想目标或利益,等等。良好的人脉不仅能促进个人发展,本身也是发展的表现或成果。

5. 国家条件

个人发展与国家的发展紧密相连,国家的发展状况直接影响个人发展。

国家状况制约着个人发展的目标。当"九百六十万平方公里的国土放不下一张安静的书桌"时,国家的命运决定了当时中国人的使命是救亡图存,个人发展的目标就是要掌握杀敌救国的本领,于是有许多人投笔从戎,参军参战,走了一条由战士到将军的发展道路;当中华人民共和国成立,经济建设成为国家主要任务时,大量人口涌入工厂成了工人;当国家和社会由计划经济转向市场经济时,又涌现出数不清的下海经商的弄潮儿;当国家和社会强调文凭时,许多人为学士帽、硕士帽、博士帽而努力拼搏;当领导干部地位显赫时,千军万马挤上了公务员的独木桥……

国家的国际地位制约着个人的社会地位。当中国被帝国主义侵略、瓜分、占领时,中国人被奴役、被侮辱,被称为"东亚病夫",在自己国家的许多地方被限制,"华人与狗不得入内",中国人在国外不敢称自己是中国人,许多华侨在国外甚至被欺被杀;当中国崛起强大时,中国人以祖国为自豪,许多人到世界各国经商办厂,旅游度假,除个别品行恶劣者外,多数中国人受到了外国人的尊重和礼遇,华侨在所在国的地位得到提高。

国家政策影响个人命运和发展方式。当国家决定取消各种极"左"的政治限制,不再强调阶级出身和家庭成分并平反冤假错案时,许多人感到获得了第二次解放;当国家允许一部分人先富起来时，许多人八仙过海各显其能；当国家承认私营经济地位和作用时，个体户如雨后春笋；当国家鼓励个人投资时，股票证券热闹非凡，甚至有许多股民变成了股疯；当国家同意发行有奖彩票时，许多人蜂拥而上，倾囊而出，甚至挪用公款，梦想一夜暴富；当听说国家要征收房产税时，售房广告几乎贴遍了大街小巷；当国家放开生育限制时，许多家庭开始重新设计发展规划……

6. 其他条件

以上五个方面是个人发展的必备条件，此外，与国家和社会的发展一样，个人发展也有一些选择性条件或参考性条件。包括：

①财产：

人们都认可一句话："金钱不是万能的，没钱是万万不能的。"有钱能办很多事，钱越多能办的事就越多、越大、越好，对个人发展来说当然就更有利。但无数事例说明，没钱而有智慧和能力照样能发展，白手起家通过艰苦创业而致富者比比皆是。如果自己无能，又笨又懒，守着父母留下的金山银山，只消耗不创造，早晚也会坐吃山空。

有房没房，有车没车，当然影响个人发展，有车有房，安居乐业，心里踏实，行动迅捷，还对婚姻有利，令人羡慕；但没房没车也不过是增加一点发展中的困难和不方便而已。发展顺利，这些东西将从无变有，发展不顺利，也会从有变无。所以，财产丰厚自然可喜，但拥有者要善于应用，缺少者也不要唉声叹气，一切取决于个人努力。

②身份：

有没有政治身份，会对个人发展产生影响。如果要当公务员，或在高校当学生辅导员，是共产党员者会被优先考虑；如果去外企或民企乃至独立经商，党员就不是必备砝码。有时，加入某个民主党派也可能发展更快。什么党派都不是的无党派人士也可以照常发展，在某个领域开辟一片属于自己的天地。是否入党、加入何党何派，取决于个人信仰和选择，每个党派只能号召和引导而不能强迫。任何党派都不能把自己变成全民党，但任何人都要走自己的发展道路。

有没有社会身份，也会影响个人发展。当官与老百姓、管理者和被管理者，社会地位不同，发展也有差别。表面看，当官的高高在上发号施令，被管的唯唯诺诺俯首帖耳，但在健全的法治社会里，当官者要有更高的素质，要受到更严格的监管，要承担更繁重的工作和责任，发展目标只能是逐步上升，心理压力可能更大。老百姓无官一身轻，可能有更大自由。

③职业：

人类需要的多样性决定了社会分工和职业的多样性，既然每种职业都是人类所需要的，那么每种职业就都要有人去干，各种职业互相之间应当是平等的，从事不同职业的人也应当是平等的。在社会主义制度下，人们只有分工不同，没有高低贵贱之分。三百六十行，行行出状元，每一行的状元都受社会的尊重，都标志着个人发展的成功。个人不论是当工人、农民、教师、军人、演员、运动员、商人、医生、律师、殡葬工、清洁工……人人都有发展的前景，人人都有存在的价值，人人都有出彩的机会。

当然，不同职业对人的各方面要求不一样，每个人在职业上的付出与其他职业不一样，发展程度也有差别，从事同一职业的人在工作质量和数量、取得成绩的快慢多少等都有所不同，个人应当根据自身的能力、爱好和需要做出适当的选择。

④学历：

学历标志着人受教育的程度，拥有不同学历的人在知识和能力方面应当有所差别，伴随着知识经济时代的到来，社会对学历和文凭的要求日益提高，这是很自然的进步现象。从个人角度来说，拥有什么样的学历和文凭表明自己站在了什么台阶，获得了多大的发展空间，具备了今后发展的何种潜力和被社会所接受的资格，所以，高学历和高文凭是个人发展的重要条件，应当成为个人追求的目标。

但是，高学历和高文凭并不是个人发展的唯一条件也不是最重要条件，没有这些也照样可以发展得很好。马克思并不是因为有博士学位才成为革命导师；恩格斯没上过大学也成了革命导师；毛泽东以中专师范生学历成为中国革命领袖；比尔·盖茨大学没毕业却成为世界首富，当今世界和中国有数不清的高学历者在为低学历甚至无学历者打工。

当代中国社会，学历和文凭曾经受到过盲目推崇，不论是正规军还是游击队土八路（指电大、业大），只要有张毕业证，找工作就比较顺利，在职人员也克服种种困难去读函授，一张函授大专证书就可以使小干部得到提拔。由于在干部任用上文凭越来越重要,官员们对硕士和博士趋之若鹜,于是乎,中国博士数量获得大发展,几年前就已成世界第一博士大国,与此同时,学历造假的丑闻层出不穷,官员读博饱受争议,谁是真博士,谁是假博士,当事人心知肚明。

物以稀为贵,供大于求的东西必然贬值。由于数量太多,近年来研究生的就业率一直低于本科生。今年的"两会"代表中有人说,现在研究生已经泛滥成灾,研究生不如本科生和大专生。"学历不等于能力,文凭不等于水平",这已成为人们的口头禅,也是用人单位的招聘观念和对应聘者的告诫,这种说法当然对在读学生形成了精神压力。

⑤家庭:

家庭因素也是个人发展的重要条件。如果一个家庭经济实力强、社会地位高、父母素质优秀并且对子女态度好、教育方式科学,那么,子女的发展肯定会顺利得多,在与此相反的家庭中子女的发展就会经历较多的曲折。然而,"自古英雄多磨难,从来纨绔少伟男","宝剑锋从磨砺出,梅花香自苦寒来",家庭条件作为外因必须通过内因而起作用。家庭的优劣对个人发展各有利弊,包含着向对立面转化的趋势。条件优越的家庭如果教育不当或者溺爱,子女就可能养尊处优,不求上进,成为一事无成的寄生虫甚至罪犯,给家庭带来耻辱和损害。条件不好的家庭如果教育得当或者子女本人胸怀大志踏实努力,也会成为国家栋梁或社会英才,给家庭带来荣耀和幸福。古往今来,这样的事例俯拾皆是,在当代中国青年学生中屡见不鲜。

但是,也有一些人(包括子女和家长)对家庭条件的认识存在偏差和错误,认为家庭状况可以决定子女前途,家长有钱、有权有势就可保证子女终生享福。岂不知一切均在变化中,富有的家庭一夜之间就可能倾家荡产,显赫的家长昨天还是高官今天就可能成为囚徒,子女如果一切依赖家庭岂不前途渺茫?贫困的家庭也会改善,平凡的家长也可能当官,这种家庭中的子女没有理由自暴自弃、怨天尤人。

目前有些中国青年信奉"学得好干得好不如嫁(娶)得好",这是一种肤浅的认识或没出息的想法,否定了自己的主体性,学得好干得好属于内因，本领存于自身，终生受用。嫁（娶）得好是外因，只能得济于一时，当事人还可能需要忍受欺负和羞辱。脱离爱情，以外在的东西为标准，这样的婚姻焉能久乎？

总之，个人的发展需要许多条件，条件不同，发展状况就不同。作为发展主体的个人应当努力创造有利条件，克服不利条件，区分必备条件与选择性条件，正确对待那些选择性条件，实现个人的科学发展。

四、发展的过程性和阶段性

前文已述，恩格斯认为过程性是一个伟大的思想。国家和社会及个人的发展也是一个过程，过程又由阶段所组成，前后阶段相连接构成一个完整的过程。

（一）关于过程性和阶段性的理解

1. 哲学史上的理解

在西方哲学史上，古希腊的芝诺提出："飞矢不动"的著名命题，夸大了事物的静止，否认了运动，也就是否认了事物的过程性。中国古代的董仲舒主张"天不变，道亦不变"，也犯了同样的错误。近代德国的莱布尼茨在主张"自然没有飞跃"时提出了"连续律"，强调事物的过程性，却又否认了事物的质变。中国庄子主张"方生方死，方死方生"，又走向另一个极端，强调了运动和质变，取消了过程。

18世纪法国哲学家狄德罗认为："一个人或动物逐渐形成的情况，就只有用物质的因素来说明，这些物质因素逐步产生的结果便是一个迟钝的生物，一个有感觉的生物，一个有思想的生物，一个解决岁差问题的生物，一个卓越的生物，一个奇妙的生物，一个衰老、萎弱、死去、消解而化为腐土的生物。"① 这段话既显示了他的唯物主义立场，又揭示了人类或个人生命发展的过程性和阶段性，生动而有趣。

德国康德提出的星云假说认为，地球和整个太阳系表现为某种

---

① 十八世纪法国哲学[M]. 北京：商务印书馆1963，365.

在时间的进程中逐渐生成的东西，地球上的气候、植物和动物也一定是逐渐生成的东西。黑格尔详细论述了质量互变规律，说明了量变和质变的区别和联系，主张间断性和连续性的统一，突出强调质变是"渐进过程的中断，是飞跃"。

马克思明确提出社会经济形态的发展是一个自然历史过程的思想。恩格斯把黑格尔的过程性思想看作是哲学的革命性质和真实意义，认为过程性是一个伟大的思想，自然界也有自己的时间上的历史，天体和有机物种都是有生有灭的，宇宙是无限的进步过程。"植物、动物，每一个细胞，在其生存的每一瞬间，都既和自己同一而又和自己相区别，这是由于吸收和排泄各种物质，由于呼吸，由于细胞的形成和死亡，由于循环过程的进行，一句话，由于无休止的分子变化的总和，这些分子变化形成生命，而其总的结果则一目了然地出现于各个生命阶段——胚胎生命，少年，性成熟，繁殖过程，老年，死亡。"①

毛泽东不但提出"总的量变过程中存在着部分质变，质变过程中有量的扩张"，而且认为"发生、发展、消灭是一个过程的事，不是三个过程。固然发生又表示上一过程的消灭，而消灭又表示下一过程的发生，然而，每个过程都有这三个阶段，不是说三个过程"。② 这种观点把过程性与阶段性统一起来，深刻揭示了二者的关系，把过程性的思想向前推进了一大步。

2. 过程性和阶段性的原因和表现

首先，发展主体的完善是一个过程。每一个新的国家和社会在刚刚形成时都存在着许多缺陷，制度和法律以及政府机构部门都不健全，工作人员数量不足质量不高，路线、方针和政策尚在酝酿，旧的社会秩序被破坏而新的秩序尚未建立，社会关系还未理顺，社会成员还在观望和犹豫，不知应当以何种态度对待这个新国家和新社会，社会生产活动还缺乏良好的组织，做任何事情都要摸索进行，这一切表明发展主体面临的任务的艰巨性和长期性，需要一定的时间才能把各种事情办好。在此后的发展中，国家和社会也要不断完善自己，这都需要很长的过程并要经历若干阶段，才能成长起来并

---

① 马克思恩格斯选集（第3卷）[M]. 北京：人民出版社 1995，537.
② 毛泽东哲学批注集 [M]. 北京：中央文献出版社 1988，385.

得到巩固。一个人,作为胚胎在母体中经过孕育过程然后诞生,又经历若干阶段走完自己的一生,一直处在逐渐完善之中。像《封神榜》中哪吒那样,一出生就会说话和打架的人只能存在于神话里。

其次,发展障碍的克服是一个过程。从国家和社会的角度来说,外在的障碍突出表现为敌国的威胁和侵略。如社会主义苏联在十月革命胜利后遭到十多个国家的武装干涉,社会主义的中国在建国初期遭到美国侵朝的威胁和美国军舰在台湾海峡的阻隔,以及相当长时间一些国家对中国的孤立和封锁。即使在今天,这种外在的敌视和威胁也未消失,有时还愈演愈烈。这就需要通过长期的外交斗争与之周旋,并发展国防与之抗衡。内在的障碍也很多,如各种敌对势力的破坏、旧的传统势力的阻挠、各项事业面临的资金、技术、物资、人才等方面的困难、主体自身能力的欠缺,等等。要克服这些障碍同样需要很长的时间。一个人诞生以后要逐渐学会吃饭、说话、走路、摔倒后爬起、上学、工作等各种生存本领,才能使自己发展起来,在这一过程中也会有数不清的各种障碍等待个人去克服。

再次,主体能量的释放也是一个过程。每一个国家政权或社会制度作为上层建筑,其存在的根据和能量的来源在于它与经济基础和生产力的相适应性,它的能量是在其存续期间通过为生产方式服务而显现出来的,能量的释放有时间持续性和空间延伸性,初期很多很远很强大,到达顶峰后开始衰落,越来越少、近、弱。在中国古代,周王朝代替商王朝,由于在一定程度上是顺应了生产力的发展要求和人们的愿望,所以得到了人们拥护,以弱胜强,以少胜多,建立了自己的统治,分封建国,覆盖了广大地域,社会得以发展。而到了后期,能量释放殆尽,在春秋战国时期被逐渐强大起来的分封国所淹没。近代,满人入关后建立大清王朝,克服了明朝的一些弊端,开疆拓土,革故鼎新,也曾强大一时,但由于封建制生产关系已经腐朽,清王朝后期在强敌侵入、国内革命频发的形势下已无能量可言,虽然苟延残喘,最终也不得不退出历史舞台。作为发展主体的个人也是如此,其生命力即能量的释放经历了童年——青年——老年诸阶段,由弱到强又由强到弱以至消失,每一个阶段又各有特点,如童年的弱是脆弱,会在今后逐渐强大,而老年的弱是衰弱,不会再由弱到强,只能走向生命的终止。

（二）个人发展的过程性和阶段性

每个人从生到死是一个总的量变过程，按照年龄的变化可以分为若干阶段，每个阶段都有不同的发展特征，也显露一些社会问题。

1. 童年时期

这个时期是人生的起步时期，主要任务是健康成长，古今中外皆如此。这个时期的孩子，用法律术语来说是无行为能力人或限制行为能力人，用哲学术语来说尚不具备主体的资格，生理发育服从自然规律，社会性的成长要靠家长及幼儿园和小学的老师来培养。在培养方面，中国的城市和农村、发达地区和落后地区，富裕家庭和贫困家庭、文化程度高的家长和文化程度低的家长，表现出各种差别；同一城市、同样富裕、同样文化的家长，由于理念和方法不同，对孩子的培养也不一样，从而使孩子之间从小就表现出较大的差别。目前，在大城市，如何科学地培养孩子已成为社会各界热烈争论莫衷一是的话题。

"再穷不能穷孩子"与"再富不能富孩子"哪个正确？是让孩子经历艰苦磨炼还是让他幸福得一塌糊涂？保姆式的抚育与"虎妈狼爸"式的教育哪个科学？"不能让孩子输在起跑线上"，这个口号有道理吗？输与赢的标准是什么？合理吗？亚里士多德主张 5 岁以内的孩子不应承担任何学习任务，中国却把幼儿教育小学化，谁对？谁错？

2. 青年时期

青年时期是人类生命的黄金时期也是个人发展的黄金时期。青年人身体强健，可以在体育运动中大显身手；精力充沛，可以从事繁重的劳动；思维活跃，勤于思考并提出新问题；受传统影响较少，愿意接受新事物。这都构成了个人发展的有利条件。正如毛泽东所言，青年人朝气蓬勃，正在兴旺时期，好像早晨八九点钟的太阳，希望寄托在你们身上。在青年时期中，中学和大学主要是学习知识掌握本领，研究生则要在原有基础上有所创造，在创造中学习，在学习中创造，走上工作岗位以后也要勇于创新。青年时期是人类创造能力最旺盛的阶段，人类历史上的科学新发现、社会演变中的光辉业绩，绝大多数都是青年人的创造。在中国当代科学家的队伍中有许多青年人的身影，许多重要科研工程项目（如载人航天）是由青年人挑大梁，这是中国人的骄傲，也预示着中国的未来。但是，年龄不等于发展，青年时期只是为个人发展提供了某种可能性，要把可能变为现实尚需青年人努力奋斗。如果浪费青春，虚度光阴，最后就会"年少不努力，老大徒伤悲。"

3. 中年时期

中年时期是人生发展的关键时期。中年人经过青年时期的奋斗，到这时已经在事业上有所成就，或者是大成或者是小成，一般来说都拥有了一定的发展平台，在社会上占有了一席之地（当然，不同的中年人由于素质、机遇、努力程度等原因而发展不同，但终究是有所收获的。）另一方面，中年人生理开始退化，疾病频发；心理虽然比青年成熟，但包袱也很多、很容易患得患失；经过多年努力已成为单位的领导或骨干，地位显赫，业绩突出，但也压力大、付出多、负担重，身心疲惫，危机潜伏，经常有人因过度劳累导致伤病甚至英年早逝。中年人又是家庭的顶梁柱，想要在上有老下有小的情况下把各方面都照顾好，确实不易。所以，中年人必须对自己的全部情况有比较详细的掌握，从实际出发制定今后的发展规划，要量力而行，不应勉为其难。自从当年著名科学家蒋筑英不幸去世以后，党中央和国务院高度重视对中年知识分子的保护工作，制定了相关政策，形成了广泛的社会舆论，各地区各单位也采取了各种保障措施，取得了较大成效。社会在关注，中年人才自己也应照顾好自己，健康地生活和工作，于己于国均有利。

4. 老年时期

老年时期是人生的特殊时期。老年人的生理心理和活动内容及方式与过去有很大区别，生理上普遍体弱多病，仍然身强力壮者极少；心理上普遍有失落感，觉得自己即将退出历史舞台；从衣着打扮到日常行为都显现"老"的特征。但同样是老年人，彼此也有差别。有的老科学家、老教授、老医生，按照相关规定可以终身不退休，虽然已超过退休年龄界限，仍在继续从事科研、教学、医疗等事业，同时指导学生、著书立说；有的老干部退而不休，继续为单位工作献计献策，热情扶持年轻干部；有的老工人不辞劳苦，不计报酬，继续关心企业，以厂为家；还有许多老人主动从事第二职业，或者为了增加收入补贴家用，或者为了延缓衰老而找事做，或者为了发挥一技之长证明自己价值；等等。这些老人都在以与众不同的方式继续着个人的发展之路，值得称赞和敬佩。在中国的城市中还有一些特殊老人即清洁工，他们为了减轻子女负担，或为了维持自己生活，每天起早贪黑，风餐露宿，从事着又脏又累的工作，还要冒生命危险，经常有人遭遇车祸，有时还要受到品行低下者的侮辱。这些老头儿老太太是当之无愧的城市美容师，也是为子女做出榜样的好父亲好母亲，包括子女在内的所有社会成员都应对他们表示尊敬和爱心。据媒体报道，有的城市的临街商铺、银行、饭店等为清洁工设置了休息处，提供热水，帮助热饭，还有饭店老板设置固定服务处，免费为清洁工提供早餐并且不留姓名，这些报道令人欣慰，感到了社会的温暖。

（三）过程性和阶段性对个人主体的要求

国家和社会及个人的发展都是过程性和阶段性的统一，这是通过大量现象表现出来的客观规律，这一规律对个人主体提出了以下要求：

1. 科学态度与实干精神相结合

所谓科学态度就是要认识到发展的过程性，对每个具体事物的发展不急于求成，想法和做法不要脱离实际。例如，国家要实现全面建成小康社会的目标，要建设社会主义法治国家，要完善社会主义民主政治，要清除腐败，这些重大事情不可能短期内全部办好，要理解党和政府的战略部署。今年的政府工作报告对新一年的改革任务作了具体安排，分解到具体部门，制定了路线图和时间表，令人鼓舞。但是像人民群众普遍关心的事情，如合理分配教育资源，延迟退休，户籍制度改革，完善社会保障制度等，都不可能一蹴而就，必须分阶段按步骤进行才能取得良好效果。

所谓实干精神就是在认清规律的基础上发挥主观能动性，踏踏实实做好每个人的工作，为总目标的实现做出应有的贡献。目标要在过程结束才能实现，但人在过程的开端就要努力，上面所言各项大事都要从现在做起，不能等、靠、要，而要一步一个脚印地前进，积跬步而致千里，积小成为大成，积量变为质变。个人对待自己的事情也应如此，力戒空谈，积极行动，必有收获。

2. 批判精神与历史眼光相结合

所谓批判精神就是要用批判的观点和方法看待现实，就是要不满意、不知足；就是要挑毛病、找缺欠。所谓"知足常乐"的格言其实是一种自我欺骗和麻醉。因为知足就会停下奋斗的脚步，就会被别人超越，又怎能乐得起来？只有及时发现缺点，不断地否定过去，大胆开创未来，才能不断进步，才能获得胜利的喜悦。当今中国，国家比过去富强了，人民比过去幸福了，但与发达国家相比还有很大差距，自身还有许多弱点和问题，没有任何理由停滞不前，没有任何根据沾沾自喜，必须清醒地面对现实，坚定不移沿着改革之路走下去。

所谓历史眼光就是要看到发展的过程性和阶段性，要把宏观目标与微观目标、长远目标与当前目标结合起来，既要有长计划又要有短安排。要从全局来思考局部，要从过程来安排每个阶段，尤其要重视阶段性目标的确定和实现。因为全过程的总目标可能太宏大，容易使人丧失信心和勇气，从而放弃追求，而阶段性目标比较符合实际，实现过程中困难不大，反而容易增强人的信心。如果经商之人都以成为世界首富为目标恐怕会终生痛苦，而如果只以增加财富为目标则可能每天都高兴地数钱。如果从政之人都以成为国家最高领导人为目标恐怕会时刻烦恼，而如果只以迈上一个台阶为目标则每隔几年就会有收获。如果为学之人都以名垂青史为目标恐怕会一无所得，而如果只以写好一篇文章搞好一项研究为目标则可能一鸣惊人；等等。阶段性目标是通往全过程目标的桥梁，所以，个人在发展中不要幻想一夜暴富、一夜高升、一夜成名，不能只好高骛远仅靠走捷径，还是按规律办事为好。

3. 重视过程与重视结果相结合

在事物的发展和人的发展中，是过程重要，还是结果重要？辩证法的回答是都重要，要具体问题具体分析。

在求学的事情上，过程和结果都重要，只有经历国家规定的学习过程并考试合格才能得到毕业证书和学位证书，学历代表过程，证书代表结果，二者对学生都有重要价值。现实中，有的学生交了学费也上够了学年却未能得证，可能是自己没学好，考试未达标；也可能办学机构蒙骗，两种情况学生都受损。

在科研的事情上，科研的过程是探索客观规律，寻找事实真相，探讨科学方法，科研的结果是找到规律，认清真相、掌握方法，二者对人类来说当然都重要。没有艰苦的过程就没有甜蜜的果实，而没有理想的结果既造成时间和精力的浪费也影响个人声誉，所以，二者对科学家来说也都重要。

在生产活动中,其过程是制造工农业产品,其结果是成品,只有按照客观规律和操作规程完成生产过程,才能得到合格的产品,否则就是废品,过程决定结果,结果影响生产者的命运。

在军事斗争中,一场战役包括侦查、制定战略计划、各部门充分准备、指挥员、战斗员、后勤保障人员各尽其职,才能取得胜利,实现战争目的。

在商业活动中,当事人必须经历遵循规律、遵守法律和道德而进行的生产、销售、服务等活动过程,才能赚到钱。

在从政活动中,官员必须遵章守纪、依法行政,优质高效地完成工作职责,才能得到人民拥护、领导认可、获得提拔。

在恋爱中,双方必须经历互相了解甚至互相考验的过程,才能互相认可,牵手走进婚姻的殿堂。

以上事例都证明过程和结果同样重要,作为发展主体的个人必须同样重视,不可偏颇。

在人的一生中,过程比结果重要,因为最终结果是死亡,任何人都无法逃避,而每个人经历过程却不同,因而对个人来说更有意义,人应当努力创造各方面条件,为自己设计一个最有特色最有效益的人生过程计划并贯彻实施,使自己渡过幸福的一生。

人究竟应当追求什么样的人生?什么才是最理想的人生?这是仁者见仁、智者见智的问题。是追求轰轰烈烈,还是觉得平平淡淡才是真,每个人都有权利做出自己的抉择,并通过抉择反映出自己的价值观和人生观。但都应当抱有积极乐观的态度。宗教人生观对人影响很大,基督教讲原罪,伊斯兰教讲顺从,佛教讲忍让,道教讲超脱,都是不可取的消极人生观。

过程与结果本来是紧密联系相互制约的关系,但当今中国社会却存在着许多人为把二者割裂开来的现象:

家长和学校在培养孩子时忽视过程而拔苗助长,导致孩子不堪重负,以各种方式逃离或反抗;考驾照的人忽视过程只要结果,于是出现许多马路杀手;谈恋爱的人舍弃过程只要结果,于是闪婚闪离;写文章写书的人放弃研究和思考的过程,于是制造大量文字垃圾;搞科研的人逃避辛苦,于是学术造假、成果剽窃;从政的人不愿经历长期奋斗,于是行贿受贿跑官要官;从事种植、养殖活动的人为多赚钱早赚钱而人为缩短农作物和家禽家畜的生长过程，于是导致肉不香果不甜；搞统计调研的人放弃过程，于是收集甚至编造一堆虚假数字；产妇为躲避自然分娩而主动要求开刀，医院图省事又多赚钱而推波助澜……

发生这些现象的原因是利益驱动，其结果是害人害己，当事人应当警醒，早归正途。

五、发展的矛盾性

"矛盾构成事物，世界充满矛盾，矛盾就是对立统一，矛盾有同一性和斗争性、普遍性和特殊性，矛盾分内外、主次，矛盾是事物发展的动力。"这些遍布各种哲学教科书中的矛盾学说早已成为多数中国人的理论常识，高中以上学历的人至少学过两遍或三遍。但从理论到现实还有距离，只有认真研究人类社会的具体矛盾，才能把世界观与方法论统一起来，才能证明和发挥理论的实践价值。

（一）国家和社会发展中的矛盾

这个题目太大、内容太多，非本书所能驾驭，更何况国家领导人早已做过详细而权威的论述，各部门领导和专家也皆有高见，这里只作简单概括，以此证明社会辩证法的普遍性而已。

1. 过去、现在、将来之间的矛盾

这是一种纵向的矛盾。每个国家和社会自形成之日起就开始了自己的历史，一般来说又有现在和将来，三者之间具有相互制约的矛盾关系。过去是现在的基础，现在是过去的结果，又是将来的基础；过去影响现在，如果基础雄厚，现在的状况当然比较好，发展就会顺利一些，反之，现在的发展就会遇到许多困难；现在影响将来，起点不同发展也会不同；将来作为现在的发展目标制约着现在的努力方向和程度。过去——现在——将来体现了现实——可能——新的现实的转化。

事物是复杂的，矛盾关系是可以变化的。一个国家或社会，过去好，现在未必就好，现在好，将来也不一定好，反之亦然，昔日的辉煌今天可能早已衰败，今天的繁荣可能潜伏着明天凋零的种子。当年领先世界的古希腊和古罗马只剩下些许遗迹供游人去观赏和唏嘘，当年毫无踪影的国家目前却在世界称霸。并非所有的国家和社会都顺着过去——现在——将来的链条而延续，真正拥有这一链条的并不多。在人类历史的长河中，一些国家出现了，一些国家灭亡了，一些国家变样了（领土大小有变化、世界地位有变化），犹如大浪淘沙，好比沧海桑田。

中国是拥有过去——现在——将来链条的少数国家之一，中华文明上下五千年（近年有人说应为一万年），历史悠久，文化博大精深，引起世人惊羡。从古到今，经历过繁荣富强、万国朝贺，也经历了贫穷衰弱、列强践踏。五千年来，光荣与屈辱并存，骄傲与自卑共在。丰厚的历史，既为中国的发展不断地夯实基础，也使中华民族背负沉重的包袱而步履艰难。

上世纪 90 年代，当时的美国总统克林顿访华，中方安排他先到西安后到北京，于是有人说，这是中国给美国人上一堂历史课，因为西安古迹甚多，走路踢出一片破瓦都有几千年历史，只有区区 200 多年历史的美国在中国面前岂不就是小学生？这种说法和反映出的心态实在可笑！美国的富强世人皆知，中国历史上的贫弱也世人皆知，对过去的自我陶醉丝毫改变不了依然较弱的现实。美国的历史书比中国薄，历史典故比中国少，但其实力比中国厚，现代发明创造比中国多，这难道不是事实吗？

"忘记过去就意味着背叛。"列宁的话有道理。但中国人牢记自己历史时，既要记住优点以便发扬，也要记住缺点以便改正。如果只记得"祖上曾经阔过"，这样的现代阿Q恐怕很难存活。在处理过去——现在——将来的矛盾时，既要反对历史虚无主义，又要反对空想主义，继承优良传统，制定宏伟蓝图，努力做好现在，开创美好未来。

2. 经济、政治、文化各领域内部和相互之间的矛盾

这些领域是社会的基本领域，其中的各种矛盾都是关系到国家和社会发展的重要矛盾，因此也受到党和国家及地方领导的高度重视，在中国共产党历次代表大会上的报告中、在全国人大历届的政府工作报告中、在党中央全会和国务院常务会议上，这些矛盾都被全面阐述和重点强调，几乎每时每刻都被认真研究着，党和政府经常出台处理这些矛盾的方针和政策，其效果随时通过社会生活的变化反映出来。这些矛盾也是相关领域学者们研究的重点，对于如何认识并解决这些矛盾，学者们意见分歧、主张多样、争论不休，很是热闹。

经济领域当前较为突出的矛盾及主要工作和问题包括：加快转变经济发展方式，推动产业结构优化升级，深化财税金融体制改革，加强金融监管，充分发挥市场在资源配置方面的决定作用，处理好国有企业和民营企业的关系，加快分配制度改革，加大房地产调控力度，提高社会保障水平，等等。政治领域，要进一步保障人民民主权利，坚持和完善社会主义民主法治，加强党的作风建设，加强反腐败的制度建设，实现国家治理体系和治理能力的现代化，进一步简政放权，做好信访工作。文化领域，要大力提倡社会主义核心价值观，建设和谐文化，推进文化创新，继续发挥文化软实力作用，抓好网络安全，同腐朽文化作斗争。

经济决定政治和文化，政治和文化对经济有反作用、政治和文化之间也有相互作用，这都是历史唯物主义原理，人所共知。在中国特色社会主义实践中要处理好三者的辩证关系，推动社会的全面发展。

3. 管理与被管理的矛盾

人是群体动物，这一特征早被中外哲学家所揭示并为人们所接受。因为是群体动物，所以就分为领头者和普通群众，也就随之产生管理和被管理的矛盾关系。这种关系在人类社会具有普遍性，纵向看，人类历史每个社会形态都存在；横向看，每一社会的每个角落都存在，连鲁宾孙漂流荒岛都不例外。这种关系当然也有特殊性，不同社会形态、不同国家或地区、同一国家的不同发展阶段，都有不同表现。

管理与被管理的关系和阶级统治与被统治的关系有区别也有交叉。奴隶社会的奴隶主和奴隶、封建社会地主和农民、资本主义社会资产阶级和无产阶级，都同时存在着这两种关系，统治者同时也是管理者，被统治者同时也是被管理者，在该社会形态存在时，双方的地位和关系并没有发生转化，只能在社会形态更替以后才被新的统治双方所取代。原始社会的管理者是氏族首领，被管理者是氏族成员，双方没有阶级差别，管理者随时可以撤换，统治和管理的方式也是非暴力的。在阶级社会里，管理与被管理的关系就是统治与被统治的关系，矛盾的对抗性决定了统治与管理的方法的强制性和暴力性。在奴隶社会和封建社会，统治者也世代相袭，牢牢把握统治权和管理权，除非被推翻，决不放弃。资本主义社会用普选制代替了世袭制、用议会制代替君主专制，有了重大进步。但掌权的是资产阶级，表面的平等掩盖着事实上的不平等。

在社会主义社会，广大人民群众成为统治者，管理的实质是人民自己管理自己的事情，管理者是被管理者选出的代表，双方同属于统治阶级，管理者和被管理者经常转化、互换位置。管理者是人民的公仆，管理权由人民赋予，其行使受人民监督，其目的是为人民服务，管理的方式或手段虽然也有强制性，但法律是人民制定的，是人民意志的体现，目的是保护人民。管理者与被管理者是互相依赖的。被管理者依赖管理者为自己排忧解难，管理者依赖被管理者交的税来生活，依赖被管理者的支持来开展工作，这是矛盾双方的同一性。

但双方还有互相排斥的一面。管理者往往以支配者的身份出现，要求被管理者按照自己的意志去行动，在双方关系中居强势地位；被管理者成了被支配者，只能被动服从，居弱势地位。长此以往管理者就会忘记本分，高高在上，对被管理者任意驱使，被管理者就会心生怨气，由不配合进而反抗，双方的关系就会发生异化。这是矛盾双方的斗争性。

矛盾的性质是人民内部的非对抗性矛盾，当然要用非对抗的方式去解决。管理者一定要牢记为人民服务的宗旨，不断强化公仆意识和服务意识，克服特权思想，努力提高服务本领。被管理者既要合法合理地主张自己的权益，也应换位思考，充分认识社会管理的必要性，认识遵守秩序和实现权益的一致性，自觉配合社会管理工作。

在当今中国社会生活中，管理与被管理的矛盾较为突出，具体表现各种各样。从管理者角度来说，存在着不作为或乱作为、野蛮执法、知法犯法、违规操作、素质低、能力差、门难进、脸难看、事难办、手续繁琐、程序设计不科学、效率低下等问题。从被管理者角度来说，也有故意违法违规、偷税漏税、暴力抗法抗税、不听劝阻、闹事甚至犯罪等现象。这种矛盾的大量存在破坏了社会和谐，影响了当事人的正常工作和生活，必须给予重视。矛盾的产生既有体制的原因，也有个人的原因，前者通过深化改革来解决，后者就要加强自律。近年来，党和国家通过简政放权、实行个性化管理、完善服务等措施，在解决这类矛盾方面取得了一些成效，但仍然任重道远，广大人民群众也应为此而努力。

4. 民族矛盾和宗教矛盾

民族是人的共同体，国家是民族的共同体，世界上极少有单一民族构成的国家，一个国家包含若干个民族，民族之间的矛盾也是国家和社会发展中的重要矛盾。虽然共居一个国家之中，但不同民族也有不同的语言、文字、风俗习惯、人口、环境、需求，也会有矛盾冲突。在统治民族和被统治民族之间、富裕民族和贫困民族之间、人多环境好的民族和人少环境差的民族之间，这种矛盾屡见不鲜。同一民族内部的不同分歧之间有时也会产生矛盾。

民族矛盾具有长期性、历史性、复杂性等特点。不同民族之间的矛盾从其形成并开始打交道时就已经产生，可能延续千百年；在不同历史阶段有不同表现；彼此之间时好时坏，时而缓和时而尖锐，血雨腥风，打打杀杀；有时强大民族吞并了弱小民族，有时弱小民族兴旺起来称王称霸；有时是两个民族单打独斗，有时是若干民族联盟与其他联盟群攻；民族冲突的具体原因多样，其根源在于民族根本利益；民族矛盾有时与宗教问题和政治斗争混杂一起，从而显现其复杂性。

民族矛盾会影响社会的和谐稳定，民族分裂关系到国家存亡，从古到今的世界历史为此提供了无数例证。在中国各少数民族与汉民族共同构成中华民族的主体，各民族的历史一起汇成了中国的历史，其中，汉民族由于文明程度方面的优势而成为整个中华民族的核心和中流砥柱。汉民族作为国家统治者和管理者的时间最长，成效最显著。历代统治者都非常重视民族关系，或安抚或压制，或战争或和亲，运用各种手段加以调节，即使少数民族执掌政权，也要顾及民族和解的大局。中华人民共和国成立以后，党和国家制定和实施了以民族区域自治为代表的一系列制度和政策，大力促进少数民族地区的发展，各民族共同为中华民族的伟大振兴出力，充分显示出民族团结是国家力量的源泉。

宗教是人类的普遍现象和人类历史的构成要素之一。历史唯物主义揭示了宗教的根源、实质和作用，为人们正确认识宗教提供了指导。宗教在人类历史存在的时间久远，在一定历史阶段地位显赫，在当今世界许多国家占居支配地位，在社会生活中有重要作用。许多国家都有宗教矛盾，包括不同宗教之间以及同一宗教内部不同教派之间的矛盾，宗教矛盾与民族矛盾、阶级矛盾以及国际冲突纠缠在一起，与人的信仰及国家制度相关联，极其复杂，如果解决不好，轻者社会动荡，重者血流成河。[①]

中华人民共和国成立以后，党和国家认真对待宗教问题，以宪法和法律的形式确定公民的宗教信仰的自由权，通过各项政策和措施予以保障，尊重信教群众的信仰和习俗，同时严厉打击以宗教为旗号的分裂国家和犯罪活动。

目前，中国宗教现象日益增多，信徒多、团体多、活动多，对社会生活的影响也在增加，出现了许多新问题，敌对势力与分裂势力还在利用宗教大做文章，党和国家对此不可松懈。

5. 国际矛盾

正如个人不能单独存在一样，每个国家也要和其他国家一起存在，构成世界整体。国家和国家之间或者相邻、或者相隔；或者相互依赖为主，或者相互斗争为主，谈谈打打，打打谈谈，在地球这个舞台上不断上演着国家关系的喜剧、悲剧和闹剧。每个国家都以自己的根本利益为核心来确定外交战略，"没有永远的朋友，只有永远的利益"，这句话一针见血，道出了国际关系的实质。由于外交战略经常调整，国与国之间关系像自然界的天气一样经常变换，所以，专职做具体工作的外交官都要练就一张厚脸皮、一张巧舌如簧的嘴、一种如同橡皮筋伸缩自如的应变能力。（中国春秋战国时期的外交关系好比这方面的教科书，苏秦、张仪就是水平高超的教员。外交官都是人才，真辛苦！）

中国在近代史上尝到过"弱国无外交"的痛苦，新中国成立后外交局面发生很大改观，改革开放以来，伴随中国崛起，中国的国际地位显著提高，外交工作进入新阶段。国家领导人的足迹遍布世界各地，与其他大国领导人的每次会晤都会成为世界舆论的中心，面对每个重大国际事件，中国的态度是各国关注的重点，许多国家在处理自己事务时也会征求中国的意见，中国与外国在经济、政治、

[①] 参见辛旗. 诸神的争吵——国际冲突中的宗教根源[M]. 海口：海南出版社 2002.

文化、军事等方面的合作日益广泛和频繁,中国的每一次重大会议、每一项新出台的政策,都会成为外国人议论的焦点,上至国家元首,下至普通民众,成千上万的外国人到中国来访问、经商或游玩,中国的对外贸易已经世界第一,中国人的身影几乎出现在每一架国际航班,中国制造的商品随处可见……

当前,"和平与发展仍然是时代主题,求和平、谋发展、促合作已经成为不可阻挡的时代潮流。同时,世界仍然很不安宁。霸权主义和强权政治依然存在。在任何情况下,中国政府和人民都将高举和平、发展、合作旗帜,奉行独立自主的和平外交政策,维护国家主权、安全、发展利益,恪守维护世界和平、促进共同发展的外交政策宗旨。中国将始终不渝走和平发展道路,奉行互利共赢的开放战略,坚持在和平共处五项原则的基础上同所有国家发展友好合作。中国人民将继续同各国人民一道,为实现人类的美好理想而不懈努力。"①

国家和社会发展中的矛盾除上述以外,还有中央和地方、城市和农村、人和自然等诸多方面。这些矛盾宏观上可以划分,微观上数不胜数,解决好这些矛盾,既是人民的期盼,也是对执政者的考验。

(二)个人发展中的矛盾

个人是一个矛盾体,个人在其一生中时刻受到各种矛盾的纠缠,这些矛盾可以大致分为三种类型及各种具体表现:

1. **个人与自我的矛盾**

①生理和心理的矛盾

每个人都是生理和心理的统一体,身强力壮、器官齐全、功能正常、良好的心理状态,这是很多人的理想追求,若能达到便会觉得很幸福。生理和心理有矛盾同一性,身体好心情就好,身体残疾、多病、虚弱,做什么都无能为力,心情当然不会好。反之,如果拥有乐观积极的心态,就会促进身体健康,加快疾病甚至癌症的恢复。生理和心理也有矛盾斗争性,在个人那里呈分裂状态。有的人胸怀大志,但毕竟身体残、病,很多事情做不了。媒体经常报道身残志

---

① 中国共产党第十七次全国代表大会报告.

不残的典型，事迹令人感动，意志令人敬佩，但也令人惋惜，如果当事人身体健康岂不能创造更多业绩？奥运会的各项比赛都既有竞技性又有观赏性，人们为胜利者欢呼，为落后者加油；但观看残奥会比赛，对运动员敬佩之余也会觉得有些残忍，令人不忍心看下去。有的人生理素质优秀，却有各种心理疾病，狂妄或者懦弱，轻信或者多疑，莽撞或者胆小，自傲或者自卑，烦躁或者抑郁，有的自虐，有的他虐，有的自闭，不敢和外人接触，有的火暴，受不得丝毫委屈等等。

　　人的心理随年龄和生理的变化而变化，也可能由于外界刺激而变化，产生波动很正常，一时失控也可原谅，但如果长期不好则必定影响生理健康和事业发展。有的人因盲目自卑而错过提拔的机会，有的人因懦怯不敢表白而失去美好姻缘，有的人因过于自私而被朋友抛弃，有的人因攀比他人而徒增烦恼，有的人常因冲动犯错而后悔，有的人甚至名人因抑郁症而走上自杀之路，主动终结个人发展，"有病"一词经常被各种人在各种情况下脱口而出……

　　目前在中国社会，心理咨询师已成专门职业并生意兴隆，心理咨询机构或心理门诊访者盈门，灾难发生后的心理救助比生理救助更为重要。这一切都表明，生理和心理的矛盾普遍存在，心理疾病每个人都可能发生，不能不给予足够重视。

　　身体有病或年老体衰的人，做事情或选择锻炼方式，都要从自身体质状况出发，如果在不服老、不服输、争强好胜或怕丢面子的心理支配下，做出不科学、不理智的事情，就会导致不良后果，悔之晚矣。许多老年人非常害怕子女或其他人说自己没用，勉为其难硬逞强去做一些力所不及的事情，这既不明智也不应该，还容易伤了子女的心。现在，社会上有一些骗子，利用老年人渴望健康长寿甚至怕死的心理，推销假冒伪劣的保健品和医疗器械；利用一些人怕羞心理，推销治疗性病的假药。骗子当然可恨，应当惩治，当事人自己也应端正心态。"活一天算一天、好死不如赖活着、死马当作活马医、吃不好也吃不坏，"这些不科学的心理经常导致人们在治疗上走入误区。毛泽东主张"野蛮其体魄，文明其精神。"青年人应努力践行之。

　　②欲望和能力的矛盾

　　正常人都有欲望，虽然因年龄、性别而有所不同，但欲望的存在是普遍的。人也都有能力，不论是健全人还是残疾人、健康人还是病人、也不论男女老少，都有一定能力，区别在于全面还是片面，强还是弱。欲望和能力有矛盾同一性，二者互相促进。有了某种欲望就会促使人去发展某种能力，有了能力，实现了原有的欲望，又会产生新的更高的欲望，再去发展新的更高的能力，形成良性循环，使人不断发展。二者也有矛盾斗争性，互相分离，有欲望而没能力，或有能力没欲望，使个人发展受到阻碍。

人都有食欲，但并非所有人都有满足食欲的能力。婴儿或某些病人进食需要别人喂；有的病人受限制不许吃饭；一些穷人没钱买食物只能去乞讨，吃饭没有保障；一些笨人不会做饭，守着米面肉只会发呆；还有人被他人剥夺了进食的权利，只能活活饿死。有了食欲，人就应掌握吃饭的能力。婴儿和病人要练习自己吃饭，手残疾的人练习用脚拿勺子，笨人要学会做饭，穷人要去挣钱，被剥夺权利的人要反抗。

正常成年人都有性欲，但性欲的满足不能只靠生理能力，还要看心理上是接受还是排斥以及对其后果的承受能力，还要看经济能力能否娶得起或嫁得起。（中国社会存在着因为贫穷娶不起媳妇的现象，印度等国家有些女性因为没有足够嫁妆而迟迟嫁不出去。）即使嫖娼也得有钱。

正常成年人都有实现美好爱情的欲望，但并非所有人都具备足够的表达能力和沟通能力及冲破各种阻挠的能力。自己的婚姻被父母包办了，有没有反抗的能力？心爱的人被抢走或绑架，有没有能力救回来？心爱的人上当受骗误入歧途执迷不悟，有没有能力教育过来？心爱的人得了病或受了伤，有没有能力治过来？心爱的人喜欢的东西有没有能力买回来？心爱的人同时也被别人爱，有没有能力争过来？？心爱的人有不良嗜好，有没有能力纠正过来？当代中国男青年有没有能力摆平准丈母娘，把她需要的房子车子票子挣回来？如果没有这些能力，美好爱情只能是空中楼阁，或镜花水月。

有的人有当官的欲望，但并非所有人都有当官的能力。当官的人需要优秀的素质和高强的能力，要比一般人站得更高、看得更远、想得更深。要有及时而准确地理解上级意图的能力、驾驭全局的能力、协调关系的能力、化解矛盾和纠纷的能力、完成危难险重任务的能力、临危不惧与遇变不惊的能力、控制情绪忍辱负重的能力、旁征博引滔滔不绝征服听众的能力、随机应变聪明机智应对媒体的能力、口是心非纹过饰非的表演能力……想当官而能力欠缺的人赶紧努力吧!

几乎所有的成年人都有获得金钱的欲望,许多人有发财的欲望,因为这是生存和发展的重要条件,所以,有这种欲望无可厚非。但并非所有人都有相应的能力。这方面的能力包括:强壮的身体能力、丰富的知识能力、高强的技术能力或操作能力、审时度势的能力、敏锐的观察发现能力、准确的预测能力和判断力、有胆有识的决策能力、脸厚心黑的乞讨能力、阴险狡诈的欺骗能力……(这方面的能力与当官的能力有所交叉)

当官的各种能力需要同时具备,发财的能力则只需一种,当然,能力越多机会就越多,效果就越好。有的人身强力壮别无所长,只能通过从事笨重的体力劳动挣点辛苦钱,随着年龄的增长能力逐渐减弱,即使未到老年,一旦患病或受伤,则命运堪忧(当代中国大量的农民工和其他打工人员就是如此)。

有句古话叫做"一招鲜,吃遍天",人只要有一技之长,总会找到用武之地,高水平地从事某种工作,获得稳定的收入。例如:在某个体育项目上有突出特长、在演艺方面有天赋、在写作、书法、绘画、雕塑等艺术领域有高深造诣、在自然科学、人文社会科学领域是某方面的专家、在经商、办企业、炒股票等方面有高超的能力、名师、名医、名厨、名主持、高级技工……都有可能发财致富。

在欲望和能力的矛盾中有一种特殊的情况,即有能力无欲望。有的人有当官的能力却不愿当官,如中国古代以庄子为代表的贤人隐士;有的人有发财的能力却对经商赚钱不屑一顾;有的人既有能力又有欲望,却由于复杂原因当不上官发不了财。甚至有人吃饭的能力很强,什么山珍海味都吃得起,却经常没有食欲,等等,在上述情况中,个人的理想和兴趣影响着选择,他人不仅无权干涉而且应当给予尊重。

③理想和现实的矛盾

理想"是以现实生活发展的客观规律为依据,只要经过努力就能实现的想象。它激发人们的热情,千方百计地克服困难为之奋斗。"①理想是"对未来事物的合理的设想或愿望；符合意愿的；令人满意的"。②

　　这两个关于理想的定义都有需要商榷之处。说"理想以现实生活的客观规律为依据"，这是应当的，但并非所有人都能做到，也不是每个人任何时候都能做到。认识规律是很难的，许多人直到生命结束也未做到，但这并不妨碍人有理想。说"只要经过努力就能实现"，这是不符合实际的，理想的实现需要许多条件，真正能实现的其实是少数，多数人、多数情况下，都存在着理想破灭的现象。中国古代无数读书人怀抱"修身、齐家、治国、平天下"的理想，奔走在科举考试之路，饱经磨难，皓首穷经，而最终金榜题名者寥寥可数。中国当代许多家长怀抱望子成龙望女成凤的理想，含辛茹苦，付出巨大精力物力，到头来真成龙凤者又有几人？说理想能"激发热情"，这是正确的，但欲望也能，甚至力量更强大。说"理想是对未来事物的合理设想或希望"，这不对，应当是对发展主体自身未来最佳状态的设想或希望，是符合本人意愿、令自己满意的状态。

　　理想具有属人性。理想是人特有的精神活动和追求目标，动物没有理想。说"母鸡的理想是一把谷糠、公蛤蟆的理想是得到母蛤蟆"，这是人类的调侃。动物只有本能，表现为觅食、求偶、逃避危险等活动，动物有心理、有情绪，但有没有欲望还真不好说，起码没有升官发财的欲望。

　　理想具有高级性。人既有欲望又有理想，但理想高于欲望。二者的区别有时不明显，有时很明显。处于饥寒交迫之中的人最盼望能吃一顿饱饭、有件护体之衣，在这时欲望和理想直接同一。而衣食无忧者则向往成为社会上有一定地位、能够展示自己的抱负和能力的人，理想和欲望显现了层次之别。人的欲望有些受自然性支配，如食欲性欲；有的受社会性支配，如升官发财。人的理想却只受社会性支配。欧洲文艺复兴时期意大利的思想家马基雅维利曾认为，人的特点之一是能力有限，欲望无穷。此话有一定道理。人的欲望很多，而理想的数量却很少，在人生的一定阶段往往只有一个理想。

---

① 宋书文. 心理学词典 [Z]. 南宁：广西人民出版社 1984，229—230.
② 李行健. 现代汉语规范词典 [Z]. 北京：外语教学与研究出版社、语文出版社 2004，804.

理想对人的行动的引导更有方向性。

理想源于现实又高于现实，既是对现实的反映，又是对现实的超越。理想反映出现实中人缺乏的东西，俗话说"缺啥想啥"，但却不能"想啥来啥"。理想表达出人对现实的不满，是对现实的否定并要求改变。在人的一生中，年龄越小人的理想与现实越远，年龄越大理想与现实越近。当人是小学生时，理想是长大后当英雄、当科学家、当伟人；青年时代人的理想是在某一领域创造一番自己的事业，用财富、地位和名声证明自己的能力和价值；中年时期高一点的理想是希望事业有成，低一点的理想已降到日常生活需要的满足；到了老年，许多人的理想已变为健康长寿安度晚年了。

立足现实，面向未来，树立理想，勇往直前，这是每个人应当做到也可以做到的事情。抛开幻想，投入实践。今天，应当为昨天的欠缺而羞惭；明天，将由于今天的努力而闪光。

④选择与纠结的矛盾

选择性是人类意识能动性的表现之一，也是人类自由的表征。西方存在主义哲学认为，人是自由的，人的自由突出表现为在各种可能性中做出抉择的能力。有没有选择能力、能不能做出选择，这也是判断一个人是否成熟的标准之一。

人和动物都有选择性，动物的选择以本能为基础，表现为对食物、交配对象的选择，其实选择的范围很小，基本上都由大自然给规定好了。所以，选择性主要是人类活动的特征。人类的选择以实践需要为基础，具有广泛性、多样性、长期性，人从生到死的全过程多数时间都处在各种选择之中。

历史唯物主义告诉人们，在人类社会的发展中，某一社会形态的生产方式包括生产力和生产关系，是不可选择的，它们是既得的力量和关系，而社会发展的道路、方向、方式等是可以选择的，社会发展是客观规律性与主体选择性的统一。

个人也是如此。个人作为一个生命体，在何时何地以何种方式诞生，这是无法选择的，长大后走什么道路、成为什么人，这是可以选择的。具体来说，人可以选择食物和配偶，这两方面的多样性人就比动物优越多了；人可以选择生活地点，城市或农村、发达地区或欠发达地区、一线城市或二三线城市、国内或国外；人可以选择职业，经商或者从政或其他；人可以选择劳动方式，以脑力为主或以体力为主；人可以选择生活方式，节俭或奢华；人可以选择发展道路，个人奋斗或借助他人；人可以选择价值追求，真善美或假恶丑，等等。

选择不是任意的，要受客观规律、法律和道德、国家政策、社会发展状况等多种因素的制约。

选择是在纠结中进行的，也受纠结的制约。纠结指的是主体在选择中由于各种因素制约而表现出的瞻前顾后、举棋不定、左右为难、患得患失的状态。纠结无处不在，小的纠结如吃什么食物、买什么生活用品、穿什么衣服，住什么样的房子、用什么通讯方式、乘坐什么交通工具、何时去何地旅游等等；大的纠结如报考哪个学校和专业、与什么人结婚、结婚还是不结婚、生小孩还是不生、从事什么职业、当官还是不当，等等。有些纠结关系到个人前途命运或终身大事，需要认真对待，谨慎选择；有些纠结也属于庸人自扰，不必较真。当前中国社会普遍存在的一个纠结就是面临应当见义勇为的时刻，为还是不为？面对摔倒的老人，扶还是不扶？围绕此类事件出现的各种矛盾和纠纷既考验做人的良知，也折射着社会的道德水平。

选择是自由的表现，纠结是对自由的干扰；选择带来快乐，纠结带来烦恼。二者作为矛盾双方，共存于人生实践中。纠结最终必然被冲破，选择最后必须要作出，所以，选择有时也是痛苦。选择意味着某种确定、某种放弃、某种牺牲，所以是一个痛苦的过程。选择不一定都是正确的，选择的主体一旦选错就可能要承担不好的后果，因而产生后悔的心理。例如，大学毕业找不到工作，可能表明当初选错了学校或专业；夫妻婚后经常吵架甚至离婚，表明当初选错了人；工作以后长期抑郁不得志，表明当初入错了行；付出大量财力物力却赔了本，表明投资投错了方向；相信他人却上当受骗，表明选错了朋友或合作对象……

最痛苦的选择或最大的纠结是关于前途命运乃至生和死的抉择。例如，贫困家庭有两个子女同时被高考录取，家境贫寒只能勉强扶持一个，谁去？婚姻受家庭阻挠，父母与爱人只能选择一方，跟谁？为人类而工作就要舍弃个人幸福，干否？身患绝症不治会早死治了也会人财两空，治吗？生命垂危康复无望，是勉强延续还是有尊严地离去（如关于安乐死的争论）？战场上，冲锋需要敢死队，敢参加吗？撤退需要打掩护，敢留下吗？当需要用身体支撑炸药包或堵枪眼时，敢学董存瑞黄继光吗？面对地雷阵需要打开通道，敢去吗？面对虎穴狼窝需要打入敌人内部去卧底，敢闯吗？面对这些考验而能作出正确选择的人，难能可贵，值得敬佩。

2. 个人与他人的矛盾

①个人与亲人的矛盾

此处的亲人指的是有血缘关系的人。个人与亲人的矛盾包括父母和子女及子女之间的矛盾。每个人来到人间都会首先和父母构成矛盾关系，这种矛盾的同一性非常明显。相互依存：双方互以对方为存在的前提，因为有了子女，夫妻才获得了为父为母的身份，子女才有了儿子或女儿的称呼，双方构成抚养关系的主体和客体；子女依靠父母的抚养才能存活并成长，同时给父母带来欢乐。自怀孕之日起，夫妻及长辈一般都会以喜悦的心情期待新生命的到来，胎儿受到细心呵护。子女从小到大都处在父母的关心照顾之中，父母也从子女身上获得人生的动力，形成人生的各种规划。相互贯通：子女的成长状况存在于父母心中，父母的血液流淌在子女身体中，父母的教诲渗透于子女的思想和行为中。相互转化：孩子小时，孩子的需要就是父母的需要，父母为了孩子付出一切；父母老时，父母的需要就是子女的需要，子女为父母竭尽所能。孩子小时，父母是矛盾的主要方面，在家庭中起支配作用；父母老时，子女成为矛盾的主要方面并起支配作用；子女长大成家也会成为父母。父母的技能传授给子女，于是子承父业；子女的知识教会父母，于是父母得到提高，从而跟上时代步伐。

这种矛盾的斗争性也是明显的。新生命的降临可能给年轻父母带来痛苦，"贫贱夫妻百事哀"，可能因无力抚养而被迫把孩子送人；或者带来烦恼，父母正值创业关键时期无暇他顾；非婚生子女使父母身份尴尬而遭遗弃；子女长大以后与父母在人生规划方面产生分歧甚至分道扬镳；子女小时拖父母的后腿，父母老时拖子女的后腿，子女又有子女后围绕下一代的教育等问题会与父母相争执……

多子女家庭中兄弟姐妹之间也有矛盾，双方可以互相帮助共同发展，也可能互相排斥互相拆台。中国封建社会时，父母如果不在，则长兄为父，长嫂为母，对弟妹尽家长之责，弟妹则对兄长尽孝悌之道，这种传统延续至今，仍然在起作用。如果关系处理的不好，彼此之间也会有冲突。帝王之家的子女为争夺王位继承权而拔刀相向你死我活，今天兄弟姐妹为争老人遗产也不顾亲情对簿公堂。

亲人之间一般来说很少有阶级对立，处理相互之间的矛盾纠纷还是要以和解为主，毕竟血浓于水，没有深仇大恨，父母对于各子女要一碗水端平，为人兄姐者要主动谦让，作为弟妹者也应顾全大局，各方努力，促进家庭和谐。

②个人与配偶的矛盾

夫妻双方互为配偶。男大当婚女大当嫁，凡是不想独身的成年人一般来说都会找到自己的另一半，个人与配偶的矛盾可能会伴随自己的大半生。双方之间没有血缘关系，但双方的骨血共同凝结成新的生命，双方都与自己的孩子有血缘关系，以此为纽带彼此紧密联系起来。双方的矛盾是一个屋檐下的矛盾，但都是由于不同原因走到一个屋檐下的，所以矛盾也有不同表现：

青梅竹马型：两小无猜，走到一起，不论是当事人还是父母亲朋，都觉得是自然的事情，由于互相了解程度深，所以生活中容易达成默契，冲突比较少。

父母包办型：由于社会传统压力，双方被迫接受命运的安排，在男尊女卑观念和习俗影响下，女性嫁鸡随鸡嫁狗随狗，在双方矛盾中一直处于弱势地位。

志同道合、患难与共型：双方真正相知相爱，愿为对方牺牲一切，矛盾同一性突出，斗争性不明显。

强权压迫型：过去的土豪恶霸、达官显贵、今天的大官大款，以势压人，强娶民女，女方无法反抗或不敢反抗，这样的婚姻也可能维持较长时间，但对女方却是长期的折磨，度日如年。

买卖交换型：被买卖的一般都是女方，被卖掉或被买去给人当媳妇的人连生命安全都没有保障，在婚姻生活中的地位可想而知，在交换婚姻中，当事人的家长用女儿给儿子换回来一个儿媳妇，女儿和儿媳妇都成为一种变相的人质，尊严无从谈起。

互相利用型：一方有钱有权有地位，另一方有才有貌有能力，互相满足对方需要，为私利而结合，虽然互相依存，但没有爱情基础，打架和出轨在所难免。

经人介绍或自由恋爱型：由第三方牵线搭桥，或双方互相认可而缔结婚姻，生活中既有互帮互助的一面，也有意见分歧磕磕碰碰或者打打闹闹，先恋爱后结婚，先结婚后恋爱，或者只结婚不恋爱，既可能终生为伴，也可能中途分手……

个人与配偶的矛盾非常复杂，类型多样，每种类型里边又有各种情况，正如托尔斯泰的名言："幸福的家庭是相似的，不幸的家庭各有各的不幸。"一见钟情往往后悔，久经磨难情谊深长，体现了唯物辩证法的质量互变规律和否定之否定规律。矛盾的复杂性还在于，双方父母及其他亲属参与其中，使夫妻双方在赡养老人、处理财产和亲属关系等方面产生分歧，久而久之会加深矛盾，影响双方感情。这些矛盾又往往难以简单划分是非对错，当事人都可能觉得委屈。

个人与配偶的矛盾非常重要，关系到身体能否健康、精神是否愉悦、家庭是否稳定与和睦、生命是否安全、子女是否顺利成长、职务能否提升等诸多方面。一个人如果能遇到一个好伴侣，相敬相爱过一生，那真是人间佳偶，天作之合，巨大幸福。在这方面，马克思和燕妮、周恩来和邓颖超为人们提供了榜样，民间也涌现许多感人事迹。

个人与配偶的矛盾既是人类永恒的矛盾，又带有时代的特征。中国封建社会，穷人能娶一妻已属不易，往往比较恩爱；有钱人娶一妻一妾或多妾，结果妻妾之间矛盾重重，男人经常被闹得焦头烂额，当代中国社会生活中新出现的"情人"和"二奶"及色情泛滥，都对夫妻关系造成了冲击，加剧了矛盾；贪官背后往往都有一个贪婪的女人，有许多夫妻一起贪；一些年轻人闪婚闪离，视人生大事如儿戏；婚前财产公证等做法对传统爱情观发出挑战……

③个人作为某种社会角色与其他角色的矛盾

家庭角色的矛盾：除父母子女兄弟姐妹这些角色以外，家庭中还有其他一些角色也构成了矛盾关系。例如，婆媳关系。女性嫁了人一般情况下都会形成婆媳矛盾，要想讨丈夫欢心就得善待婆婆，婆婆要想儿子过得好也得善待儿媳；儿媳怀孕、生育、哺乳、患病，都需要婆婆照顾，婆婆年老、患病，也同样需要儿媳照顾；婆婆为了显示支配地位或怕儿子吃亏，对儿媳往往比较严苛，儿媳嫌婆婆蛮横或偏心而产生不满或怨恨，双方既统一又对立。封建社会中儿媳普遍处于弱势，"多年媳妇熬成婆"，一个"熬"字饱含了媳妇的辛酸和期盼；现代社会中有的儿媳弱势依旧，有的则高高在上，婆婆降为保姆，双方地位发生转化。丈夫在婆媳之间左右为难，有的甚至后悔结婚。岳母和女婿的关系与婆媳关系大体相似，不必赘述。这中间还夹杂着儿媳与公公、女婿与岳父的关系。稍远点还有姑姨、兄嫂、弟妹、连襟、妯娌、叔侄、甥舅以及继父母继子女、养父母与养子女等等，真是剪不断、理还乱，哪个矛盾没处理好都会给当事人带来烦恼，对个人发展产生一定影响。

教师与学生的矛盾：当代中国社会虽然还有失学辍学儿童，但大多数人都读过书，都作为各种类型的学生与各种各样的教师打过交道，还有许多人后来也成了教师，所以，师生关系是一种非常普遍的社会关系，没有学生就没有教师，无人可教，教师就要失业、下岗、转行；没有教师，学生就无法成长；学生头脑里装着教师传授的知识，教师头脑里装着学生的状况和要求；"教学相长"；某一方面，教师是教师，另一方面，学生是教师，教师是学生，原来是学生现在是教师。以上这些说明教师和学生作为矛盾双方互相依存、渗透和转化。同时，教师总是要按照一定的规律、规则和方法来教育学生，这就会与学生的天性、爱好、倾向等发生冲突，教师的能力、表现、态度等也可能与学生的要求相违背，双方也一直存在着斗争性。师生矛盾也有历史性，受社会发展状况的制约。在封建社会，表面上社会尊崇"天、地、君、亲、师"，实际上"师道尊严"从未彰显，教师往往成为被戏弄的对象，"不为五斗米折腰"成为知识分子的向往。在社会主义社会，教师成为受尊敬的人和职业，尊师重教成为良好风气。但在中国"文化大革命"时期，教师作为"臭老九"而成了学生批斗的对象，师生关系严重异化，留下了一段极为荒唐的历史。当今中国社会师生关系总体良好，但也有不好现象：有的教师违法违纪、不尊师德、残害学生，提供了坏的榜样；有的学生不守纪律、不听教诲、不尊重教师；有的师生互相利用、互相欺骗、互相斗殴、甚至互相杀害。师生关系的变化以及作为师或生的个人的变化，有社会的因素，处理师生矛盾也应多方面着手，但对于教师来说还是应从严律己、以身作则，不断提高自身素质，克服弱点和缺陷，承担起"传道、授业、解惑"的职责，完成好教书育人的使命。

医生与患者的矛盾：在全体社会成员中，当医生的是少数人，当患者的是绝大多数人，从其可能性来说，每个人都是患者，医生本人也不例外，所以，医患矛盾也是一种普遍的社会关系和矛盾。

第三章　社会发展的辩证法

二者互相依赖：患者依靠医生救死扶伤解除自己的痛苦和危难；医生依靠给患者治病来获得收入，并通过接触疑难杂症来提高自己的能力，丰富其经验。二者互相转化：医生也会得病，患者也会"久病成良医"。受供求关系影响，医患双方地位也会转化。患者少时，医生或医院打广告争取患者，患者的选择权容易实现；患者多时，医生或医院的强势明显。当今中国社会医患矛盾情况复杂，由于医疗事业发展不平衡，大城市大医院人满为患，重病患者多，随行陪护人员多，患者和家属期望值高，医护人员超负荷工作，心情欠佳，就医环境嘈杂拥挤，所有这些都可能使矛盾升温，医患冲突时有发生，甚至杀医伤医辱医事件经常出现。对此，医患双方应当在遵法守德的基础上加强沟通，换位思考，相互理解，通过协商解决具体分歧，依法依规处理医疗事故或纠纷。相关主管部门应当加强监管，严格规范，采取得力措施打击医托、医闹，维护医疗秩序，保护相关人员安全，努力化解冲突，促进医患和谐。还要科学规划，合理布局，政策引导，从宏观上促进医疗事业的发展。

生产者与消费者、卖者与买者的矛盾：在全体社会成员中，许多人是生产者或售卖者，所有人是消费者和购买者（小孩或行动不便者需要别人代为购买），人作为生产者和售卖者是人生某一阶段的事情，作为消费者和购买者是一生的事情，没有生产就没有消费，没有卖就没有买，所以，消费者依赖于生产者，买者依赖于卖者；但商品生产者的商品必须得卖出去，必须实现马克思所说的"由商品到货币的跳跃"，否则，生产者和售卖者就会因商品积压而破产，所以，他们又要依赖于消费者和购买者。这种矛盾同一性是双方生存和发展的条件。生产者和售卖者想多赚钱而抬高价格，消费者和购买者为少花钱而压低价格，这种矛盾斗争性增加了双方交易的困难和烦恼。商品生产者和售卖者必须为消费者着想，为其提供适销对路、价廉物美的消费品，才能吸引消费者主动掏腰包，所以，市场经济与集体主义价值观并不矛盾。但是，当今中国社会的一些生产者和售卖者却连这些基本的经济常识都不懂，或者虽然懂也在金钱诱惑下弃之不顾。他们为了多赚钱以假乱真，以劣充好，黑了心肠，丧了良知，挑战法律，践踏道德，使中国的消费品市场假货劣货横行，到处都有陷阱，消费者纠结万分，战战兢兢，买了怕受害，不买还不行。那些黑心生产者和售卖者，生产什么自己就不买什么，卖什么自己就不吃什么，岂不知人的需要是互相满足的，坑人者必被人坑。有青年学生形容这种乱象为："易粪而食"，真是一针见血，当事者应当猛醒！对于那些不愿自律继续为非作歹者，相关部门必须依法惩治。

个人在其一生中充当的角色是多样的、不固定的，与其他角色的矛盾当然也是多样的，每个人都要努力当好不同的角色，履行每个角色应当履行的职责。

3. 个人与国家和社会的矛盾

①个人能力与社会需要的矛盾

社会需要是个人能力发展的方向标、指示器，告诉个人应当向哪里发展；社会需要为个人能力的发展提供动力，激励个人努力发展；社会需要为个人能力提供了展示的舞台，使个人懂得不会白白发展，一定会有收获。社会需要是多方面的，个人能力是有限的，个人只能在某一领域或某些方面发展，如果能满足社会某一方面的需要，也就体现了个人的价值。在一个理性的社会里，能力有大小强弱之分，但人不应有高低贵贱之别。当国家领导人和当清洁工都有各自的能力要求，人格平等，法律面前平等，对国家和社会的贡献应当得到同样的尊重。

社会需要会随着社会的发展而变化，个人能力的发展也要与之相适应。过去，中国社会并不要求每个普通成员都具有外语、法律、电脑、汽车驾驶等方面的能力，而现在，如果缺乏这些能力恐怕就会失去作为现代人的资格；过去，中国人不需要具备推销商品和自己的能力，而现在不具备这些能力就做不成买卖，就找不到工作，甚至找不到对象；过去，中国人不需要很强的交往能力，每个人像螺丝钉一样被固定在某个岗位，干好自己的工作就会得到表扬，而现在，如果交往能力不强，工作和生活中的各种事情都很难办成；过去，中国人不需要有理财能力，因为无财可理，而现在，如果没有这种能力就会减少收入甚至亏本败家；过去，中国学生不需要高强的应考能力，因为上大学不考试，而现在，如果没有这种能力，大学校门就进不去，公务员的门槛就迈不过去；过去，中国的孩子们不需要"神童"的能力，而现在，如果没有这种能力就会输在起跑线上，前途堪虑……

当代人生活在竞争的时代。国与国的竞争是人才的竞争，人与人的竞争是能力的竞争。个人能力的有限性不等于发展的有限性，每个人都应当也能够通过挖掘潜力和吸收外力而增长自己的能力，成为对国家和社会的有用之材。改革开放以来，中国共产党和国家制定并实施了人才发展战略，把人才资源看作是第一资源，实行了教育改革，通过各项政策和措施推动中国由人力大国向人才大国转变，为人才的成长锻炼提供了前所未有的机遇和平台。有志青年应当抓住机遇努力为之，只知道"啃老"和"坑爹拼爹"，是没有前途的。

②个人理想或愿望与国家制度和政策的矛盾

任何国家都有法律、制度和各种规定，但只有社会主义国家的法律制度才体现人民意志，人民经过讨论，通过自己的代表把自己的意志上升为国家意志，以制度等形式来维护社会秩序，实现人民根本利益。然而，这种制度或政策又不可能与每个社会成员的个人意志完全一致。总会有一些抵触的地方。例如，中华人民共和国成立以后的户籍制度限制了社会成员的自由流动，至今仍是大学生、研究生乃至打工者去北、上、广、深等大城市实现人生理想的障碍；婚姻法限制了不符合条件者的结婚行为；计划生育政策使许多人多子多福的梦想成为泡影；改革开放前对私营经济的禁令堵住了个人发财的路；统一分配工作的规定剥夺了大学毕业生择业的自由，一些极"左"政策使虽有才华但出身不好的青年人忍辱受屈。当然，国家制度和政策也有许多与个人相一致的地方。社会主义制度使中国人从三座大山下解放出来，规定了每个公民的民主权利，为个人发展奠定了坚实基础；改革开放以来的一系列新政策为中国人的发展插上了腾飞的翅膀，开拓了广阔天地。在个人理想或愿望与国家制度和政策的矛盾中，个人当然居弱势地位，是被支配的一方，但若有不满也可以通过一定的民主形式反映意见，如果许多人意见相同就可以形成某种社会舆论，督促国家改革。国家也应当根据大多数社会成员的要求主动改革。

③个人想法和行为与社会传统风俗习惯的矛盾

这种矛盾的同一性表现在，个人的想法许多情况下是在社会风俗影响下形成的，个人的行为也是在此影响下进行的，许多人都这样，于是风俗就成为习惯，一代一代传下去，日益巩固甚至顽固。这种矛盾的斗争性表现在，个人又是一代一代更替的，每一个新时代的个人总会具备一些新的时代特征，会有一些新的要求和需要，会被原有的社会传统风俗习惯所不容，矛盾冲突的结果，或者是个人冲破传统而获得解放，或者是传统战胜个人得以延续。想当年，第一个主动剪掉辫子的中国男人、第一个不缠小脚的中国女人、第一批敢和男生一起学习的中国女学生、敢于反抗包办婚姻的青年男女，等等，都需要具备极大的勇气，也曾付出很大的牺牲。当今中国社会，大男该婚不婚、大女该嫁不嫁、孩子该生不生，都会受到家长的督促或训斥，也会被其他人议论纷纷。这里的该与不该是以传统习惯为标准的，传统的特点是因循守旧，不敢创新也不允许创新，传统的力量又相当强大，所以，从古到今，敢为天下先者都要吃许多苦头，改革者甚至要付出生命代价。

传统有好有坏，个人想法和行为也有正误之分。处理二者之间的矛盾首先要分清传统的不同性质，继承发扬优良传统，摒弃不好的传统，同时对个人想法和行为进行自我审查，坚持正确的，抛弃错误的。在个人发展中既要不断战胜传统，又要不断战胜自我，任务艰巨，但也乐在其中，每一次小小的胜利也会给个人带来喜悦，激发继续创造新生活的兴趣。

六、发展的目的和手段、代价和补偿、表现或标准

发展是主体的有意识活动，因此有其目的，为达目的需要采用一定的手段，要付出一定代价，发展也必有其外在的表现，这些表现也是主体自我评价或他人评价的标准。

（一）发展的目的和手段

目的是"人在行动之前根据需要而设想的要达到的目标或结果，目的跟目标不同，目标是希望达到的地方或标准，侧重指努力的方向；目的侧重指行为的意图。""手段是为达到某种目的而使用的方法，待人处世的方法，本事或技巧"。①

著名学者夏甄陶指出："如果我们把人的一切对象性活动看作是一个主体和客体之间的相互作用的过程的话，那么我们就可以看到，

---

① 李行健. 现代汉语规范词典［Z］. 外语教学与研究出版社，语文出版社 2004，930、1200.

第三章　社会发展的辩证法

在这个过程中除了主体和客体这两个根本前提以外，还有三个必然的构成要素：目的（主体改造或创造客体的对象性要求）、手段（主体作用于客体的中介）、结果（主体目的在客体对象中的实现）。在主体的对象性活动中，目的和手段之间有着极其密切的内在相互制约性。手段是达到或实现目的的桥梁、媒介、方法、工具，手段服务于目的、服从于目的，目的在很大程度上又是手段的产物，依赖于手段，受手段制约的。"①

国家的发展当然是有目的的。受国家类型或性质所决定，不同国家的发展目的不同。奴隶制和封建制的国家发展的目的是为了奴隶主阶级和地主阶级的统治地位及其享乐，这一点并不因某位帝王偶尔表现出的亲民姿态而改变。资本主义国家表面上打着全民的旗号，实质是为了资产阶级的利益。正如马克思恩格斯所指出的那样，这种国家政权不过是管理整个资产阶级共同事务的委员会罢了。当然，统治者如果不是傻瓜，为了自己的利益也要让被统治者的生活状况有所改善，其中道理不言自明。（历史上的昏君暴君自掘坟墓愚蠢至极。）

社会主义国家是人民自己的国家，是维护人民利益的工具，其发展的目的当然是为了让人民过上好日子。中国共产党一贯坚持自己的发展理念："发展为了人民、发展依靠人民、发展成果由人民共享。"党制定并实施了"以人为本"的科学发展观，认为发展的人民性是发展的最高尺度，人民的幸福就是党的奋斗目标。

目的是明确的、宏观的、比较单一的，手段却是多样的、具体的、微观的。为了达到上述目的，中国共产党领导人民用革命的、暴力的手段，推翻了反动阶级的统治，建立新中国；用宪法和法律的手段，规定了人民的民主权利；用改革开放的手段，促进了国家和人民的全面发展，增加了物质财富，增强了综合国力，提高了人民生活水平；用市场经济的手段，使社会充满生机和活力；用发展社会主义精神文明的手段，提高了当代中国人的素质；用和平外交的手段，赢得了国际上的尊重和友好……受目的所决定，有些手段是不能用的。例如，对人民不能采取剥削压榨的手段、竭泽而渔杀鸡取卵的手段，解决纠纷不应采取对抗性武力手段。

---

① 夏甄陶. 关于目的的哲学 [M]. 上海：上海人民出版社 1982，330－331.

个人发展的目的因人而异，不同主体对个人发展目的的认识不同。在改革开放前的计划经济体制下，个人的出生、上学、就业、收入、消费等人生的各种活动都由国家来安排，严格地说，那时中国人还没有成为真正的主体，也没有主体意识，当然也谈不上发展的目的问题。市场经济凸显了人的主体地位，培养了人的主体意识，为人的发展创造了机遇和平台。于是，人根据自己的状况和需要形成了多种多样的发展目的。

有的人以升官为目的，有的人以发财为目的，有的人既要升官又要发财，升官具有了目的和手段两种属性。抱有这种目的的人显然思想境界不高，如果采取的手段没有违背法律法规和道德，也不必大加指责。李克强总理虽然主张"升官发财，应当两道"，但还是有人奉行"当官不发财，请我都不来"的错误理念，对此只能通过监督严防其超越法德底线。

有的人以光宗耀祖为目的，以升官发财为手段来达到这一目的，这是中国社会的传统观念，有着深厚的文化土壤和心理基础，只要不违法背德也无可厚非。如果每个人都能为祖宗增光添彩也是值得骄傲的事情。

有的人以自我炫耀为目的，发展某方面的能力既不是为了满足生活需要，也不为升官发财，只是凭本事赢得他人的赞叹或惊羡，从中得到某种精神上的优越感，这种想法和做法对社会和他人无害，虽然当事人有可笑之处，但也是应当允许的。

个人发展的目的，概括地说，是完善自我，优化生存条件，提高生活质量，提升生命价值。通俗地说，就是使自己过上好日子。

为什么要完善自我？因为个人与自我有矛盾，个人与他人及国家和社会都有矛盾，只有不断地完善自我，才能获得解决这些矛盾的能力，才能在生活中增强适应能力，在发展中减少阻力和曲折。

为什么要优化生存条件提高生活质量？因为人不是动物，不能满足于生命的延续，人要生活，而不只是生存，只有不断提高自己的能力，才能获得越来越多、越来越高级的生活资料，尤其是精神生活资料，使个人生活锦上添花。

为什么要提升生命价值？因为人是社会存在物，人在与他人的关系中生存和发展。每个人都必须对他人有用才能具备生存的资格，个人只有通过发展，才能获得帮助别人的能力，才能修齐治平，报效国家，奉献社会。

为了达到这些目的，手段或途径是多样的。为了增加收入，可以凭力气挣钱，也可以凭知识和智慧去挣钱，可以在本职岗位多干苦干，也可以业余兼职，有条件的还可以投资或做广告；为了提高能力，可以去学校受正规教育，也可以去找培训机构；为了得到文凭，可以在国内读，也可去国外读；为了在政界发展，可以从基层干起，也可以在高校锻炼，可以"学而优则仕"，也可以"仕而优则学"；为了扩大知名度，可以做正面宣传，也可以做负面宣传（如某些明星故意炒作绯闻）；为了找到理想对象，可以靠真情实意去打动，也可以靠优越条件去吸引……

发展是好的变化，这就要求手段的正当性，手段的多样性并不抵触正当性。所谓正当性就是被法律和道德所允许，违法背德的手段可以实现个人私欲的目的，但这不是发展而是堕落，最终可能导致个人的毁灭。在人类历史上，通过不正当手段达到个人目的的事情数不胜数。从古代的宫廷政变阴谋篡权，到现代的商业诈骗贿选丑闻，人不论男女老少，地不分东南西北，都存在这种现象。"为达目的，不择手段。"马基雅维利的名言是对人类劣根性的总结，因其深刻性而产生重大影响，也引来伪君子的辩解或抨击。争议归争议，这种现象并未消失。

当今中国社会由于市场经济的负面影响，一些人私欲膨胀，不择手段追逐私利的事情屡见不鲜：为争遗产而骨肉相残，为争权夺位而朋友反目甚至买凶杀人，为赚黑心钱而在生产经营中掺杂使假，在政界买官卖官，在科研领域弄虚作假，在招投标搞项目建工程中大肆行贿受贿，独霸一方巧取豪夺，官商勾结，权钱交易，权色交易，官员为不法之徒充当保护伞，专家学者做虚假鉴定，明星作虚假广告，为了求官求名而卖身投靠，为了逃避责任而遗弃家庭成员，各行各业流行"潜规则"……所有这些，都为马基雅维利主义提供了证明，也为社会留下了污点和阴影，令人作呕，令人愤怒，做这些事情的人最终也不会有好结果。

(二) 发展的代价和补偿

人做任何事情都要付出一定的代价，连吃一口饭，呼吸一口空气都要付出一定的体力，何况其他？有付出就会有收获，有收获，人就更愿意付出，二者构成相互作用的因果关系，形成良性循环，伴随着主体的发展过程。也有付出代价没有收获或收获不理想的情况。原因很复杂，可能是付出不够，也可能方向偏差，可能是主观原因，也可能是客观原因，需要具体情况具体分析。

1. 国家和社会发展需要付出的代价

一个新国家的形成，新政权的诞生，新秩序的建立，首先需要该国的人民付出鲜血、生命、财产等方面的巨大牺牲。为了推翻旧的反动统治需要进行武装斗争，数不清的人因此而受伤流血、残疾、死亡；人民还要捐钱捐物、买枪买炮，买粮买药；几十年甚至上百年创下的家业被损毁、被抛弃，人民背井离乡；每次战争结束后，人民还要忍饥受冻，艰苦奋斗，去修复战争创伤；每一个亲人的离去都会给其他人造成难以平复的精神悲痛。在国家经济建设和巩固政权时期，同样需要人民流血流汗，拼搏在各个领域，各个战线，舍小家顾大家，先公后私，大公无私，以此推动国家和社会的发展。

国家和社会的发展需要付出人力的代价。为了保卫国家、抵抗侵略、巩固国防，需要许多人参军入伍，和平时期虽有减少，但军队都是由青壮年所组成，有时也要扩军；为了支援边疆，需要动员许多青壮年人才；为了从事某项大的运动或工程，也需要大量青壮年的投入；青壮年是人口的大多数，比老弱病残人口更有力量，因此成为国家和社会发展的骨干力量。"青年强则国家强"成为多数人的共识。老年人则是以知识和智慧为国家出力，为政府各部门献计献策（如国务院参事一般由60岁左右的专家担任）。少年儿童是国家和民族的未来，各国均重视对其进行教育和培养，并根据本国国情制定人口政策，中国最近关于生二孩的政策就反映了对人力资源的重视。

国家和社会的发展需要付出物力和财力的代价。发展经济要耗费大量的资源和能源，电力、石油、煤炭、矿藏、木材等方面的消耗必不可免，城市的扩大和道路的拓展必然占用土地资源，发展电力需要水力资源等等。进行基本建设、巩固国防、引进国外先进设备和技术、发展教育科学文化、保障和提高人民生活等诸多方面，都需要财力的支出，不花钱是办不成事情的。

国家和社会的发展还需要付出改革的代价。改革是发展的必由之路，但改革也会引起社会动荡，带来一定时间内的社会混乱和失序、旧体制、旧秩序、旧习惯、旧的行为方式被打破，传统思维方式被冲击，这都会给社会成员带来精神上的迷茫、困惑、失落和苦闷。改革还会给一些社会成员造成物质利益的损害，如下岗、移民、拆迁等，会引起当事人的不满。改革也会引起国际的关注，招来误解和攻击（如改革初期针对中国的"变修论"和现在的"威胁论"）。

2. 个人发展需要付出的代价

时间代价：时间是事物运动的持续性和顺序性，时间表现在人身上，就是人的生命过程，就是人的寿命长短。时间面前人人平等，任何个体生命都会死亡；平等不等于相同，每个人的生命长短不一样；时间是客观的，人该死时想不死也不行（那些竭力寻找长生不死药，幻想多活500年的中国帝王们无人如愿，徒留笑柄）；时间又有主观性，如何走过相对固定的生命里程，不同的人有不同的选择；时间是无限和有限的统一，个人拥有的时间是有限的，如何分配时间，既反映出人的思想境界，也影响个人的发展状况。中共中央总书记习近平问："时间都去哪了？"不同的中国人当然会有不同的回答。用于吃喝玩乐的时间多了，工作和学习的时间就少了；勾心斗角的时间多了，解决问题的时间就少了；闲扯的时间多了，干正事的时间就少了；陪别人应酬的时间多了，陪家人的时间就少了；花钱的时间多了，赚钱的时间就少了；用于某一事情的时间多了，用于其他事情的时间就少了……一个立志要有所发展的人就要把有限的时间用在正地方，用在与发展目标最贴近的事情上。想成为科学家，就要把时间用在研究和实验上；想成为作家，就要把时间用在思考和写作上；想成为好干部，就要把时间用在为人民服务上；想成为好教师，就要把时间用在了解学生和认真备课上；想成为出色的士兵或运动员，就要把时间用在刻苦训练上；想成为哲学家思想家，就要把时间用在对人类重大问题的思考上；想成为某一方面的专家，就要把时间用在对专业知识和技能的钻研上；想考上高层次的好学校，就要把时间用在读书和练习上；对于古今中外那些关于珍惜时间的格言，不能只记在本子上挂在口头上，而要落实在行动上。

身体代价：要发展就要努力，就要摔打磨炼而不能养尊处优。不论在哪个领域，不论进行什么活动，想要取得成绩，都离不开身体的付出。体力劳动的人往往弯腰驼背、两手老茧、一身伤病、脑力劳动为主的人普遍身心疲惫。为实现发展目标而拼搏的人甚至容易早衰、早死,充分证明"要奋斗就会有牺牲"的道理。

精神代价:一个立志要有所发展的人总会给自己制定某种发展目标,为此就会经常地超强度的思考;为了实现目标,会采取与一般人不一致的行动,为此就会招致一些非议,甚至嘲笑、讽刺和打击,包括亲人朋友的误解和埋怨;为了得到家长和上司的支持,需要动很多脑筋想很多办法;为了生存和积蓄发展的力量,有时还要忍辱负重……所有这些,都对发展主体构成巨大精神压力,需要主体学会在逆境中成长。

经济代价:做事就要花钱,国家和个人皆如此。人为了生存,在吃的方面维持温饱即可,但为了发展就要增加食物数量提高质量,就要为此多花钱;为了生存,衣服只要护体即可,但为了发展就要满足相应的要求(如大学毕业生找工作面试时都要置办较高档的服装);学生为了读书,需要支付许多学费、食宿费、管理费、赞助费、校服费、交通费、班费,要想在文体方面有特殊发展还要付特殊学费、辅导费、用具费;毕业后去一线城市发展,要付出相当高的生活费等等。

3. 该付的代价和不该付的代价

该付的代价是为了获得好的结果而付出的代价,收获必须大于付出、产出必须大于投入。这种代价包括:为了民族独立、人民解放、保家卫国而牺牲的人的生命,为抢险救灾或紧急避险而造成的伤亡;为经济繁荣、社会稳定、保障和改善人民生活、提高国际地位,而付出的人力、物力、财力;个人为了发展而付出的时间、体力心力、一定的金钱……

不该付出的代价:战争中或施工中因为错误指挥而牺牲的生命及造成的伤残;为获得或保护某种物品而造成的各种伤亡(如各种矿难的遇难者、为捞回几根木头而牺牲的优秀青年……);由于他人的罪行或过错而造成的伤亡;个人为自身具体目标而付出的生命和健康;由于错误决策造成的重大经济损失(数以亿计的损失被称之为"交学费")……

有些代价在国家和个人的发展中已经付出或可能付出,但是否该付存在争议。例如:

生命和健康:少先队员刘文学该不该为几只辣椒与地主搏斗而

丧生？好少年赖宁该不该为扑山火而献身？草原英雄小姐妹龙梅和玉荣该不该为保护羊群而伤残？媒体报道的许多英雄模范，该不该长期带病工作而使自己英年早逝？知识分子该不该为了评职称呕心沥血写书作文？人该不该为钱而卖命？各类学生该不该为考高分而把自己变成近视眼或弱不禁风的豆芽菜？

道德：经济要昌盛是否一定要娼盛？"黄、赌、毒"的泛滥有没有必然性？"笑贫不笑娼"有没有合理性？扫黄战争该不该打？能否打赢？市场经济强化个人本位，是否应当鼓吹个人主义？自私是人的本性，是否时时处处都可以追逐私利？个人为了升官发财是否可以抛弃人格和尊严？人格和尊严既不能带来利益又阻碍利益的获得，要之何用？溜须拍马有助于提拔，有何不可？越不要脸活得越好，要脸干吗？"为达目的不择手段"究竟对不对？如果不对为什么流行？当今中国的道德是在"滑坡"还是在"爬坡"？

环境：唯物史观把环境看成是一项重要的社会物质生活条件，联合国要求各成员国制定并实施可持续发展战略，中国提出了包括可持续在内的科学发展观，这一切表明，环境是不该付出的代价。但是，为了人类生存和生活得更美好，就必须发展经济，就必须发展工农业及其他行业的生产。在不具备无害化处理能力的情况下，产生的废气、废水、废渣、烟尘、恶臭，总得有个排放的地方吧？所以环境污染不可避免，这是谁都知道不该付、不愿付，但又不得不付的代价。当代中国由于经济和科技发展不平衡，在环保方面也不平衡。发达地区已经历了最困难的阶段，有能力也有意愿搞好环保，于是涌现许多"花园型城市"。贫困落后地区有意愿却无能力搞好环保，也有人只图经济利益或政绩无心环保。从道理上说，人们懂得不应当"吃祖宗饭，断子孙路"，但当生存都成问题时，又怎能有心情去欣赏绿水青山？

金钱：要发展当然要花钱，但是否所有花出去的钱都是该花的？是否都花在了关键地方？是否能产生较高的效益？国家花的是人民的钱，是否都为人民办了好事？每年数千亿的"三公消费"，哪些合理哪些不合理？不合理的怎么办？是否所有的城市都应建大广场宽马路？是否所有的机关都应进豪华大高楼？是否所有的干部都需要豪华大办公室？都需要经常出国？是否需要靠公款宴请才能联络感情？是否坐豪车才能有气派？是否送厚礼才能办成事情？当确实存在着"不送不成，厚送就成"现象时，贫穷的人怎么办？正直的人怎么办？对于作为发展主体的个人来说，金钱的数量与自身素质是否成正比？金钱的使用能否带来真正的业绩？花钱能买来名声和奖励，能否买来高强的能力？花钱也可能买来官阶，能否保证长期稳坐交椅？花大钱可以送子女出国，能否保证真成人才？

对于这些代价是否该付的争议不应强求一律，应当尊重每个人的想法，但国家和社会应当弘扬主流价值观，帮助人们做出正确的选择。

4. 代价的补偿

对于个人为国家和社会发展付出的代价，国家和社会作为受益方应当给予补偿。代价和补偿是因果关系，二者相互作用。对于个人来说，因为付出了代价，所以得到了补偿；因为得到了补偿，以后还愿意继续付出代价。如果付出的代价没有得到应有的补偿，今后就无人再愿意付出代价，国家和社会的发展就会受到阻碍。

补偿应当遵循公平、合理、及时的原则。对于为国捐躯的烈士及冤假错案的受害人，国家应当给予物质和精神两方面的补偿，物质补偿要合理，要体现人的生命价值，要及时发放，以便保障烈士家属的生活；精神方面，对烈士要给予一贯的尊重和纪念，对受害人要平反和道歉。对于交通事故、生产事故的死难者不论外国人和中国人，城里人和农村人，补偿要平等，同命同价。对于报效祖国的军人，服役期间和退役之后都应给予适当照顾。对于贡献卓著的科学家、各行各业的先进人物，应当给予表彰和奖励。对于普通劳动者，应当给予合理的报酬。

当今中国社会在补偿方面还存在一些问题和不足。例如：广大农村和农民从建国至今为国家和社会做出了重大贡献，却长期受到工农业产品价格的"剪刀差"的不公平待遇及其他方面的歧视，近年来虽然取消了农业税，对种粮农民给予补贴，但仍有许多问题尚待解决；数量巨大的进城农民工为城市建设贡献巨大，但社会身份和地位尴尬低下，工资经常被拖欠；广大普通劳动者报酬偏低，增长缓慢；对失地农民和城市拆迁户的补偿不尽合理，对因为体制改革、结构调整而下岗的工人补偿也不合理，几十年工龄被几万元就买断，甚至有的企业用积压产品抵充；职业病的鉴定和治疗困难重重，甚至有工人被逼开胸验肺；因环境污染导致的疾病得不到及时救治，经济损失极少得到补偿；城乡养老水平不高；等等。这些问题和不足需要国家和社会继续努力，逐步解决，短期内能够解决的就不要拖延。个人面对国家补偿时应当遵守法律和道德，实事求是上报损失情况，不应弄虚作假、漫天要价，否则，国家应拒绝补偿。

个人自己为个人发展而付出的代价从发展的成果中得到了补偿，在付出了时间和金钱、身体和精神的代价以后，个人事业有成、目标达到，足以使个人感到欣慰了。如果付出了代价没有得到应有的收获，就应认真反思，总结经验教训，纠正失误之处，调整努力的方向和方式，以利再次拼搏。

（三）发展的表现或标准

发展是飞跃，要通过现象表现出来，这些表现也就成为评价发展的标准。

1. 国家或社会发展的表现或标准

根据历史唯物主义原理，生产力是社会发展的最终决定力量。同时也是衡量社会进步的根本标准。此外国家和社会的发展还通过以下几方面表现出来：

①统一：国家统一，领土完整，民族团结，社会和谐，这是国家强盛的基础。反之，领土分裂，民族隔绝，亲人离散，国家必然处于衰弱状态。国家统一，才能协调各方面关系，建立和保持良好的社会秩序，实行规范化管理，凝聚力量，推动社会的全面建设，抵御外部侵略。在中国历史上，秦朝建立了第一个统一的庞大帝国，书同文、车同轨，统一度量衡，用郡县制代替分封制，使中国社会进入到一个全新的阶段，虽然秦朝二世即亡，但秦始皇统一中国的功绩为他赢得了历史地位。此后大汉王朝、大唐盛世、康乾盛世等也都是在统一的前提下出现的。而在三国时期，国家分裂，战乱频繁，人口锐减，民生凋敝。虽然文学作品的描写引人入胜，历史真相却惨不忍睹。满清末年，外国强盗入侵，中国沦为半殖民地半封建社会；民国初期，军阀割据；此后又被日寇占领，国破家亡，人民死难。屈辱和抗争构成中国近代史。只是在中华人民共和国成立以后，中国才发生翻天覆地的变化。改革开放以后，香港和澳门通过"一国两制"回归祖国。中国人民热切期盼台湾也能早日回归，彻底实现国家统一，共同开创中国民族伟大复兴新局面。

②文明：国家和社会的发展，必然通过自身的文明程度表现出来。物质文明——发达的生产力；丰富的产品；庞大的经济总量和较快的增长速度及良好的经济效益；完善的社会保障体系；先进的生产关系；较高的人民生活水平；繁华的城市、富裕的乡村……政治文明——代表人民意志的宪法和法律、健全的法治；人民享有广泛的平等、自由和民主权利；保护人民利益的各种制度和政策，廉洁高效的政府和高素质的工作人员；完善而有效的监督机制……精神文明——先进的文化建设（高水平的教育、科学、卫生、体育、文化设施）；有理想、有道德、有文化、有纪律的公民；高尚的思想觉悟和情操……生态文明——优美的自然环境；完善的保护制度和措施；对资源的合理开发利用；循环经济……所有的文明同时并存，一起建设，相互促进，共同发展，才表明国家和社会的进步。

③公平：一个国家和社会不但应当经济发达、物质富裕，而且每个社会成员都应当受到公平的待遇。没有剥削者和被剥削者，没有压迫者和被压迫者，法律面前人人平等。

能否得到合适的岗位取决于个人特长，能否得到提升，取决于个人业绩，能否得到奖励取决于个人贡献，能否得到报酬取决于个人劳动，这就是公平。

公平既是国家和社会发展的结果，又是发展的原因，既是发展的证明，又是发展的条件。实现了公平，社会成员就会心平气顺，服从管理、乐于奉献，否则就会不满、抗拒、闹事、破坏、甚至联合暴动推翻政府。

一个国家和政府对待本国人民应当一视同仁。不能因为民族、性别、地域、信仰、财产等差别而歧视，不能容忍原有的不公平，不能放任当下的不公平，不能制造新的不公平。

当今中国社会不公平的现象依然存在，比较突出的是：对农民及农民工和下岗工人的待遇不公平、城市本地人和外来人的待遇不公平、对女性的求学、求职待遇不公平、退休养老双轨制不公平、教育不公平、医疗不公平、收入分配不公平……

这些不公平的存在影响弱势群体的生活和心态，影响社会的和谐稳定，影响国家的长治久安和顺利发展。虽然公平是相对的，公平不等于完全无差别，公平的实现是一个过程，但显著的不公平对国家和社会显然是不利的，党和政府应高度重视尽力解决之。

④安全：与公平一样，安全也是国家和社会发展的结果和原因、证明和条件。如果一个国家经济发达、人民富裕、法制健全、精神高尚，自然就会减少犯罪，增加安全系数。反之，经济落后，人民贫困、觉悟低下、盗贼横行，安全当然就没有保障。如果一个国家一方面钱多、东西多，另一方面灾难多、犯罪多，那么就只能称为片面发展或畸形发展。只有富裕和安全同时并存并进，才是发展的理想状态。

安全包括国家安全和社会安全，前者指的是国家领土和主权未受他国侵犯，国内没有发生重大的灾难；后者指的是人民的生命、健康和财产得到保障，社会秩序得到遵守和维护。

当前，虽然没有侵略者敢踏入中国的大门，但各种敌对势力对中国的武力威胁还存在，所以我们要保持高度警惕，努力打造一支忠于人民忠于党能打胜仗的军队，做好军事斗争准备，加强国防及相关建设。在社会安全方面中国的问题还有很多：国内有恐怖分子、分裂势力、黑社会，经常进行打、砸、抢、烧、杀，严重威胁人民安全；生产事故频发，厂难矿难连续不断；交通事故居高不下，各种车祸瞬间夺命；食品药品掺假掺毒，令人恐惧；环境污染致人伤病甚至死亡，令人心惊；婴儿被人抛弃、被拐卖、被害死；少年儿童被打残然后被逼充当乞讨的工具；成年人被绑架；少女被威逼或诱骗去卖淫；黑心老板把工人置于高度危险中，置其生命和健康于不顾，任意延长工作时间、加大劳动强度；幼儿和小学生被不良教师体罚打伤甚至打残；病人被假医庸医治坏治死；案件嫌疑人在刑讯逼供中、罪犯在服刑中，因各种原因致伤致死；危险物品保存与运输中发生泄露致人中毒；公共设施保护和维修不及时不到位致人伤亡（如燃气爆炸、供热供水管道爆炸、井盖丢失、施工挖坑挖沟或鱼塘水库未设警示标志、医疗垃圾乱扔乱放等）；人们的钱款、衣物、首饰、车辆，在不同场合被偷、被抢、被骗；银行存款在主人不知道的情况下被转走；合法房屋在主人不同意的情况下被强拆……这些安全问题的产生既有国家和社会的原因，也有当事人个人的原因，国家和社会是主要方面，更应当主动负起责任。

⑤尊严：人是国家和社会的主体，也是国家和社会发展的目的。有尊严是人高于动物的地方，也是人之为人的根据之一，让人活得有尊严，是国家和社会发展的表现和目的之一。

在人类历史上许多时候人的尊严是分裂的、片面的。奴隶社会的奴隶不被当人看，无尊严可言；封建社会的农民依附于地主，也谈不上什么尊严，更何况法律规定"百姓告官当问斩"；在资本主义发展初期，表面上规定法律面前人人平等，但对于广大无产者来说，由于贫困和饥饿而被绑在资本的战车上，如马克思所言，出卖自己的皮让资本家来鞣。实际上既无平等也无尊严。当今发达资本主义国家在人的尊严方面有所改善，这是社会进步和工人阶级长期斗争的结果。

中国古代其实并没有真正的尊严，有的只是权势的威严，只属于各级各类的统治者。近代史上，中国人民在帝国主义铁蹄下饱受欺凌，在"三座大山"压迫下苟延残喘，只是随着中华人民共和国的成立，中国人民从此站起来了，才开始有了尊严。通过30多年的改革开放，炎黄子孙昂起了头颅，海外侨胞挺起了腰杆。

但是，中国人的尊严还经常被侵犯、被漠视、被践踏。"文化大革命"期间对所谓的革命对象极力丑化和侮辱；普遍的贫穷使人低三下四；官僚主义者对普通民众任意训斥甚至辱骂，不正之风迫使民众不得不委曲求全，对有权势者曲意奉承；个别执法人员刑讯逼供、私闯民宅、任意搜身、虐待服刑或违法人员（如把小偷和卖淫女捆绑游行示众）；偷拍偷录、利用网络传播谣言、对有过错的人剥衣羞辱……中国政府郑重承诺，要让中国人民生活得有尊严，但如何实现还要认真研究，需要通过发展物质文明、政治文明和精神文明来为此创造各种条件，作为社会成员的个人也应努力。

⑥幸福：幸福是人对自己生活状况感到满意或知足的一种心理状态，幸福因人而异，在所处时代、年龄、性别、职业、文化程度、宗教信仰、社会地位等方面有差别的人，其幸福感也不同。但前文所述的各个方面则构成了不同人产生幸福感的共同基础。

生活在国家统一状态下人一般来说就不会因战争而丧命，亲人离散家破人亡的惨剧就会避免；生活在文明程度较高的国家自然会减少野蛮；生活在安全的社会里就没有后顾之忧；生活在公平的社会里就会心情舒畅；活得有尊严才会对生活更有信心。

这些共同基础主要靠国家来奠定，人民如果普遍感到幸福，说明国家履行了自己的职责；反过来说，因为国家在这些方面做得好，人民才会感到幸福；人民如果觉得幸福，就会珍惜美好生活，就会自觉维护国家统一和安全，促进文明与公平和尊严。处于这种良性互动的因果关系中，社会才会健康和谐地向前发展。

随着"三座大山"被推翻，获得解放的中国人普遍产生幸福感，后来，伴随着国家遇到的曲折，人们对幸福问题也产生困惑，并在一段时间发生扭曲（如在"文革"中有人把参加"阶级斗争"、搞运动、整人理解为幸福）。改革开放以来，由于社会的进步，人们的幸福感与日俱增，"幸福"成为使用频率较高的词语。

但由于各种原因，当前中国人的发展状况不平衡，导致人们的幸福观和幸福感也不一样，强势群体和弱势群体之间有很大差别。对于尚未脱贫的一亿多人口来说，幸福还很遥远；对于已经脱贫却又因天灾人祸、求学就医而重新返贫的人来说，幸福是个留不住的娇客；对于长期瘫痪的病人来说，幸福是一种讽刺；对于因课业负担重而对退休的爷爷非常羡慕的小学生来说，幸福是个疑问；对于全国2000多万无人照顾的80岁以上老人来说，幸福是一种奢望……由此可见，中国人在追求幸福的道路上仍然是任重而道远。中共中央总书记习近平多次强调："13亿中国人民对幸福生活的向往就是我们的奋斗目标"。这种承诺值得信任和期待。

2. 个人发展的表现或标准

现代西方存在主义哲学认为，人的存在先于人的本质，人的存在就是人自己的表现，要从人的表现来评价人。这种观点把现象和本质对立起来，有形而上学的缺欠，但强调人的表现还是有一定道理的。个人的发展状况可以从以下几方面表现出来：

①善良：人之初是性本善还是性本恶，思想家们各执一端，其实应是性本无。任何人都不是天生的天使或恶魔，善与恶是后来形成的，是教育、环境、榜样多方面影响和自我修炼的结果。人小时候不知善恶，凭本能行事，如婴儿不论抓住什么都往嘴里塞，幼儿把什么东西都看成自己的，不许别人碰。后来长大一点，在父母和老师的教育引导下懂得了谦让和给予，这就是善的开端，再后来坚持善行，不为恶事，甚至为他人愿意自我牺牲，这就是德性的完善；有的人受不好的外因影响，从小堕落，后遇好人转而学善，弃恶从善，这也是值得称赞的个人发展。

②达观：即豁达，乐观。在遇到人生矛盾和处理问题时，要从大局出发，从长远考虑，不要只顾眼前，不要斤斤计较，不要过于

看重既得私利，对事情的前景和发展的前途抱有信心。

人往往是"少年不知愁滋味"，一事当前只顾己，有点收获便骄傲，遇到挫折就灰心。茫茫人海，自私自利者多，锱铢必较者多，愁眉苦脸者多，豁达乐观者少。

达观是正确的人生态度，能使自己受益。达观是一种能力，要以掌握客观规律为基础。能够做到达观，表明进入人生新境界。

③宽容：一个人如果做到了善良和达观，就能够宽容别人对自己的过错和伤害，就会懂得"人非圣贤，孰能无过"的道理，就会明白宽容别人就是宽容自己，睚眦必报者自己过得也不好。人们容易做到感恩，愿意投桃报李，甚至受人点水报以涌泉，这是因为先从别人那里得到了恩惠和好处，而宽容之前则是先受到了别人的伤害，所以，能够宽容或饶恕别人也表明了本人的境界，难能可贵。

但是，宽容也要有原则、讲是非、有底线，否则，宽容就是纵容，饶恕就成了愚蠢。正因如此，少林方丈面对杀人恶魔指示弟子："超度他们到极乐世界去吧！"鲁迅对敌人"一个也不饶恕"，"东郭先生和狼"的故事值得永记。

④尊重：人首先要学会尊重自己。当一个小孩儿做错了事会脸红、得了表扬会高兴、受到冤枉会生气时，表明他或她开始有了自尊心，这是成长的标志。

人在工作和生活中应当时刻保有自尊心，要捍卫自己的尊严。为此就要做好本职工作，要知道没有完成任务或没有达到岗位要求是很丢人的事情。如（教师点错学生名字、讲课时出现知识性错误），为避免丢人就要加强学习。

人要自尊，就要尊重自己的人格和名誉，不容别人践踏。同时也要遵纪守法、讲文明、懂礼貌、举止优雅、不卑不亢。自尊者人尊之，自重者人重之，不知自尊的人，也被瞧不起。

此外，人还要尊重别人，这表明人认识到了自己与他人的共同性和互补性，"你敬我一尺，我敬你一丈"，互相尊重，共同受益。尊重别人，包括尊重别人的人格、名誉、劳动、隐私、意见等方面，为此，对别人要做到不打骂、不诬蔑、不冒充、不剽窃、不窥视、不压制，尤其在保障学术自由方面，应当像伏尔泰所主张的那样，"我虽然不同意你的观点，但我坚决捍卫你发表观点的权利。"

当今中国社会在尊重方面还存在许多问题，给个人和社会的发展带来了负面影响。有些人既不知自尊也不尊重别人，学生不像学生、教师不像教师、干部不像干部、老人不像老人，却像地痞、骗子、恶霸、无赖。公众场合举止不当、衣着不得体、污言秽语、撒泼斗狠、互相谩骂、以势压人、刁难群众、破坏秩序、肆无忌惮地剽窃他人成果、明目张胆地毁人声誉、厚颜无耻地自吹自擂、不择手段地抢钱捞名，还有性别、年龄、职业、教育等方面的歧视……所有这些，既失了当事人的脸面，也有损国格。

存在这些问题有社会原因，但个人不要把这些责任都推给社会或其他人，先想想自己做得怎样？该做的做到没有？不该做的做了多少？把衣服穿好再出门、见到熟人要打个招呼、见到长辈问声好、不说脏话、自己摔倒别讹人、别乱扔瓜果皮核……做到这些很难吗？不应该吗？对自己和别人连起码的尊重都没有，在个人发展的道路上能走得远吗？能走得顺利吗？

⑤自信：一个人有没有自信心也是个人发展程度的表现。幼儿和少年身体弱、能力差、知识少、当然谈不上有自信，许多事情都依赖老师、父母或其他亲人。随着素质的完善，人的自信心会从无到有、从弱到强。学校和家庭要通过各种方式培养学生的自信心，多进行鼓励式、肯定式教育，对任何一点成绩都应给予及时而适当的表扬，而不能从早到晚、从小到大一直泼冷水，要宽容孩子和学生的过错和失败。对于成人和老年人来说，自信有助于激发兴趣、克服困难，从而促进发展。

任何人都需要自信，自信需要培植和爱护，自信以知识和能力为基础，自信还要力戒盲目性。

⑥自制：有没有自我控制的能力，这是评价一个人是否成熟的标准之一。小孩儿没有自制力，靠本能支配，饿了就要吃，渴了就要喝，疼了就会叫，要求没达到就会哭闹，大人一般没有这种现象。自制能力的形成过程也就是人的成熟过程，是逐渐培养磨炼的。

缺乏自制能力的人表现为急躁、激动、情绪化，由于"冲动是魔鬼"往往容易说错话办错事，既造成损失也引来后悔。所以列宁曾说，哪怕是对自己一点小的克制，也可以使人变得强而有力。虽然俄国作家高尔基认为，人的精华都在脾气里面，但俗话又说，真正厉害的人从来也不暴跳如雷。人有脾气是应该的，乱发脾气却是有害的。增强自制力不但能减少乱发脾气，还能控制欲望、抵制外界的诱惑，防止发展主体滑入堕落的深渊。

⑦坚毅：坚定的意志和顽强的毅力，是个人发展的重要心理条件。它们和自信自制一样，也是刻苦磨炼而成的，在人的发展实践中能使人勇往直前、百折不挠、敢迎挑战、愈挫愈奋、战胜强敌、夺取胜利。

坚毅使人不怕苦、不怕难、不怕死；坚毅是勇士的依据，是成功的保证；每个人都应努力拥有。"两军相逢勇者胜"，勇者凭借的是坚毅。

中国工农红军长征二万五千里，胜利到达陕北的都是坚毅之人；各种灾难和事故中长期被困而最后活下来的也都是坚毅之人；战胜各种艰难险阻登上事业顶峰的还是坚毅之人。

毛泽东曾说，有利的情况和主动的恢复，产生于再坚持一下的努力之中。这里的坚持和努力，靠的就是坚毅。人无坚毅将一事无成。

⑧责任：一个人负有什么样的责任、多大的责任，这也是衡量个人的一个指标。父母负有养家糊口、抚养子女的责任，子女负有赡养老人的责任，教师负有教书育人的责任，军人负有保家卫国的责任，官员负有为民解困的责任，企业主负有经营管理的责任，国家领导人负有为民造福的责任。

人以某种社会角色存在，担任什么角色就有什么责任，担任几种角色就有几种责任，责任就是义务，就要履行，否则就要付出代价。评价一个人的发展，标准之一就是看他是否履行了责任和义务及履行得怎么样。所以，个人要有责任心和义务感乃至使命感。

"九·一八"事变以后，张学良受到人民唾骂，因为他未能尽到军人的守土之责，后来由于"西安事变"才赢得爱国将领的称号。周恩来为人民鞠躬尽瘁，死而后已，所以受到万民敬仰。近年来，社会上再次掀起学习雷锋、焦裕禄的热潮，评选出最美乡村教师、最美乡村医生等模范人物，都是因为他们在对祖国、对人民尽责任方面出类拔萃。

但目前在中国社会也有责任感缺失的情况。如有的父母不尽责致使子女遭遗弃甚至被饿死、有的子女不尽责使老人得不到赡养和照顾、有的教师不尽责上课糊弄学生、有的医生不尽责搪塞病人、有的官员不尽责不作为或乱作为，等等。对于这些不尽责的人来说，官再大钱再多也不算真正的发展，国家和社会应当采取适当的措施加以纠正。

⑨能力：人只有具备某种能力才能生存和发展，多数人也都是具备某种能力的，一个人的能力从无到有、从弱到强，显示了一个人的发展过程。

婴幼儿的能力表现为进食能力、说话能力、辨认能力、穿衣能力、走路能力、模仿能力；青少年的能力主要是学习能力、与人交往能力、自主生活能力和一定程度上的创新能力；中年人的能力主要是工作能力、在某一领域取得突出业绩的能力、解决问题的能力、领导能力、沟通协调能力；老年人则是照顾好自己的能力、老有所为老有所乐的能力。每一种能力的获得和拥有，都是个人发展的小小里程碑。

当今中国处于大发展的时代，也是对个人能力大考验、高需求的时代，同时也为个人能力的获得与提高创造了机会，搭建了平台，个人不应错过。

⑩财富：财富是实现理想、获得幸福的物质基础，离开这一基础，理想就可能变成幻想，幸福就成了空中楼阁。人的能力中就包含着获得财富的能力，人通过正当途径获得的财富是能力的表现、发展的标志和进一步发展的条件。

除了婴儿和精神病患者以外，世上人都知道财富的价值，都在用各种手段去努力获取，当代中国人也早已抛弃"越穷越光荣"的荒谬观念，正在为财富而奔忙。比尔·盖茨、巴菲特、李嘉诚及其他大富豪已成为许多中国人的偶像，每年媒体公布的富豪榜都吸引无数人的目光，炒股和买彩票勾起了许多人一夜暴富的梦想。

但人们还应记住"君子爱财，取之有道"，"人为财死，鸟为食亡"。财富应当成为人追求的目标，但不应该成为唯一的和最重要的目标；追求的方法要合理、合法，不能走歪门邪道；获得的财富也应当用于正当事业，对待财富的态度也能反映人的境界。

⑪职级：各种职业内部有等级，每种职业分为若干等，不同等级有不同待遇，带来不同的收入，在社会上受到不同的对待，所以，许多社会成员对此非常重视，甚至作为终生奋斗目标，个人处于哪个等级也就成为其发展的外在标志。

在中国，除了农民以外，其他各行各业几乎都有职级：公务员系列，有股级、科级、处级、厅局级、部级，每一级还都有副职，另一种表述是村级、乡级、县（区）级、地（市）级、省级；军队的军衔分为尉官、校官、将官，每一级分为少——中——上三层；警察分为警司、警督、警监，每一级与军队相同；教师从幼教、小教、中教到高教，各系统内都包含若干层次，目前仅高校中的教授就分为四个等级；医生分为主任医师、副主任医师、主治医师；企业分为从技工到总工若干级；记者、编辑、法官、律师、演员、运动员、厨师……各领域都有等级划分。

分属于不同领域的个人就把这些等级作为评价自己和别人发展状况的标准，所处的等级越高，被认为发展得越好，这是一种普遍的社会看法，但却不一定科学，因为有时一个人的实际才能和贡献与其职级不一定相符，获得职级的手段也不一定正当，所以，这一标准能否成立值得商榷，即使成立，用什么手段去获得职级，也是对人性的一种考验。

⑫名声：人与动物有许多区别，其中之一是每个人都有自己的姓名（中国古代人除姓名外还有"字"），动物只有类或种属纲目的名称，一群猴中的每一只都叫猴，只能以公母、大小稍加区别。每个人都有自己的姓名，和动物相比这是令人骄傲的地方。人还通过自己的活动把自己的姓名传播出去，使别人认识和评价自己，由此产生了名声。

名声有好有坏，有的人流芳千古，有的人遗臭万年。名声有大有小，有的人名扬世界，有的人知者寥寥。名声对个人有不同影响，取决于名声好与坏，有好名声的人令人尊重，赢得服从和帮助（如水浒里宋江每逢劫难都有人救），有坏名声的人令人惧怕和痛恨（据说谋害宋江的奸臣蔡京后来流放时无人相助活活饿死）。

名声好与坏，由个人行为的性质决定，行善事者自然有好名声，行恶事者难逃坏名声。名声大小与个人的财富、职级、地位相联系，各个国家的主要领导人想不出名也办不到。名声对个人的作用有两面性，著名艺术家或运动员的名字能给其带来财富，美国总统名气大却经常招致暗杀。

作为发展的表现或标准的名声应当是好名声，没有名声就像没有财富和地位一样，会被人认为"啥也不是，没混出个人样来"。所以，适当追求好名声也是无可厚非。但好名声的获得取决于个人对社会和他人的奉献而不取决于主观追求，反而是"有意栽花花不开，无心插柳柳成荫"。那些名垂青史的英雄豪杰和名闻遐迩的模范人物，没有一个是只顾追求名声的人。求而不得、不求而得，这正是人生辩证法的体现。

古今中外不择手段追求名声的人留下的只是恶名、骂名、笑名。已经获得一定好名声的人要把它作为对自己的鞭策和进一步发展的动力，要对自己有清醒的认识，防止浪得虚名或被名声所累。

⑬社会认可度：一个人发展得好与坏不由本人说了算，而要由社会评价来确定。一个人是否善良、是否有能力、是否尽了责任和义务、应当获得什么名声，这既要有个人的表现，更要看社会舆论如何评判。

从小学到博士和公务员，通过各种考试被录取了的人，这是个人能力得到了社会认可；个人被提拔、被评为先进人物，这是个人业绩得到了社会的认可；没有很多财富或很高职级的人却得到了好名声，这是个人品行得到了社会认可。

一个人的所作所为不可能被所有人一致认可，但应力争得到多数人的认可。一个人如果升了官、发了财、得到了荣誉称号，却被多数人嗤之以鼻、无人钦佩，这也不是真正的发展。

第四章 社会存在与社会意识的辩证法

社会存在与社会意识的关系是历史唯物主义基本原理之一,对这一问题的回答是历史唯物主义与历史唯心主义的分水岭,马克思和恩格斯正是由于正确地回答了这一历史观的基本问题,才实现了哲学史上的根本变革。但长期以来,人们对这一问题的理解存在着简单化的倾向,不利于应用这一原理指导实践,所以应当深入探讨,下面从唯物辩证法的角度作一尝试。

一、社会存在与社会意识的涵义

(一)社会存在和社会意识

理解社会存在问题,首先需要回顾一下马克思主义经典作家们的相关论述,以便为进一步的探讨提供一个正确的出发点。

马克思和恩格斯在1846年《德意志意识形态》中明确提出社会存在决定社会意识;在1848年《共产党宣言》中提出,人们的意识随着人们的生活条件、人们的社会关系、人们的社会存在的改变而改变;马克思在1859年《政治经济学批判·序言》中概括了一段经典原理,即物质生活的生产方式制约着整个社会生活、政治生活和精神生活的过程,不是人们的意识决定人们的存在,相反,是人们的社会存在决定人们的意识。这些论述表明,社会存在决定社会意识是马克思和恩格斯一致的和一贯的看法,是他们为唯物史观制定的第一个基本原理。恩格斯在1880年《社会主义从空想到科学的发展》中指出,由于这一原理的制定,唯心主义从它最后的避难所即历史观中被驱逐出来了,唯物主义历史观被提出来了,用人们的存

第四章 社会存在与社会意识的辩证法

在说明他们的意识而不是像以往那样用人们的意识说明他们的存在这样一条道路已经找到了。

马克思和恩格斯制定的这一原理被拉法格、拉布里奥拉、梅林、考茨基、普列汉诺夫、列宁、斯大林、毛泽东等人所继承,由于他们的传播而扩大了影响,后来,这一原理被写入《历史唯物主义》教科书,在世界各地,尤其在苏联和中国被高度重视,一代一代传下去。

这里必须提到一个特殊人物就是斯大林。他参与领导了俄国1917年"十月革命",在列宁逝世后成为苏联党和国家最高领导人,他领导建设了世界上第一个社会主义国家,使之由弱变强;他对中国革命给予了很多援助,被毛泽东称为中国人民的朋友;他领导苏联取得了反法西斯战争的胜利,受到尊敬甚至崇拜;他也因被揭露的种种恶行被称为暴君;他创立的苏联社会主义模式在中国和东欧先被模仿后遭批判;他发表的关于经济、政治、文化甚至语言等各方面的观点都曾被奉为"圣旨",后来也基本被否定。

需要特别指出的是,斯大林写了《论辩证唯物主义和历史唯物主义》小册子,发表在《联共布党史简明教程》第4章第2节,被称为构建了马克思主义哲学体系,后来成为苏联哲学教科书的蓝本,当然也成为中华人民共和国成立以后哲学教科书的蓝本,应当承认,这本书对于宣传马克思主义哲学原理,提高广大干部的理论水平,曾经起过很大作用。改革开放开始后,这本书在中国学术界成为批判的对象,几乎每次哲学研讨会都要批判一番,成为当时的一种时髦。现在,人们已经失去了批判的兴趣,斯大林及其学说已经淡出人们的视野,在论著中人们已经不愿或不敢再引用了。从一个极端走向另一个极端。

斯大林提出并论述了"社会物质生活条件"的概念,认为地理环境、人口、生产方式是社会物质生活条件,其中环境和人口在社会发展中有重要作用,但它们不能决定社会形态的性质和更替,生产方式作为物质生活资料的谋取方式,是社会发展的决定力量。斯大林的这一观点至今保留在教科书中,只不过书中没有他的名字而已。这一观点可以在马克思恩格斯的学说中找到根源。但是,不论是斯大林还是马克思恩格斯,都没有说社会存在就是社会物质生活条件,而是哲学教科书和其他研究资料把二者直接等同起来,互相定义。有的人武断地认定："社会存在是社会发展的决定力量。马克思恩格斯在《德意志意识形态》中概括了社会存在的全部具体内容，生产方式是社会存在的主要内容。第一次把社会存在确定为生产力和生产关系的统一——生产方式。"① 这种说法既不符合社会实际，也不符合马克思恩格斯原意，逻辑也混乱。

列宁认为，马克思之所以把社会经济形态的演进看作是一个自然历史过程，是因为采用了把一切社会关系归结为生产关系、把生产关系归结为生产力的方法。但是，列宁并没有把两个归结等同于社会存在。列宁还以是否通过人们的意识而形成把社会关系区分为物质的社会关系和思想的社会关系，认为生产关系是物质关系，上层建筑是思想关系。但列宁并没有说只有物质关系才是社会存在。

看来问题的关键在于不能把社会存在概念等同于物质、社会物质生活条件、物质的社会关系等概念，必须既看到它们的联系也看到它们的区别。它们的共同点在于都在人的意识之外存在着，都有客观性。区别在于：物质包括自然物和社会物，所以社会存在小于物质。社会存在的概念又大于社会物质生活条件和社会物质关系。

究竟应当如何理解存在和社会存在？

《中国大百科全书·哲学卷》提到，存在一词有两个含义，一是作为物质的代名词与精神或意识相对立，二是与无相对立表示有。第一种含义在恩格斯论述哲学基本问题时使用，第二种含义为大多数哲学家所使用。

从第二种含义来理解，社会存在就是社会的"有"。那么，社会中有什么呢？每个思维正常的人都会发现以下内容：

首先，社会中有人。人是社会动物，人构成了最基本的社会存在，人可以分为不同种族、民族、性别、国家、年龄的人，所有的人都在社会中生活，离开人去谈论社会，除少数动物学家以外，没有意义。

其次，社会中有物。包括自然物，即人化自然或人工自然，也可称为地理环境；社会物，即各种社会组织机构，如国家、政党、社团、企业、公司，等等。自然物可以看作是广义的社会物，因为它们为社会所用，对社会有影响。前面已经谈到，在马克思看来，

---

① 敬永和. 哲学基本概念的演变. 吉林人民出版社 1987：571. 576. 577.

第四章 社会存在与社会意识的辩证法

人以外的自然对于人来说等于无，所以，哲学基本问题中思维与存在的关系实质就是人的思维与社会存在的关系，离开人谈自然存在既无意义也做不到。

再次，社会中有精神。精神是人的精神，存在于人的肉体或之外。精神存在于人的头脑之中，这时精神就被称为思想，它是人脑这一特殊物质的机能和属性，它依赖于物质，承认这一点就是唯物主义，否则是唯心主义。精神也可以存在于人脑之外，表现为语言、书籍、艺术作品、建筑等形式，这时精神被称为文化，现代西方哲学家卡尔·波普尔称为客观知识，被他归为"第三世界"。在这种情况下，精神已经物化，不再依赖思想创造者的大脑，可以世代相传。不论人生前还是死后，人的精神都存在于社会之中，不会升入天堂或坠入地狱。

最后，社会中有关系。社会中的人、物、精神彼此相联系，于是形成了人与人、人与物、物与物、人的肉体与精神、人化自然与精神等等相互关系，社会存在是一种关系性的存在，而不仅是实体性存在。这些关系都是社会辩证法的研究对象，所以有人说，辩证法就是关系学。

各种社会要素大多数通过人类实践才联系起来的。作为社会存在一部分的自然物彼此之间的联系有时不需要通过实践，如地震使地形变化、江河改道，台风把树木连根拔起等等。有时也需要通过实践才发生联系，如地下资源被人开采才能成为其他生产活动的原材料。实践不断地把自在之物变成为我之物，把人和人、人和社会组织联系起来，在实践中人产生思想、交流思想、把思想对象化，从而引起外部世界的变化和人类社会的变化。所以马克思在《关于费尔巴哈的提纲》里才说，社会生活本质上是实践的。

社会所有的人、物、精神、关系，通过实践结成的统一就是社会存在。作为社会主体的人可以对社会存在从不同角度进行研究，可以分为社会的经济结构、政治结构和观念结构，或者叫做社会的物质存在和精神存在，或者像划分文化那样分为物质文化、精神文化和制度文化及行为习俗文化。不论怎样划分，都是以人为核心，以人的实践为纽带。所以，马克思、恩格斯在《德意志意识形态》中给社会存在和社会意识都下了一个简明的定义："意识在任何时候都只能是被意识到了的存在,而人们的存在就是他们的现实生活过程"。① 实际生活过程包括人生的方方面面,要比社会物质生活条件广泛得多,把社会存在等同于社会物质生活条件,面太窄,把社会存在等同于人的实际生活过程比前一个等同更恰当。

人的实际生活过程中,包含极其丰富的内涵。人生的一切矛盾、一切事情、一切活动及其结果,都是人的社会存在。人所进行的革命是反抗旧制度、旧秩序,建立新制度、新秩序的过程;人所进行的改革是调整社会关系的过程;人对柴米油盐酱醋茶的购买和消费活动是维持生命延续的过程;人从事文学艺术活动是创造和享受精神生产成果的过程;等等。

社会存在就是人实际生活过程中存在的一切,包括好的和不好的。鲜花和毒品都是社会存在,对人有不同的作用;车和车祸都是社会存在,对人有不同的影响;成品和废品、核电站与核武器、人的生老病死、朋友和敌人……都是社会存在。垃圾也是社会存在的一部分,垃圾是人生活过程中制造的,垃圾不断被制造又不断被治理,是人实际生活中的一项重要活动。所有人都是垃圾制造者,只有少数人是直接的垃圾处理者,这些人值得所有人尊敬。但垃圾的影响是非常广泛的,提高垃圾处理及回收利用、变废为宝的能力,是现在科技发展的目标之一,尤其是中国的一项重要任务。由于各种原因,中国的垃圾问题日益严重,大城市周边越来越被垃圾堆包围,一些城市里的街道和社区垃圾遍地,旅游景点和许多公共场所垃圾成灾。垃圾成了一种令人头痛的社会存在。

人的实际生活过程是一个整体和部分相统一的过程,既包括人类整体的生活过程,也包括每个人的生活过程,整体制约个体,个体影响整体,研究社会存在时不可偏废。

马克思说过人是有意识的存在物,恩格斯说过思维着的精神是地球上最美丽的花朵。有意识、能思维、是人的基本特征之一,是人区别于动物并优越于动物的标志,是人之为人的一个根据。婴儿没有思维能力而只有本能反应,但人们知道婴儿会长大,充满期待;植物人丧失了思维能力,人们痛心、愧惜,竭力抢救以图恢复;对待精神病患者也是如此,但是精神病患者比植物人有活力,一旦病

---

① 马克思恩格斯选集(第1卷)[M]. 北京:人民出版社,1995,72.

情发作会给其他人造成威胁和危险,所以人们对其既要救护又要防范。目前世界公认的人的死亡标准是脑死亡,即人类意识的彻底丧失,思维活动的彻底终止。不论怎么说,有意识能思维是人值得欣慰的地方。

有意识的人既是自然人更是社会人,人的意识是社会意识,其内容是对社会存在的反映,也就是对人的实际生活过程的反映。实际生活过程中有矛盾,社会意识就有纠结;实际生活过程中有斗争,社会意识就有对待斗争的态度和方法;实际生活过程中有困难,社会意识中就有忧愁,实际生活过程中有收获,社会意识中就有喜悦;实际生活过程中有各种问题,社会意识中就有思考;实际生活过程中有任务,社会意识中就有设计;实际生活过程中有失败或挫折,社会意识中就会有沮丧;实际生活过程中有变化,社会意识中就会有期盼……

(二)个人意识和群体意识

社会意识是对社会存在的反映,是谁在反映呢?反映的主体是谁?教科书上说,主体可分为个人主体、集团主体、社会主体、人类主体。又说,从主体的角度可以把社会意识分为个人意识和群体意识。这两种表述不一致,而且简单化,并未对个人意识和群体意识作出说明。

永恒运动的物质世界在其发展的高级阶段产生了人和人类社会,从此出现了主体和客体的划分及其互相作用,这种相互作用使世界变得丰富多彩。主体是人,表现为个人和群体两种具体形式。个人是现实的个人,是处在一定社会关系中、从事实践活动的、有意识的人。

从意识的来源来说,个人意识是个体实践的产物。个人作为相对独立的主体,为了维持生存和发展,必须从事一定的实践活动,在实践中,个人大脑的意识机能被激活,使个人对自己的实践对象产生感觉,形成一定的思想和观点,于是便产生了个人意识。另外,个人意识还来源于间接经验,即通过读书和当面向别人求教而获得知识,形成个人意识。随着时代的进步,间接经验对于个人意识的重要性日益凸显。

从意识的内容来说,个人意识是对个人的独特的社会地位和社会经历的反映。每个人都在一定的社会环境中生活，有属于他自己的社会地位和经历，这种地位和经历构成了他的社会存在，他的个人意识就是对他的这种社会存在的反映。

首先，有什么样的社会地位和经历就有什么样的个人意识。例如：原始社会时期，当生产力的发展能够经常提供一定的剩余产品时，氏族首领由于所处的特殊地位而产生将其据为己有的意识并付诸行动，经过长期的继续，便导致了阶级的产生。在阶级社会里占统治地位的统治者制定决策考虑的是自己或本阶级本集团利益的需要，不会考虑百姓的死活。法国作家左拉的小说《陪衬人》中，作为上等人的贵夫人阔太太为了掩盖自己的丑陋花钱雇比自己更丑的穷女人陪在身边，以便吸引别人的目光，而穷女人为了生存只能被迫出卖自己的丑相。鲁迅说《红楼梦》贾府里的焦大就不会去爱林妹妹。在社会主义社会人与人是平等的，但由于分工，处于领导位置的人必须比被领导者想得多一些、全一些、远一些、深一些，否则就不合格，而被领导者却可以"无官一身轻"。当然，老百姓也可以并应当关心国家大事，"位卑未敢忘忧国，天下兴亡，匹夫有责"，但考虑的内容和程度与领导者还是有区别的。这也要求领导者必须在其位谋其政，还要谋好政。被领导者先要做好本职工作再顾其他，虽然"不想当元帅的士兵不是好士兵"，但只想当元帅的士兵绝不会是个好士兵。经历不同的人其个人意识也有很大差别，"代沟"就是例证，经历过枪林弹雨的人会比没经历过的人更勇敢更有作战经验，经历过上山下乡的知识青年比较能吃苦，经历过挨饿的人更珍惜粮食，经历过困苦的人更容易感到知足，经历过磨难的人更懂得爱情，经历过各种考验的人意志更坚定……

其次，地位和经历的变化会引起个人意识的变化。但这种变化很复杂，有质和量的区别。同样是爬雪山过草地的老红军，建国后职务提拔，工作变动，生活改善，有的人继续谦虚谨慎，艰苦奋斗，有的人居功自傲、追求名利，被糖衣炮弹打倒。今天被惩处的腐败分子当初也都有过光荣的奋斗历史，却随着地位上升经历改变而堕落。原来贫穷的山村青年，进城里上了大学，许多人珍惜机会刻苦攻读，成为人才，也有人追求享乐，才华渐失变为庸人甚至罪犯。

再次，地位相同而经历不同，或经历相同而地位不同的人，个人意识也不同。同样是领导干部，有工人、农民、知识分子不同经

第四章　社会存在与社会意识的辩证法

历的人看问题的角度或方式会有区别。同样是大学生，成长顺利者和不顺利者的人生观价值观也不尽相同。有着相同经历的革命战友，建国后有的当官有的回乡务农，个人意识区别很大。大学同学毕业后各奔东西，再相聚地位有高有低，思想观点自然有分歧和差距。

个人意识的突出特点是差异性。由于社会环境和社会关系的复杂性，世界上没有两个社会经历完全相同的人，因而也没有完全相同的个人意识。每个人有每个人的意识，有不同的个性，于是形成了丰富多彩的社会生活。双胞胎在成长发育中会有一些生理和心理的共同特征，但其个人对各自生活过程的反映不可能完全一致。

个人意识的差异性由个人独特的社会地位和经历所决定，也要受到家庭，社会关系，教育等方面的影响，还会受到个人发展水平的制约。所谓个人发展水平就是个人实践活动和认识活动的水平。在人类历史的长河中作为主体的个人和客体的相互作用经历了由低级到高级的发展过程。对自然现象来说，在蒙昧时代，人用自己的器官直接感受和改造自然，在文明时代，人利用工具认识和改造自然，工具标志着人对自然的认识程度和改造能力，并推动这种认识和能力向更高阶段发展。对社会现象来说，在蒙昧时代，人用十分低下的思维能力与之相对应，由于生产和科学非常落后，表现为对客体的种种屈服，产生了宗教迷信。在文明时代，随着生产和科学的进步，主体能力提高，社会规律日益被揭示，各种观念的神秘色彩逐渐淡化。今天，人凭借发达的大脑和丰富的科学知识，运用社会和人本身的发展规律来改造社会和自己。在这一过程中，个人意识显示出纵向的差异性。同一时代条件下，不同的个人由于生理心理文化等方面的不同，也会在反映社会存在时表现出横向的差异性。对同一事物，不同的人有不同的看法。

既然决定个人意识差异性的因素是客观存在的，那么个人意识的差异是必然的。人们就不应当凭主观愿望任意扼杀或限制个人的独立个性，不能用主观的方法消灭个人的精神特征，而要承认和保护，以保证社会生活的多样性；另一方面，对于落后腐朽的个人意识还要通过社会的教育力量加以改造。

个人意识根据对社会存在反映程度的不同，表现为个人心理和个人的思想观点或学说这样两种形式。个人心理包括感情——对事物或他人的热爱、仇恨、喜欢、厌恶；情绪——喜怒忧思悲恐惊；

倾向——欢迎、拒绝、赞成、反对；意志和习惯等等。所有这些都是个人在同外部对象的直接交往中产生的，是对社会存在的自发的、零散的、肤浅的、波动的反映。

个人的思想观点或学说是个人意识中的高级成分，是对个人心理的加工再造，具有稳定性系统性和一定程度的深刻性。这种观点或学说的形成首先要有丰富的社会经历和广泛的实践活动，其次要接受良好的教育，具有广博的知识基础和较高的抽象思维能力。

个人意识的两种表现形式在社会发展的不同阶段也呈现不同的情况。在原始社会，个人意识主要表现为个人心理，而且是简单和贫乏的心理。在阶级社会中大多数人也是如此，但由于脑体分工，专门从事脑力劳动的人，其个人意识中一定的思想观点或理论就居主导地位，并且其个人心理也与其他人不同。

社会意识的主体还有群体形式，即一定人群共同体的共同意识。人的特点不仅在于有意识能思维，更在于社会性。人无法单独存在，只有在一定的社会关系中才能存在，无数个人组成社会，社会使人成为人。离群寡居的个体会丧失人的本性，无法成为主体。人的群居性是同人与自然的关系相适应的，这种关系是索取和被索取的关系，人不是像动物那样消极地适应自然，而是通过创造性活动去改造自然以适应自己的需要。要改造自然，单个人的力量是不行的，个人必须以一定的方式结合成群体，原始人哪怕是想打只兔子，也要几个人前堵后追四面包围才能奏效，这就是生产关系产生的必然性。随着生产的日益分化，群体的作用日益增大，个人就不可能孤立存在了。群体在其活动中产生的意识就是群体意识。群体也经历了历史演变的过程，也有多种具体形式，从最初的家庭氏族部落到民族、阶级阶层、政党等，今天还出现了电脑网络上的群。群越来越大，越来越多，群体意识也就越来越复杂。

群体意识是群体实践的产物。没有共同协作的生产实践就不会产生原始氏族的平等意识，没有阶级斗争的实践就不会产生阶级意识，没有全民族的抗战实践就不会有统一战线。

实践不但决定着群体意识能否产生，而且决定群体意识的水平。当无产阶级反对资产阶级的斗争处于低级阶段时，只产生了一般的反抗意识和不科学的思想理论，当这种斗争发展到高级阶段，即无产阶级作为独立政治力量登上历史舞台时，才产生了马克思主义这样高水平的阶级意识。改革开放之前和之后的工人农民军人学生等不同群体的意识有很大差别，也是由不同时期的实践决定的。

群体意识是一定人群共同体的社会生活条件、利益和要求的反映。全体的社会成员属于不同的社会群体或社会集团。他们在社会中居于不同地位，享有不同的生活条件，有不同的利益和要求，这些方面反映到该群体的意识中，构成了群体意识的基本内容。

在原始社会，由于在自然界面前人们的关系是一样的，在社会生产中的地位是平等的，所以群体意识的差别表现在不同氏族部落的不同利益和要求方面。所谓原始共产主义是就氏族部落内部而言的，氏族意识是对本氏族特殊利益的反映，是排外的。在氏族部落的矛盾冲突中形成血亲复仇等氏族意识，并作为习惯延续下来。随着私有制的出现，社会分裂为从事劳动的被剥削阶级和不劳而获的剥削阶级，阶级利益的对立决定了政治利益的对立，随着社会地位和生活条件的变化，阶级意识也发生变化，其中，无产阶级的意识，越来越深刻地反映社会存在，并最终成为整个人类的意识。

在当今中国社会，个人分属不同的阶层，并根据年龄、性别、职业、居住地、文化程度、民族、宗教等分为不同的群体，因此而有不同的群体意识。相同的地位和经历使同一群体的成员产生相同或相似的意识。小学生共同关心的是能否少留作业、少参加课外班；初中生和高中生关心如何升入好学校；大学生关心如何找个好对象和好工作；刚工作的年轻人关心如何尽快创造业绩在社会竞争中站稳脚跟；中年人关心如何增加收入以便提高养家糊口的能力；老年人关心如何能健康长寿并减轻子女负担。男人和女人、不同职业的人、在岗的人和下岗的人、领导别人的人和被领导的人、富人和穷人、城里人和乡下人、文化高和文化低的人、不同民族和不同信仰的人、强势地位的人和弱势地位的人、医院里边和医院外边的人、医院里患病的人和治病的人、学校里教课和被教的人、商店里卖东西和买东西的人、公交车开车的人和坐车的人、同一单位里发展顺利的人和不顺利的人、生活中幸福的人和不幸的人……群体意识都会有很大差别，需要正确对待。

和个人意识相比，群体意识的历史继承性更为明显，个人意识与个人生命共存亡，某些个人意识虽然能得到保留和延续下来，但那必须是在它转化为群体意识之后。一般来说，个人的生命结束了，他（她）的个人心理就不会再产生了，他（她）写在书里的学说思想如果不被别人接受也会与书一起化成纸浆了。即使在亲人或朋友中保留一点记忆，也会随着时光流逝而消失了。但群体意识是与整个群体或社会集团共存亡的，它虽然由个人组成，但个别成员的去世不会对它的存在发生决定性影响，而会随着其他成员的更新和补充得到继承和发扬，巴黎公社的英雄们虽然早已不复存在，但他们的精神和原则作为无产阶级意识的优秀结晶却延续至今并被赋予许多新的含义。

同个人意识一样，群体意识也是互相影响的，同一时代同时并存的各种群体，都是普遍联系的，其群体意识也不会孤立存在。但是，某一特定群体接受其他哪些群体的哪些意识，不决定于意识本身，而取决于该群体的利益需要。例如，中国共产党创造的游击战术，曾被国民党当作训练军人的教材，马克思的《资本论》中的一些理论被现代资产阶级作为缓解金融危机的武器，马克思主义也批判继承了人类文明的优秀成果。今天，不同社会群体之间也是互相影响的。孩子们的共同要求督促大人们调整教育方针和方法，孩子们的新观念新做法带动大人们的现代化。大人们的教导使孩子们得以继承优良传统。患者们的呼声促进医疗作风的改善，医疗作风的改善拉近了医生和患者的距离，等等。所以，不同的人也应该学会换位思考。

在群体意识中，群体心理先产生，意识形态后产生，二者密切联系。一方面，意识形态是在群体心理基础上产生的，是群体心理中共同内容的概括和提升，所以它包含并依赖于群体心理。任何思想体系都有自己的物质根源，首先是一定的社会存在作用于个人意识，产生一定的社会心理，经过一段时间的演变表现出某种共同的倾向和要求，一定阶级的思想家适应本阶级利益的需要，将这种倾向和要求系统地总结和提炼，以某种思想体系或学说的形式表现出来，这就形成了意识形态。另一方面，意识形态又不能归结为群体心理。无产阶级的意识形态即马克思主义，虽然以无产阶级的反抗剥削压迫的心理为基础，但它是无产阶级的阶级地位，生活条件，根本利益和历史使命的深刻的理论表现，它的产生对无产阶级心理的丰富和发展起了巨大推动作用。

个人意识和群体意识，也是互相联系的，表现在三个方面：

第四章　社会存在与社会意识的辩证法

第一，互相包含。首先，群体意识是由个人意识构成的，个人意识为群体意识提供了材料。原始氏族的意识离不开氏族成员的个人意识，各阶级各民族的统一意识是每个成员个人意识的凝结，没有每个无产者反压迫求解放的个人意识就不可能有马克思主义。没有每个家庭成员的个人意识就不会形成家风，没有每个学生的个人意识就不会形成班风校风。其次，个人意识包含着群体意识的内容。每个阶级的共同心理和意识形态在个人意识中打上了深刻的烙印，透过每个家庭成员的表现就可知其家风怎样，透过每个学生的表现就可知校风如何。个人意识和群体意识是个别和一般、个性和共性的关系。

第二，互相作用。群体意识要通过个人意识表现出来和发挥作用。每一阶级的思想和方针政策必须渗透到阶级成员个人意识中去，为其接受，才能实现自己的功能和目的。个人意识促进了群体意识的形成。一定阶级的思想体系是由个人意识水平高的成员提出来，经过实践验证而被整个阶级所接受。马克思主义是这样，毛泽东思想和中国化的马克思主义也是这样。一个优秀父亲或母亲的个人意识和行为可以促进良好家风的形成，一个优秀的指挥员也可以带出一只过硬的军队。反过来说，个人意识的形成也要受群体意识的影响。一个优秀的群体自然会培养出优秀的成员，家风优良的家庭其成员一般来说也不会成为坏蛋。

第三，互相转化。个人在群体意识的熏陶下形成个人意识，个人意识如果被群体接受就会转化为群体意识。这种转化的实现一方面依赖于个人意识的性质和水平，另一方面要借助统治阶级的力量，如宣传机器等。

研究个人意识和群体意识的关系有重要意义：首先，认清个人意识的含义和作用，保护和发展人的独立个性，保证和促进社会生活的丰富多样性；其次，认清群体意识对个人意识的制约作用，使个人意识自觉以先进的群体意识为准绳；再次，认清个人意识和群体意识的辩证关系，推动先进个人意识如雷锋精神焦裕禄精神向群体意识的转化，把相对落后的个人意识提高到先进意识的水平，把中国化马克思主义这样的群体意识变为每个社会成员的个人意识，进而推动全社会的发展。

二、社会存在与社会意识的关系

马克思主义经典作家认为，社会存在决定社会意识，社会意识来源于社会存在，随社会存在的变化而变化，在阶级社会里社会意识有阶级性。社会意识有相对独立性，其中的突出表现是对社会存在有反作用。这些观点被写入教科书，经过无数次的重复，也已经成为哲学常识。这些观点表明历史唯物主义与历史唯心主义的根本区别，也可以在社会历史中找出许多例证，当然有其正确性，但也失之简单，不足以详细说明社会存在与社会意识的丰富关系。

（一）社会存在与社会意识的共性

1. 属人性

社会存在是人的存在，社会意识是人的意识，二者统一于人。离开人去谈论社会存在和社会意识是没有意义的。以往的宣传只强调二者的区别和对立，忽视二者的一致性，使人产生错觉，似乎社会存在是在人以外与人无关独立自存自动的实体，社会意识像一面镜子立于社会存在之外并反映着它，这种照镜子式的反映论是旧唯物主义的认识论，是消极被动直观的反映论，是形而上学的看法。实际上社会存在与社会意识是浑然一体的，社会存在是包含社会意识在内的存在，"社会意识是社会的精神性存在"，[①] 马克思恩格斯说意识只能是被意识到的存在。社会存在和社会意识不是一个东西的两个部分，而是一个特殊事物的两个方面，即物质的方面和精神的方面。如果把社会整体切成碎块，那么每一碎块里既有社会存在又有社会意识。

2. 客观性

人是特殊存在物，是物就有客观性，即不依人的意识为转移的属性。人作为胚胎在母亲的子宫里发育成长，这一过程母亲是无法控制的，除非人工流产。人的一生的生理变化和每时每刻的生理活动也是人自己无法控制的，除非自杀，完全服从生命运行的自然规律，该长大时长大，该衰老时衰老，该死亡时死亡，这是人所面临的无法改变的命运。

---

① 刘远传. 社会本体论 [M]. 武汉：武汉大学出版社 1999，257.

人的自然存在是客观的，人的社会存在也是客观的。人类社会包含的自然环境按自然规律存在和变化，树木花草该发芽时就会发芽，该枯萎时就会枯萎，河水该结冰时就会结冰，冰该融化时就会融化，对这种客观性人们是不会怀疑的。

人与他人发生的社会关系也是客观的，个人是无法摆脱的。法律规定，丈夫临死时，如果妻子怀孕，那么丈夫立遗嘱处分财产时要给胎儿留一份，否则遗嘱无效，人在胎儿时就已处在社会关系之中了。出生后就与父母及亲戚发生关系，如果不幸被遗弃，只要没死就与别人发生关系（被人收养），人一生都处在关系网之中，区别只在于如何处理这些关系。每个人自称"我"，称呼别人为"他（她）"，发生直接联系时称为"你"，这种"我、你、他"的关系纠缠人一生，只要人活着，只要"我"存在着，就一定会碰上"你"，"你"和"他"是经常转化的，不相识时，人与人互为"他"，相识之后互为"你"，分开后不直接联系时又重新互为"他"。即使一个人隐居深山，不与任何人交往，他在社会中学到的知识和能力也仍在发挥作用，而且这种隐居情况是极为罕见的，绝大多数人还是处于"你我他"之中。"你"或"他"怎样生活，"我"只能施加影响，不起决定作用，除非杀人。这样一来，"我你他"三者又互为客观存在。

如果把社会存在理解为人的实际生活过程，那么这一过程也有客观性，只要人没有自杀，那就必然经历这一过程，自杀前也要经历的，当然，怎么渡过这一过程是有主观性的。

人的社会意识或人的精神存在也有客观性，婴儿长大后自动产生思维能力，在死亡之前，如果未因意外变成植物人，或突然昏迷，思维能力一直存在着，思维活动一直进行着，人想停止思维是办不到的，思维的对象和内容的客观性已是哲学常识，不必多说。人的思想存在于人脑中，思维是人的一种能力，想什么和怎么想自己说了算，这当然是主观性，但"我"无法控制"你"和"他"的思维，催眠术只能偶尔短时间有作用，人与他人的思维互为客观，不依对方的意志为转移。前人留下的精神遗产对现代人来说也是客观的，现代人可以选择是否继承或继承什么，但遗产本身是很难完全消灭的，焚书是基本无效的。

3. 历史性

历史性也就是暂时性。既不是从来就有，也不能永远存在。地球有自己的历史，地球上的一切也是历史性的存在，社会存在和社会意识当然也是如此。山脉河流在有人类之前就存在着，但那时它是纯天然的东西，并非社会存在。人类的历史就目前所知是几百万年，文明史才几千年，实在不算长。在历史的河流中人的生命只能算作一瞬间，每个人最多活一百多年，而且人到暮年其生命价值是大大降低了。所以，作为个人的社会存在和社会意识，历史是非常短暂的。人生只有百年左右，价值生命更短，宝贵的青春期尤其短，如果再不珍惜，挥霍浪费，那就是愚蠢行为了。

历史性也就是变化性。社会存在与社会意识时刻都在变化中，运动是物质的根本属性，静止是相对的。社会存在中的地理环境虽然运动缓慢，变化不显著，但运动变化是确定无疑的（有资料表明，喜马拉雅山每年升高2厘米，每年向北移动6厘米），在现代人类的作用下，这种变化也开始加速。社会存在中的生产力在增长，生产关系在调整，上层建筑在完善，社会制度有的在完善，有的在更替，社会中的人不但有生理变化，而且社会关系和社会活动也在变化。社会意识也在变化，人的情绪一天当中就变化多次，人的思想一直处于活跃状态，人的观点和理论也在完善和改变。社会存在和社会意识的变化有性质好坏速度快慢的差别。

历史性也就是阶段性。马克思根据生产力和生产关系的性质把人类社会划分为原始社会、奴隶社会、封建社会、资本主义社会、共产主义社会（社会主义是其初级阶段）这样五种社会形态，也就是五个阶段，每个阶段的社会存在和社会意识都有自己的规定性，都与其他阶段相区别，每个阶段社会基本矛盾和其他矛盾都有不同表现。

历史性也包含着继承性。因为历史是连续的，每个社会形态都不是纯粹的，都包含着前一形态的残余和后一形态的萌芽，都有一种继承和被继承的关系。马克思强调生产力和生产关系的客观性时指出它们是既得的力量和关系，即当代人无法选择的，也就是从前人那里继承来的。新社会对旧社会的否定是辩证的否定，是包含肯定的否定，社会主义否定资本主义时也要继承其中好的东西（这一点在介绍列宁思想时已经说过）。不仅是生产力和生产关系，人与自然环境的关系和人与人的其他关系，在不同社会形态都有相似性，也是需要继承的。教科书只讲社会意识的历史继承性，不讲社会存在的历史继承性，这是片面的。

4. 价值性

价值性就是有用性。社会存在对人是有用的，地理环境是人生存和发展的自然条件，为人提供了生存的场所和资源；人口是社会存在的重要前提，与他人协作是每个人发展的条件；生产力为人创造财富，生产关系促进生产力，上层建筑进行社会管理，都是不可缺少的。社会意识的作用是人们熟知的，暂勿多言。价值性本身又有客观性和历史性，原来有用的现在可能无用了，原来作用大的现在变小了。例如，人类发展初期对生物资源依赖性大，野生动物和野生植物是人的食物，狩猎和采集是人类最初基本劳动方式，因为男人狩猎在发明弓箭之前十回九空，收获不固定、不经常，要靠女性摘野果挖野菜来养活，所以才有女性当家的母系社会。人类过去靠野菜活命，现在只是偶尔用野菜调剂一下口味。在工业社会中矿物资源对人类的价值最突出，石油、煤炭、各种稀有矿藏成为争夺的对象，这些资源的广泛利用极大地加快了人类发展的步伐，当然也带来许多负面效应。今天，生态资源作用凸显、风能、太阳能成为重要能源，水力得到进一步重视和利用。原来曾发挥巨大作用的犁杖、锄头、镰刀等农具，现在早进了历史博物馆。社会意识的价值也是变化的，人类历史初期，人的社会心理起主要作用，后来，各种社会意识形式的作用增大。某一种学说的价值也是变化的，古希腊哲学和德国古典哲学原先价值很大，在马克思主义哲学产生以后价值下降。马克思主义中的阶级斗争学说的价值到目前不可低估，将来也会下降。孔子当年鼓吹"克己复礼"，现在已经无人相信，只当作历史笑话了。

以上属人性、客观性、历史性、价值性，是社会存在与社会意识的共有属性，研究时应当同样重视。

（二）社会存在与社会意识的相互作用

1. 社会存在对社会意识的作用

先有社会存在，后有社会意识。社会存在是社会意识产生的前提。先有婴儿活着出生，健康成长，后有人的意识。先有人与人的关系，后有人对这种关系的评价，如孩子评论父母对他（她）好不好，父母评论孩子是否聪明可爱，师生之间、朋友之间、同事之间，甚至敌我之间也都有相互评价。先有某人的某种行为，后有人们对该人该事的评价，或者赞成，或者反对，先有地理环境对人的影响，后有人们对环境的赞美或抱怨。先有生产方式，后有上层建筑。先有劳动，后有语言和艺术……

社会存在是社会意识的对象，构成社会意识的内容。先有被反映者，后有反映，没有存在就没有反映，意识依赖于存在。人的自然观是对自然的反映，人的社会历史观是对社会历史的反映，人的人生观是对人生的反映，人的价值观是对价值性的反映，人的宗教信仰或鬼神观念是对自然和社会现象的颠倒反映，人的等级观念是对现实等级现象的反映，人的战争观念是对现实战争的反映，人的理想和幻想是对现实生活状况的反映，等等。人的社会意识中不可能空无一物。

社会存在对人的社会意识和活动有强迫性，这就是人们常说的规律有客观性，违背规律就要受到惩罚。农作物和饲养的动物都有生长期，如果人为加快增长速度，米面肉菜就不如自然生长的好吃。特定的地块只能种特定的农作物，乱种就会影响质量和产量，甚至根本不长。特定的动物只能喂特定的饲料，把这头牛身上的东西磨成粉喂给别的牛，牛就得疯牛病。种庄稼要保持特定距离，要遵守农时，否则庄稼就会死掉，养殖的动物要有特定密度，如果太密就会影响生长加速死亡。种庄稼和养殖动物都要因地制宜、因时制宜。农、林、牧、副、渔各业，究竟发展哪一种要取决于地理环境。江河湖海上能否建桥或筑坝，不能由人说了算，城市该不该修地铁取决于该市的地质构造。人类胎儿有特定生长期，不足月就难以成活，即使活了也影响健康，自然生产最好，剖腹产只能是紧急情况下的抢救措施。人身上的骨骼，肌肉和器官都有其存在的理由，不能为了美容美体就乱动刀。采用什么经济体制取决于生产力状况而不是国家领导人的主观意志。是以经济建设为中心，还是以阶级斗争为中心，要看社会基本矛盾的状况。汉语的"饭"字是"食"字旁，没有"食"就会"反"，所以历朝历代的统治者都要努力解决百姓的吃饭问题，否则就会江山不稳。有剥削压迫就会有反抗，统治者如果不能控制剥削程度，不调整剥削方式，就会被推翻。盖房子要遵循数学、力学、化学、建筑学的原理，否则就会房倒屋塌。

社会存在的变化引起社会意识的变化。当发明了弓箭和渔网，出现了私人劳动和私人财产之后，人们就逐渐产生了私有观念。当社会分裂为阶级以后，统治阶级为了维护自己的利益，就把自己的意志上升为国家意志，制定为法律，据此剥削压迫人民。当发现掌握公共权力能给自己带来好处以后，人们就产生了当官的意志并付诸行动，或者像中国古代读书人去考科举，或者像当代中国某些人多方钻营。没当官时，人的服从意识很强，服从领导，听从分配，上边让做什么就做什么，甘当顺民。当了官以后，人的支配意识增强，不论多大官，都非常愿意管人管事，有的人一阔脸就变，官升脾气长。一旦退休或下台，又会产生失落感，不敢再跟别人发脾气，对家人却更加暴躁。大权在握时狂妄自大，失去权力时又可能盲目自卑。在位时私欲膨胀，贪心不足，坐牢时后悔不已，捶胸顿足。刚当官时尚存奋斗意志，时间一长就滋长了享乐意识。社会动荡时人们心怀恐惧，社会稳定时人们渴望发财，当中国处于计划经济时，人们"等、靠、要"意识浓厚，主观能动性差，嫉妒心攀比心弱，因为大家都一样。当中国处于市场经济时，人们的竞争意识强，嫉妒心攀比心也随之增强，因为拉开了差距。人在困境中期盼朋友，人在顺境中漠视朋友。人在健康时忽视健康，不健康时重视健康，但为时已晚。人在钱少时有节俭意识和行为，因为被逼无奈，人在钱多时淡化了节俭意识和行为，因为今非昔比。人在危险中保持清醒，人在安逸中丧失警惕。在当今中国社会，人们自觉学外语、学计算机、学汽车驾驶，这是为了适应改革开放的需要，为了适应在更高层次上发展自己的需要……

以上各段合起来，就体现了社会存在决定社会意识的原理，需要作点辨析的是，如何理解社会存在决定社会意识？

按照通常的理解，社会存在就是社会物质生活条件，即地理环境、人口、生产方式，它们能决定人的社会意识吗？

地理环境对人类社会的作用是确定无疑的，环境的优劣在生产力低下、科学技术落后的情况下，对当地的发展起决定作用，在今天也有重大影响作用。但环境能否决定社会意识呢？

"地理环境中最关键的因素则又是它的气候条件和资源条件，尤其是气候条件，可以说一切生命都依赖它……文化现象也往往依赖它，当地球的气候发生比较大的变化的时候，相应的文化也就发生一种比较大的变化。距今五千年前后……在温带、在亚热带，例如北纬 35 度到 40 度这个地带，首先发展出了人类早期最辉煌的文化，例如地中海文化，包括古埃及文化、古巴比伦文化、古印度文化、古中国文化，以及古希腊文化等等。也就是说，到五千年前后，人类到此为止最辉煌的文化差不多都在那个时候相继产生，这不能以偶然性来解释它……种种研究表明，一旦一个地方突然变得很冷的时候，就会发现这里也往往容易发生改朝换代的情形，也往往同时伴随大饥荒，频繁的干旱或水灾等等。而当文化比较辉煌的时候，往往都是在气温比较高的时候。"[1] 气候适宜便于农业生产，能使人活得好，所以促进文化的产生和发展，这还说得通。但如何解释同一气候下产生的不同文化之间的差异呢？中国文化与西方文化的差异是温度造成的吗？中国的东北气候寒冷，过去人口少，文化也落后，现在照样寒冷，但人口也很多，经济和文化都有了巨大发展，成了中国的大粮仓，改朝换代是伴随着全中国一起发生的，抗战期间东北有个"满洲国"，南京也有汪伪政权，这与气候无关。中国南方温度高一年可以收获两次或三次农作物，但社会意识中既有正确的也有荒谬的，改朝换代经常发生，这同样与气候无关。中国疆域广大，东西南北中的文化带有地域特色是不奇怪的，但这只是表现形式问题。各地的中国人都有爱国心，也都有私心，都有哲学和宗教，都遵守相同的道德规范，从哪里能看见气候的决定作用呢？扩而言之，南部非洲温度高，文化水平应当也高，北欧和俄罗斯寒冷，文化水平应当较低，可实际情况正好相反。

资源对经济有重要意义，但资源能决定意识吗？世界上那些产油大国的社会意识水平能算高吗？中国山西是产煤大省，社会意识真的高于其他省吗？住在山上的人林业资源丰富，住在河边海边的人水力资源丰富，他们的思想觉悟就比别人高吗？过去，山上有土匪，海上有海盗，是由资源贫瘠造成的吗？

环境状况能够影响人的社会意识。山河壮丽赏心悦目，使人心情舒畅，既促进健康，也改善情绪，既能激发人的爱国热情，也能激发人文学创作的热情。资源丰富促进经济发展同时也为精神文明提供有利条件。天气晴朗使人精神振奋，更愿进行文化活动。但是，挨饿受冻的人不会去欣赏美景，丰富的资源不能防止人产生邪恶，

---

[1] 辜正坤. 中西文化比较导论 [M]. 北京：北京大学出版社 2007, 2-3.

第四章　社会存在与社会意识的辩证法

优美的环境不会自动产生伟大的思想。所以，环境不能决定人的社会意识。

人口是构成社会的前提，但却不是社会意识产生的前提。人口的数量和密度能决定社会意识吗？13亿中国人里出现了几个爱因斯坦？出现了几个诺贝尔奖获得者？只有几百万人口的犹太人出现了多少？近代以来，除了孙中山、毛泽东、邓小平等少数人以外，中国出现了多少世界著名的思想家？中国的人口是德国的许多倍，中国人的大多数都在学习马克思恩格斯这两个德国人的学说，还应当感谢他们给自己提供了饭碗，促进了就业。中国研究哲学讲授哲学的人数以万计，哲学教授一大堆，被称为或自称为哲学家的人也不少，这些人向世界和人类贡献了哪些思想呢？却要张口黑格尔闭口海德格尔来证明自己有学问。西方哲学家们提出了各种主义，掀起了各种思潮，供中国编成教材去讲授，虽然是批判性的讲授，但事实上也是传播，从而在中国形成了尼采热、叔本华热、弗洛伊德热、萨特热、维特根斯坦热、卢卡奇热……中国的哲学家们为什么都非常谦虚呢？也提出点儿主义让外国人研究多好啊！为国争光啊！哪怕是被批判也行啊！

人们说"群众中蕴藏着无穷无尽的智慧"，这话当然正确，所以要发扬民主，但群众的智慧需要有人启发、引导、总结，所以列宁主张要向工人阶级灌输马克思主义，要有集中。毛泽东认为，严重的问题在于教育农民。邓小平1989年说，十年改革最大的失误是教育。这都表明群众的社会意识水平是不够高的，需要先进分子或杰出人物给予帮助的。当然不能把群众和杰出人物割裂开来对立起来，杰出人物是群众中的杰出人物，他们发挥重大作用的前提是要代表群众利益，得到群众的拥护。

"三个臭皮匠能抵一个诸葛亮"。这是真的吗？如果是真的，刘备为什么要三顾茅庐呢？三个红军战士能抵一个毛泽东吗？三万也抵不上吧？要不然为什么要开遵义会议确立毛泽东的领导地位呢？蒋介石为什么要悬赏许多大洋来买毛泽东的人头呢？13亿中国人为什么把邓小平称为改革开放总设计师呢？提这些问题不是要把领袖和士兵及人民对立起来，他们各有分工各有任务，只是要证明人口数量不能决定社会意识。人口密度也是如此，一群人可能不如一个人，千军易得一将难求，一个优秀的人是一条龙，一群人如果群龙无首就是一盘散沙。

人口素质能决定社会意识吗？生理素质显然不能，许多身强力壮的人只能从事简单粗笨的劳动，坐在轮椅上全身不能动的霍金被称为当代爱因斯坦，同样坐轮椅的罗斯福连任四届美国总统，奥斯特洛夫斯基写的《钢铁是怎样炼成的》一书教育和激励了几代中国人。一个人如果社会意识水平高，生理素质又好，当然是最佳状态。文化素质能决定社会意识吗？情况复杂，不能一概而论。文化水平高的人都有思想、有理论、对社会规律的认识比文化水平低的人要深刻一些，但在道德水平方面却不一定超过文化水平低的人。而且，文化水平高的人所持有的理论也可能是谬论。

个人性别能决定个人意识的水平吗？要具体分析。在中国封建社会里，女性没有受教育的权利，"女子无才便是德"，虽然女性中也有武则天、李清照等巾帼须眉，但总体上女性的意识水平低于男性。这不是性别决定而是社会制度决定的。西方也有类似情况，自从近代女权主义运动开展以来大有改变。现代社会大多数国家男女两性的社会意识水平相差无几，许多优秀女性超过一般男性，但在中东地区仍存在严重的性别歧视，两性差距还相当大。这同样不是性别本身决定的。

人口构成能决定社会意识吗？除性别和文化程度以外还有年龄构成和职业构成。一个老龄化社会一定会比非老龄化社会的意识水平高吗？老年人肯定比年轻人高吗？当然不能这么说，不同年龄的人各有优缺点。社会生产领域划分为第一产业、第二产业、第三产业、第四产业，人的意识水平能这样划分吗？第一产业的人一定高于后边的人吗？肯定不是，有时还相反。

生产力是社会发展的最终决定力量，它怎样决定社会意识呢？

劳动者是生产力的首要因素。劳动者是人，人的自然属性不能决定社会意识，要说劳动者本人的意识决定本人的意识，这是同义反复，逻辑混乱。生产工具是衡量不同时代的标志，人改造自然的能力突出表现在工具上，人类社会以此为根据划分为石器时代、铁器时代、电气时代、计算机时代。但是，放在仓库里的锄头镰刀、停在厂房里的车床，它们就是个物件，不能决定人的意识。劳动对象能影响劳动者的情绪，农民面对肥沃的土地充满喜悦，面对生荒地产生烦恼，但也可能激发斗志，如当年生产建设兵团开垦北大荒。

但这只是影响，谈不上决定作用。

对人的意识起决定作用的是生产方式，是劳动者、生产工具、劳动对象这些要素的动态组合，是劳动方式。当一个劳动者用弓箭打到许多猎物，或用渔网捕了很多鱼的时候，自然会产生私人占有的意识；当一个农民自己种地养活自己和家人的时候，自然会产生节俭意识，因为深知"粒粒皆辛苦"；当一个工人在流水线上工作时自然会产生协作意识和纪律观念，因为深知自己和别的工人是互相依赖的。

生产关系对人的社会意识的决定作用是明显的。在生产资料私有制下人们产生雇佣意识，雇佣者也就是剥削者，被雇佣者就是被剥削者，二者意识方向相反，二者在现实中的关系以对立为主，二者的同一性主要表现为依附性。在生产资料公有制下人们产生的是主人意识，劳动者之间是平等互助合作关系，劳动者以主人身份为自己劳动，自己管理自己的事情，按劳分配的原则也容易激发人的主观能动性。但是，公有制如果落实得不好，也会走向反面。计划经济时代的各种弊端就是证明。

生产力和生产关系相结合共同决定社会意识，决定的是社会意识的基本方面而不是一切方面。从社会心理角度来说，一个人对另一个人的感情只与本人有关，而与双方使用的工具和改造的对象无关。从社会意识形式角度来说，哲学思想是唯物还是唯心、文学作品是伟大还是平庸、道德主张是善还是恶，都与生产方式没有直接关系。总而言之，社会存在决定社会意识的原理是正确的，但对这一原理不能简单对待，还是马克思恩格斯说的精准："不是意识决定生活，而是生活决定意识。"① 生活不仅是经济生活，不仅是生产，还有分配和消费，还有政治生活和精神生活。要全面理解这一原理，还要看到社会意识的作用。

2. 社会意识对社会存在的作用

人的精神或意识是有用的，这是思维正常的人都会承认的，社会意识的作用有哪些表现，这也是听过哲学课的当代中国人所熟知的，是各种政治理论考试中常见的考题。但是教科书对这个问题的表述是否全面呢？每个人在自己的生活实践中所感受到的与教科书

---

① 马克思恩格斯选集（第1卷）[M]．北京：第人民出版社1995，31．

是否完全一致呢？

关于社会意识问题，中国内地出版的各种版本的哲学教科书或马克思主义基本原理教科书都是首先指出社会存在就是社会物质生活条件，它决定社会意识，社会意识来源于社会存在，随社会存在的变化而变化，在阶级社会里社会意识有阶级性。然后指出，社会意识有相对独立性，表现为社会意识与社会存在的发展不同步，有时落后有时超前；社会意识与经济发展水平不平衡，经济发达的地方社会意识水平不一定高，经济落后的地方社会意识水平也可能高于发达地区；社会意识各种形式之间相互影响；社会意识具有历史继承性，社会意识对社会存在的反作用是相对独立性的突出表现，反作用有好坏两种性质，又有范围大小时间长短之分。最后指出，这一原理对于推动精神文明或文化发展有重要意义。

这些表述不仅写在书里，而且经过各级各类学校的政治课老师们年复一年的讲授，形成了一种思维定势，一种套话，简单而又层次清楚，似乎成了绝对真理。但是这些表述并未明确指出社会意识究竟有什么作用，仍有探讨的必要。

在马克思、恩格斯、列宁、斯大林、毛泽东的论述中没有发现"社会意识相对独立性"的提法。这个词的发明权不知属于何人，能得到广泛应用，表明这个发明很了不起。马克思曾有人的思想跟不上事变进程的说法，恩格斯关于经济上落后的国家在哲学上仍然能够演奏第一提琴的说法成为教科书的经典例证。列宁说过旧的社会制度消灭了，但它在人们的意识中是不能一下子消灭的，习惯是永远不能一下子打破的。斯大林说理论工作不仅必须赶上实际工作，而且要超过实际工作。毛泽东说从孔夫子到孙中山，我们应当给以总结，继承这一份珍贵的遗产。他们的这些论述成为社会意识相对独立性的理论根据。

关于社会意识的作用，马克思说理论一经掌握群众也会变成物质力量。恩格斯说思想领域反过来对物质条件起作用，然而是第二性的作用。列宁说人的意识不仅反映客观世界并且创造客观世界。列宁还说没有革命的理论就没有革命的运动。斯大林说思想和理论一经产生就反过来影响社会存在。毛泽东说生产力、实践、经济基础，一般地表现为主要的决定作用，然而生产关系、理论、上层建筑在一定条件下，又转过来表现为主要的决定作用。他们的这些论述同样是教科书的理论根据，也曾引起学术界的热烈讨论和争论，其焦点在于上层建筑的作用上。

根据对人的实际生活的观察和对经典论述的理解，社会意识的作用可以做以下概括：

第一，社会意识能够改变社会存在。社会意识不能决定社会存在的产生，却可以决定社会存在的具体存在状态。（首先声明：社会意识的所有作用都要通过人的实践活动才能实现。）社会存在中的地理环境可以在人类意识的指导下通过实践而发生一定的变化。例如：荒滩可以变良田，沙漠可以变绿洲，盐碱地可以改造成耕地，山坡可以修梯田，河道可以拓宽，河水可以改道，南水可以北调，水害可以变成水利，大山可以挖穿，山头可以削平，荒山可以绿化，风沙可以用绿化带遮挡，资源丰富的地方可以建设城市（如石油城、煤都），天气可以用高科技手段来改变……社会存在中的人口状况也可以因社会意识而改变：人口数量因国家政策而增加或减少；人口素质因国家的多方努力而提高；人口寿命和健康状况因人的保健意识和养生活动而延长和改善；人口的分布由于国家的迁移和政策导向而变化。在生产力中，劳动者社会意识水平的提高促进了整体素质的提高；新的生产工具被劳动者有意识地创造出来，旧的产能被有意识地淘汰，管理方式被有意识地调整，劳动对象被有目的、有计划地改造或放弃。在生产关系中，生产关系的具体形式被有意识地进行改革，市场经济的各项政策被不断地制定，修改或更新。总之，人类社会的面貌由于人的社会意识而发生改变。

第二，社会意识支配人的社会生活。如果把社会存在理解为人的实际生活过程，那么这一过程就不可能是纯客观的，社会意识不仅参与其中，而且起着支配作用，这种支配作用通过人在生活中的各种选择表现出来。例如：选择学习方式和地点：父母可以为孩子选择，孩子大了也可以自己选择。可以在中国受教育，也可以去外国留学；可以就近去公立学校，也可以去私立"贵族"学校；可以去学校，也可以由父母或者请人在家里教；可以上大学，也可以不上大学或上职校；可以考研考博，也可以不考；可以学理工科，也可以学文科。选择职业和地点：可以经商，也可以从政或从教，可以在国内，也可以去外地甚至国外。选择生活方式：可以工作，也可以不工作（假如足够有钱的话）；可以加入某个单位，也可以做自由职业者；可以买房，也可以租房；可以单独租，也可以合租；可以谈恋爱，也可以不谈；可以自己找对象，也可以由别人介绍或去电视台相亲；可以结婚，也可以单身；婚后可以生小孩，也可以不生；挣的钱可以这样花，也可以那样花；节假日可以去旅游，也可以做宅男宅女；过年可以回家看望父母，也可以不回；与他人可以这样交往，也可以那样交往（但不能不交往）；可以这样娱乐，也可以那样娱乐；得了小病可以去医院，也可以不去；朋友结婚随礼可以在红包里装现金，也可以装欠条；自己结婚可以举办婚礼，也可以不举办；日常出行可以买车自驾，也可以打的或坐公交；可以当肉食动物，也可以当素食主义者；可以交同性朋友，也可以交异性朋友……市场经济给人提供了广阔空间，选择性显示了人的主体性。当然，选择也不是完全随意的，要遵循从实际出发的原则，要受许多条件制约，要考虑后果，这也证明了社会辩证法。

第三，社会意识影响人的社会意识。这里指的是作为社会成员的个人之间的互相影响以及前人对后人的影响。社会成员分为"我你他"，每个人都有意识，个人意识不但支配自己的生活，也会对别人的意识产生影响进而影响别人的生活。人小时候先是接受父母和其他长辈的意识影响，从幼儿园到小学接受老师的意识影响，父母和老师讲的道理会在孩子幼小的心灵扎根，孩子表现得非常听话。从小学高年级开始，同学的个人意识相互影响，不但互相交流个人对事情的看法，还交流各自家长的看法。到了青年时期，接触社会多了，通过书籍、网络等渠道了解到各种社会意识，由于缺乏识别能力，很容易对其产生兴趣，被新颖性所吸引，对父母和老师的教育开始有所怀疑，甚至产生逆反心理和行动。离开校园走入社会以后，个人受其他人社会意识影响的机会更多，更广更深。不但受同时代人影响，还受古人影响，这就是社会意识的历史继承性。个人受他人意识影响，一个国家和社会的许多人也会受到其他国家的社会意识的影响。"十月革命一声炮响，给中国送来了马列主义，从此中国革命的面貌就焕然一新了。"毛泽东这句话形象地说明了这种影响。改革开放以来，中国和外国的文化交流日益增多，各种西方思潮传入中国，形成了前面提到的各种"热"，对当代中国人的社会心理和思想观念产生了重大影响，而中国的儒、道、墨等各家学说也以前所未有的广度和深度影响着外国人。

3. 社会意识作用的两面性

各种教科书都指出了社会意识对社会存在有两种反作用，先进的社会意识起推动作用，反动的落后的社会意识起阻碍作用，人们要努力掌握先进意识，努力克服落后意识，批判反动社会意识，推动社会存在发展，具体途径和方法是搞好社会主义精神文明建设。这样说当然是正确的，但过于笼统，还应具体分析。

社会意识可以改变社会存在，但有好与坏两种结果。好与坏都是对人来说的，要以人为标准，也可称之为人类中心主义，当然，对人类中心主义要正确理解。人类改造自然立下了丰功伟绩，为人类发展创造了良好条件，前边已经举例说明。但同时人类也犯了很多错误，把自然界改坏了，为人类今后的发展设置了障碍。环境污染，生态失衡，资源短缺，地球千疮百孔，太空充满垃圾……人类不但早已遭到自然界的报复，而且使自己陷入生存危机。为了避免或逃离危机，罗马俱乐部在40多年前向全世界发出警告，联合国从1972年起每隔十年召开一次世界环境与发展会议，并于1992年向各国发出实施可持续发展战略的号召，中国共产党提出了以人为本，全面协调可持续的科学发展观，发出了建设生态文明的号召，西方绿色运动和生态主义思潮此起彼伏，中国学术界近年也向这方面聚焦。但由于经济利益驱动，各国之间矛盾重重，中国各地因为发展不平衡，生态文明建设举步维艰，任重道远。

在对人口的改变上也有好有坏。人类历史上发生过无数次战争，战争的发起者和参与者为了自己的利益把数不清的无辜者送上战场，从而剥夺了他们的生命或伤残了他们的身体，20世纪发生的两次世界大战造成人口锐减。这样的惨剧必须努力避免。世界人口应当控制，但不能通过战争手段。中国实施计划生育政策，有效地控制了本国人口的过快增长，为世界做出了贡献，但"一孩"政策也呈现许多弊端，"二孩"政策正在试验。在提高中国人的生理素质方面，政府向竞技体育倾斜过多，全民健身运动重视不够。在教育方面，成绩显著，问题不少，离全国人民满意的教育目标还有很大距离。个人意识起坏作用的情况也很多。犯罪分子在图财害命或灭口等意识支配下而杀人；生产活动的领导者和司机因缺乏安全意识而引发事故和车祸致人伤亡；有的病人因封建迷信而被治死；有的女婴因父母的封建意识而被遗弃；有的女性因性别歧视而就业艰难……

在对待生产方式上，中华人民共和国成立以后，充分发挥上层建筑的反作用，推动生产力较快发展。但由于脱离中国社会生产力状况，盲目追求高速度，任意提高公有化程度，分配领域存在平均主义，所以又阻碍了社会生产力的发展。改革开放以来，尤其是实行社会主义市场经济以来，各项决策符合实际，才使生产力有了飞跃。

社会意识支配人的社会生活，但也经常支配错了，让人后悔并付出代价，有些是不应有的代价。建国以来长期以阶级斗争观念指导一切，造成阶级斗争扩大化，制造了许多冤假错案，使许多人经历了不该有的曲折，即使后来平反了也留下了创伤和阴影，大搞阶级斗争耽误了生产，搞乱了社会秩序，使人们的思想和行为充满对抗性，人际关系极其紧张，日常生活很是荒诞，工人不做工，农民不种地，学生不上课，教师和干部被批斗，公检法被砸烂，红卫兵随意抄家，全国大串联，造反组织林立，武斗不断升级，历史古迹被以"破四旧"名义损毁。斗了许多年，平反冤假错案又用许多年，浪费了多少大好时光！当今社会在一切向钱看的观念支配下，为了钱，有些人抛弃道德底线，践踏法律，不要人格尊严，不顾生命健康，铤而走险，不择手段，致使腐败丛生，犯罪不断，多少人堕落深渊！在"人不为己，天诛地灭"观念支配下，有些人私欲膨胀，无利不起早，有利冲向前，见死不救，见义不为，甚至忘恩负义，黑白混淆，是非颠倒。在"识时务者为俊杰"观念支配下，有些人不讲原则，不讲立场，学习墙头草，谁强跟谁跑，有奶就是娘，见官就投靠，随时叛变，落井下石。在"事不关己，高高挂起，明哲保身，但求无过"观念支配下，有些人工作无创新，遇事绕着走，躲矛盾，避是非，无态度，玩太极，练推手，最终是无成绩、无朋友。在"当官不发财，请我都不来"观念支配下，一些干部忘掉了宗旨，背叛了使命，啥招都使，得捞就捞，贪得无厌，最后是祸国殃民，坑人害己。普通个人用错误的个人意识或社会意识指导生活，也会给自己带来不好的结果。例如，以是否自由为标准选错了学校；以报酬高低为标准，选错了工作；以省心省力为标准，选错了岗位；以"高富帅"或"白富美"为标准，选错了对象；以是否有用为标准，选错了朋友；以利润多少为标准，选错了投资项目；以是否热情为标准，选错了合作伙伴；以价格高低为标准，选错了商品；以外观漂亮为标准,选错了食物……

　　社会意识影响人的意识,也是有好有坏。好父母好老师向孩子传授好道理,使孩子健康成长,坏父母坏老师向孩子传授坏道理,使孩子误入歧途。好同学好朋友近朱者赤,坏同学坏朋友近墨者黑。一本好书能使人上进,一本坏书能使人堕落。一个好作家是天使的培育者,一个坏作家是魔鬼的制造者。反动人物遗臭万年,杰出人物流芳千古。

　　"人是一根能思想的芦苇,人的尊严都在于思想。"帕斯卡尔只看到思想使人强大,没看到思想既能使人为善也可使人为恶。思想可以帮人绘制发展蓝图,也可帮人制造阴谋诡计,既可以揭示真理,也可以宣扬谬论,人类的美好来源于精神,人类的丑恶也来源于精神,成也精神,败也精神。社会意识的作用的两面性也体现了社会辩证法。

三、当代中国社会主义上层建筑对生产力的反作用

　　在教科书体系中,上层建筑被安排在一个尴尬的位置,它不被看成是社会存在,可它明明存在着;说它是思想的社会关系,因为它是通过人的意识而形成的,可它明明是物质,子弹、炮弹、原子弹打谁谁死,炸谁谁亡,监狱关谁谁痛苦。生产力中的劳动者没有意识吗?生产工具不是在劳动者意识支配下制造和使用吗?劳动对象不是劳动者有意识地选择和改造的吗?生产关系不是人有意识地建立的吗?人类社会的一切抛开意识能说得通吗?通过人的意识的东西不一定都是主观的。上层建筑也不被看成是社会意识,因为它还有物质附属物,可是,思想理论没有物质附属物吗?不需要物质载体吗?心理活动能离开人脑的生理活动吗?上层建筑被看作是国家政权、组织机构、制度设施,与社会意识当中的一部分即意识形态相并列,分别命名为政治上层建筑和思想或观念上层建筑,前者以后者为基础,然后二者又相互适应,旧上层建筑被新上层建筑推翻以后,旧意识形态继续存在,因为它有历史继承性,而旧政权没有继承性。上层建筑由经济基础决定,与生产力没有直接关系,它与生产力之间也没有矛盾,即使有也不算社会基本矛盾,它对经济基础的作用,有人说是反作用,有人说是决定作用,有人说是反过

来的决定作用或一定条件下的决定作用,它与经济基础的构成,有人说是单一的,有人说是综合的,争论双方政治命运不同,有人当官,有人进了监狱,平反后继续打嘴仗……怎一个乱字了得!

客观事实是,所有社会成员都在上层建筑控制之下,所有重大社会活动都由上层建筑组织、领导、实施,所有的社会构成要素都由上层建筑安排调配。如果把国家或社会看成是一个人,上层建筑就是大脑;把它看成一个大家庭,上层建筑就是大管家,所有人都是主人,管家要服从主人的意志,为主人服务,但每个具体的主人都要服从管家的支配。与其争论上层建筑作用的性质是什么,不如实际考察一下上层建筑到底有什么作用,应当如何发挥它的作用。下面侧重研究当代中国社会主义上层建筑对生产力的反作用。

(一)反作用的根据

上层建筑为什么能够对生产力发生反作用?主要根据有三个方面:

第一,上层建筑是社会生产和社会生活的组织者。社会是以一定的物质生产为基础,由人们多方面的社会活动相互联系而构成的总体,是人们交互作用的产物,社会实践是人们的基本存在方式。人类为了生存和发展,首先必须解决人和自然的矛盾,通过生产获得必须的物质生活资料,生产活动成为人类第一个和基本的活动。这种活动的能力、征服自然的能力就是生产力。要生产,人们必须结成一定的生产关系,这种关系也是在生产中必然发生的。同时,为了保证社会生产和社会生活有秩序地进行,还必须在一定思想观念指导下建立相应的社会组织机构以解决人与人之间多方面的社会矛盾,这就是上层建筑。三者虽有不同的内容,在社会发展中有不同的地位和作用,但也有一致性,即三者的主体都是人,是从不同角度对人的活动和人的关系进行考察的结果,三者共同构成社会的"骨骼和血肉",尽管在社会发展的不同阶段它们有不同的特点。人类的生产和生活从根本上说决定于生产力和生产关系,又要受上层建筑的影响和支配。上层建筑的性质、水平以及发挥作用的程度,给历史进程打上了轻重不同的烙印。没有上层建筑的组织和调节,生产就无法进行,生产力的发展也就无从谈起了。

第二,上层建筑把生产关系对生产力的反作用由可能变成现实。

众所周知,生产力和生产关系的统一构成生产方式,生产力在与生产关系的矛盾运动中发展,生产关系对生产力有巨大反作用,而生产关系的反作用是由上层建筑来发挥的,生产关系的性质、要求和特征是通过上层建筑的工作来体现的。资本主义生产关系优越于封建生产关系,但要促进生产力的大发展,还必须通过资产阶级革命,建立资产阶级的政治统治。社会主义的生产资料公有制和按劳分配原则也只有通过社会主义上层建筑才能够确立和贯彻。所以,生产关系对生产力的反作用要靠上层建筑去实践、去执行。在社会基本矛盾中,生产力和生产关系的矛盾更为根本,但它的解决要依赖于经济基础和上层建筑矛盾的解决。一定的生产关系即经济基础如果没有它的上层建筑为之服务,就不可能正常的存在和发展,上层建筑为经济基础服务的过程也就是直接或间接地、积极或消极地、推动或阻碍地反作用于生产力的过程。

第三,对于社会主义社会来说,上层建筑与生产力的内在联系更为密切。社会主义上层建筑是以社会主义生产关系为基础的社会主义意识形态和与之相适应的政治、法律制度和设施的统一体。它是人类向共产主义过渡的有力杠杆。共产主义社会是生产力长期发展的必然结果,它的到来,标志着人类解放的彻底完成,也是人类从必然王国向自由王国飞跃的真正实现。社会主义上层建筑的历史使命就是在自己存续期间努力奋斗,为共产主义社会的到来铺平道路,共产主义社会是社会主义上层建筑活动的目标、动力和归宿。社会主义上层建筑是经济必然性的执行者、历史进程的推动者和共产主义的实践者。它的历史地位和使命是社会发展客观规律的反映,这也就决定了它必须把自己的工作与生产力的发展联系起来,以能否促进生产力发展作为衡量自己功过是非的标准。

总之,生产力决定生产关系,也决定上层建筑;上层建筑反作用于经济基础,也反作用于生产力。这种决定和反作用的关系不论人们如何表达都是客观存在的。

(二)反作用的途径

上层建筑反作用于生产力的途径是多方面的,概其要者有四:

其一,维护和发展一定的生产关系。具体来说有三种情况:当生产力的发展受到旧的生产关系严重束缚时,新的上层建筑推翻旧的上层建筑和经济基础，建立新的经济基础，为生产力的发展开辟道路；当新的生产关系适应生产力状况时，上层建筑竭力保护和发展这种生产关系，为生产力的进一步发展创造条件；当自己的经济基础与生产力发生矛盾时，上层建筑调节并力图解决矛盾，以利于生产力的发展。生产关系的变革是由生产力发展引起的，又是借助于上层建筑实现的。剥削性质的生产关系虽然可以在原有社会形态内部自发产生，但还是要依靠上层建筑的力量才能最后取代旧的生产关系。以生产资料公有制为特征的社会主义生产关系不能在旧社会内部自发产生，必须以推翻旧的上层建筑和旧的经济基础为前提，这个前提正是社会主义上层建筑创造的。社会主义生产关系的本质和内容也是由社会主义上层建筑通过立法程序，用国家的根本大法——宪法和各项具体法律确定下来的，并通过社会主义意识形态的宣传教育，使之成为广大人民群众的共同信念。社会主义生产关系向共产主义高级阶段生产关系的过渡是通过不断地巩固和发展自身实现的。所谓巩固，就是对适应生产力要求的方面加以保护并提高其效能；所谓发展就是克服某些不适应的环节，建立健全新的环节，使其对生产力的适应性日益增强。所有这些任务，离开社会主义上层建筑是无法完成的。

其二，充分发挥国家政权的作用。国家政权反作用于生产力的方式主要有两种。第一，暴力和强制。对剥削阶级上层建筑来说，这种方式是一刻也不可缺少的，对剥削制度下生产力的发展也是必要的。只有通过暴力和强制，才能实现大规模的集体劳动，完成社会和国家所必需的大型建设项目；借助暴力和强制可以残酷地剥夺生产者的生产资料，加速由一种生产方式向另一种生产方式的过渡（如资本原始积累）；统治阶级可以利用国家暴力，通过战争或讹诈，掠夺别国财富，扩充本国经济实力，在一定程度上促进生产力的发展，经济实力的增长又强化了国家暴力，使之成为本国经济发展的支柱。社会主义国家同样需要暴力，没有暴力，就无法剥夺剥夺者，就不能在短时间内建立起强大的社会主义经济基础，并迅速增加生产力的总量。在社会主义建设中，也需要政治的、法律的强制，为生产力的发展扫除障碍，保证国民经济运行的正确轨道。第二，引导和服务。国家确定每一历史时期的发展战略和一定阶段的基本任务，发出号召，提出方针，制定政策，改革经济体制，调整生产布局，协调各生产领域、生产部门及国家和生产者之间的经济关系，调动生产积极性，指引投资方向，帮助生产者挖掘生产潜力，引进外资和先进技术，发行公债，集结财力物力，对有严重困难又确属需要的生产部门和生产者给予财政补贴和其他帮助等等。这些措施和办法，都必然对生产力发生积极影响。至于国家直接主持大规模建设项目的情况，将随着经济的日益发达而普遍化和经常化。如果说上层建筑是社会存在和发展的杠杆，则这一杠杆主要是指国家政权而言。

其三，发展科学技术和教育。科学技术既是生产力发展的先导，又是它的强大动力，现在已经成为第一生产力。上层建筑可以通过提供资金、建立机构、培训人员、改革体制、制定有关法律和政策、开发智力、发展教育、组织协作等方式和途径推动科学技术的发展，并促进其向现实生产力的转化，还可借助意识形态造成有利的社会舆论。从"知识就是力量"口号的提出，到"尊重知识、尊重人才"蔚然成风，几百年间科学技术突飞猛进，其中也有上层建筑的一份功劳。上层建筑通过教育推动生产力主要是从两方面入手：一是发展智力教育，提高劳动者的知识水平和专业技能；而是搞好思想教育，提高劳动者的生产积极性。劳动者总是生活在一定的社会关系和社会环境之中，社会制度直接影响劳动者的情绪和态度，因而也影响劳动过程及其结果。剥削阶级对劳动者除残酷剥削和镇压以外还一贯重视欺骗与蒙蔽。在社会主义条件下，虽然从根本上说，劳动者的生产积极性是由社会主义生产关系决定的，但由于各种原因，这种积极性必须依赖上层建筑的工作才能调动和发挥。因此，思想政治工作的成败直接关系到企业的生产状况和经济效益。我国最近30多年来生产力的高速发展，与上层建筑的教育工作是分不开的。

其四，协调各种社会关系。①协调国家与国家的关系。一个国家的经济发展要受其所处的国际环境的一定制约，因此，制定正确的国际关系战略和外交政策，妥善处理与其他国家的关系，维护世界和平，加强国际交往与合作，开放搞活，对我国现代化建设是非常有利的。②协调统治阶级与被统治阶级的关系。在阶级社会中，统治阶级是剥削者，被统治阶级主要是生产者，剥削者为维护自己的统治地位，发展经济，也要注意协调与被统治阶级的关系。如封建地主阶级在一定时期对农民阶级采取的"与民休息、轻徭薄赋"

的政策,现在资产阶级对工人阶级统治策略的改变等等,都在一定程度上促进了生产力的发展。在改革开放的新时期,结成包括各阶级、各阶层、各党派在内的爱国统一战线,无疑是建设社会主义强国的必要条件之一。③协调统治阶级内部的关系。我国封建社会的历史表明,某家王朝的一统天下,较之诸侯割据、四分五裂的局面,客观上更有利于生产力的发展。上层建筑协调统治阶级内部的关系,缓和矛盾,减少冲突,对于社会的安定和经济的发展都是至关重要的。今天,对我们来说,就是要正确处理好人民内部矛盾,维护全民族的大团结,为实现"中国梦"而共同奋斗。

(三)反作用的区别

任何上层建筑都以生产关系为基础,归根结底又都是顺应生产力的要求而产生的,能否促进生产力的发展,是上层建筑得以产生、存在乃至灭亡的最后依据。但由于不同性质的生产关系所决定,剥削阶级的上层建筑同社会主义上层建筑对生产力的推动作用有根本区别。

首先,剥削阶级上层建筑在一定程度上推动生产力发展的直接目的在于维护和巩固本阶级在经济上和政治上的统治地位,或满足腐朽生活的需要。中国封建地主政权干预经济活动的出发点在于保证封建王朝的财政来源,资产阶级国家作为理想的总资本家自然也要干预经济,并随着资本主义固有矛盾的加深而不断增强,这种干预显然是以巩固资本主义制度为基本原则的,发展科技的目的则是为了提高自己的竞争地位。在上述情况下,生产力的发展仅是一种客观结果,并非统治阶级的初衷。

其次,受生产目的决定,剥削阶级上层建筑对生产力的调节和推动是有选择的,在这种外力作用下生产力只能畸形发展。封建社会中,为统治阶级消费服务的官府手工业受到重视,其他生产领域或部门则往往听其自然。资本主义社会是私有制最发达的社会,生产资料掌握在资本家或资本家集团手中,唯利是图的本性使他们只是在保证超额利润时才可能接受国家的调节,因此生产的社会化和私有制的矛盾才成为这一社会的基本矛盾。生产力在频繁的危机中颠簸,某一领域或部门的发展往往要以其他部门的削弱为代价。资产阶级国家为了整个阶级的利益当然要充当经济危机的调节者,但

"每一个对旧危机的重演有抵消作用的要素,都包含着更猛烈得多的未来危机的萌芽"[①] 再次,剥削阶级上层建筑调节经济、发展生产,是以剥削劳动人民为手段的。在奴隶社会和封建社会这种剥削采取赤裸裸的形式,在资本主义社会上披上了虚伪的面纱,但本质未变。资产阶级在剥削本国人民的同时还向发展中国家转嫁危机、掠夺原料、雇佣廉价劳动力、扩大市场、输出商品和资本。所以,剥削阶级国家虽然也能在一定时期和一定程度上促进生产力的发展,但其采取的手段本质上却是对生产力的一种反动。

最后,由于剥削阶级上层建筑无法解决自己的经济基础与生产力之间的根本矛盾,随着矛盾的激化,它对生产力的推动作用日渐缩小,破坏作用日渐增大,矛盾冲突的结局是这种上层建筑和它的经济基础一道被生产力的发展所淘汰。

与此相反,社会主义上层建筑对生产力的推动作用表现出自觉性、广泛性和有效性的特点。

人类彻底解放的希望存在于生产力不断高速的发展中,但在几千年的阶级社会中,发展生产力的任务并未能放在国家活动的首要地位,只有社会主义上层建筑才把它当作自己的首要任务;社会主义上层建筑是社会主义生产关系的反映,这种关系最能容纳和促进现代生产力的发展,并随着生产力的发展自行调节和完善,因而不会成为生产力的桎梏,这就决定了以它为基础的社会主义上层建筑在活动方向上同生产力的一致性;生产资料公有制的确立,使社会主义上层建筑对生产力的促进作用已不再局限于进行若干大型项目,而是扩展到一切经济领域,通过制定路线、方针和政策,调节和指挥整个社会的经济运行和其他相关事业;社会主义上层建筑消灭了资本主义上层建筑和经济基础,清除了生产力发展的巨大障碍,剥削制度和剥削阶级的消灭,使社会主义国家政权的镇压职能下降到次要地位并日益缩小,组织和管理生产的职能居主要地位并日益扩大,为生产力的发展提供了极大可能;社会主义上层建筑又是历史上第一次出现的劳动人民居统治地位的国家政权,这一变化使生产力中的最重要因素——劳动者获得了解放;在这样的国家里是主人

[①] 马克思恩格斯全集(第 25 卷)[M]. 北京:人民出版社 1965,554.

自己管理自己的事情,这就消除了以往对抗社会形态中固有的阶级局限性;社会主义上层建筑中起指导作用的意识形态是人类最进步的思想体系——马克思主义。所有这些都决定了社会主义上层建筑对生产力的推动作用是其他剥削阶级上层建筑所无法比拟的。

(四)反作用的要求

上层建筑对生产力的反作用以及不同性质上层建筑在反作用上的区别,客观上向社会主义上层建筑本身提出了严格要求。

1. 必须正确认识这种反作用

如何估量上层建筑的地位和作用,是历史唯物主义和历史唯心主义的重要分野。上层建筑对人类社会有重要意义和作用,但它不是社会发展的决定力量。它对生产力的反作用是由生产方式赋予的,是受其他许多因素制约的。

第一,生产力的发展决定着这种反作用的水平。上层建筑的质量、结构和功能,要随着生产力的发展而变化,它组织社会的方式、管理社会的手段,要随着生产力的发展而更新,甚至连意识形态也要随生产力的发展而进步。

第二,生产关系的性质决定着反作用的性质。上层建筑对生产力究竟是起推动、促进的作用,还是起阻碍、破坏的作用,不能从上层建筑本身得到说明,而要取决于它赖以产生和为之服务的经济基础的性质。

第三,上层建筑自身状况也对反作用发生影响。上层建筑对经济基础适应程度怎样、政治体制是否符合经济基础的要求、上层建筑内部关系是否协调、统治阶级对社会发展规律的认识是否正确和深刻等等,都在一定程度上决定了对生产力的反作用的大小、好坏。因此,绝不能盲目夸大上层建筑的这种反作用。

社会生产和发展的客观需要、生产力和生产关系的矛盾运动,归根到底是上层建筑力量的源泉。生产力的发展水平和生产关系的完善程度决定着上层建筑的工作能力和作用效果。上层建筑的反作用必须遵循生产关系适应生产力、上层建筑适应经济基础要求的规律,稍有违背便会遭到惩罚(在这一方面我们的深刻教训是不应忘记的)。

另一方面，也不能借口上层建筑只与经济基础发生直接关系而把上层建筑仅仅当成阶级斗争的工具，或者把生产力的发展只看作经济的自发运动而听其自然、无所作为。事实上，社会主义上层建筑能够比任何其他性质的上层建筑更有效地调节生产方式的矛盾运动，推动生产力的飞速发展，这正是社会主义的显著特征之一。

2. 必须优化上层建筑的内部机制

社会主义上层建筑是由各组成部分相互联系构成的有机整体，要通过上层建筑的工作促进生产力的发展，除其他条件外，还必须不断优化上层建筑的内部机制，即正确处理和协调各部分、各因素的相互关系，使各自的作用都能充分发挥，避免互相牵制。

首先是党政关系。在我国，中国共产党和人民民主专政的国家政权本质上是同一的，活动目的和历史使命是一致的。在此基础上，国家政权必须接受党的领导，党必须尊重国家政权的地位和作用。既要反对忽视甚至否定党的领导的错误倾向，又要纠正党政不分、以党代政的偏差。

其次是政法关系。这种关系包括两方面，即政治制度和法律制度的关系以及政治权利和法制的关系。就第一方面来说，社会主义政治制度必须依赖社会主义法制的保护，法制必须为政治制度服务。只有用宪法和各项法律把人民的民主权利确定下来，使其制度化、法律化，这种民主才具有名副其实的优越性。民主没有法制的保障就会名存实亡，法制若不能提供这种保障，就失去了存在的根据和意义。民主的每一点进步都要求法制的相应完善，法制的任何一个环节不完备，都必定给民主造成损害。发扬民主和健全法制是同等重要的任务，必须同时并举。就第二方面来说，政治权利必须接受社会主义法制的约束。政治权利也就是人民的民主权利，而人民行使自己的权利要通过国家机关、政府机构和国家机关工作人员，于是人民的权利具体表现为上述机关和人员的权利及公民的权利。政治权利从一定意义上说是由社会主义法制赋予的，上述各种权利必须由宪法和法律明文规定才是实际和有效的。社会主义法制必须反映自己经济基础的本质和要求，保护社会主义政治制度，体现人民利益，在这个前提下，社会主义法制是无上的权威，党也必须在宪法和法律允许的范围内活动。一切没有法制根据的权利都是无效的，政治权利的行使要以不违背社会主义法制为原则。超出法制之外的权利叫做特权，它是对民主的反动，是对法制的挑战，必须运用法制武器加以限制和消除。

再次是党政领导和意识形态的关系。在我国社会主义上层建筑系统中，马克思主义和中国化马克思主义是指导我们党的理论基础，上层建筑各项设施和机构都是在它指导下建立和工作的。党、国家政权和其他意识形态的任务就是从不同的方面、用不同的方式去实践，验证和发展它，把它从科学的理论变成现实。同样，意识形态领域的全部活动都必须在党和国家的领导下进行，必须为党和国家的政治纲领、路线、方针和政策服务，但对这种服务不能简单地理解为当时的注解和事后的评判，更重要的是通过对客观规律的深刻揭示，为党和国家的活动提供科学依据，指出实践方向。党政领导也必须重视意识形态的作用。理论上对马克思主义的正确宣传、新领域的开创、新观点的提出，都会对党政领导发生举足轻重的影响，引起战略部署和措施的变化。

3. 必须认真克服和努力避免消极的反作用

任何事物都是一分为二的。我国社会主义上层建筑在社会主义建设中发挥了巨大的积极的反作用，同时也发生了一些消极的反作用。例如，我们曾在社会主义制度已经确立的条件下，长期没有把工作着重点转移到经济建设上来，使社会主义优越性发挥得不多，社会生产力的发展不快、不稳、不协调，人民的生活没有得到多大的改善；曾经不顾现实状况，只凭热情蛮干，先是任意提高公有化程度，后又长期坚持不合理的经济体制，使生产关系和生产力相脱节；曾经在一个相当长的时期频繁进行大规模的政治运动和阶级斗争，又没有正确的路线、方针、政策，混淆和颠倒两类不同性质的矛盾，凡是这样的运动都要伤害一批人，而且不是小量的；甚至发动"文化大革命"，造成全面内乱，国民经济达到崩溃边缘；官僚主义的泛滥达到了社会主义制度和人民利益无法容忍的地步，却一直未能真正清除，等等。可见，提出消极的反作用问题并非耸人听闻。这种消极反作用的后果就是阻碍了我们前进的步伐，把一部分积极作用抵消了。

从简单的、肤浅的认识出发，认为在社会主义条件下社会基本矛盾是非对抗的便可以高枕无忧，于是，在工作中随心所欲，不计后果，这不能不说是发生消极反作用的一个重要原因。当然，消极反作用主要是由于我们自己主观失误造成的,与敌对势力的破坏有本质区别,也不能把一切挫折都看成是消极反作用的结果,但这种消极反作用确实给敌人的破坏提供了机会和条件,客观上增强了敌人的力量。因此,提出要认真克服和努力避免这种消极的反作用不是没有意义的。首先,提出这一问题,有助于党和国家在制定路线、方针、政策时,坚持实事求是的原则,自觉地按客观规律办事,杜绝主观随意性;其次,提出这一问题,有助于上层建筑各个领域和部门,以及党的干部和国家机关工作人员不断端正工作态度,既要勤勤恳恳,更要兢兢业业,既要充分发挥职能,更要保证工作效果;再次,提出这一问题还有助于提高广大人民群众的警觉,增强主人翁责任感,加强对上层建筑工作的批评、建议和监督,从而为这种工作提供保证。

对上层建筑的两种反作用不能等量齐观,它们虽然是同一主体发生的,仍有很大差别。从属性上来说,积极的反作用是由上层建筑乃至经济基础的本质决定的,是必然的,消极的反作用是非本质的、偶然的;从总体上来说,积极的反作用在上层建筑工作中占主导地位,消极反作用只占从属地位,是次要的;从时间上来说,积极的反作用每日每时都在为我们继续前进奠定新的阶梯,消极的反作用只是在一定程度上延缓了前进的速度;从趋势上来说,积极的反作用将日益增强,发扬光大,消极的反作用将日益减少,不断被克服。看不到这些差别,甚至夸大消极的反作用,就会把上层建筑的工作说得一无是处,得出错误的结论。根据以往的经验和教训,提出重视消极反作用,是为了把这种偶然的、可能发生的消极作用限制在最小的程度,把占主导的、必然发生的积极作用更充分地发挥出来。搞好政治体制改革,促进社会主义上层建筑的自我完善,便是实现这一目的的重要途径和手段。

四、当前中国社会意识领域的若干重要工作

(一)发挥社会主义上层建筑对精神文明的领导作用

精神文明是社会文明的重要组成部分,对社会主义来说尤其如此。在精神文明建设中,社会主义上层建筑占什么地位,起什么作

用呢？

它占有核心地位，起着统帅的作用。从上层建筑的两个组成部分来说，思想的上层建筑——马克思主义是核心，政治的上层建筑——党和国家政权是统帅。

历史唯物主义认为，人民群众是历史的主人和社会发展的决定性力量，他们既是物质文明的创造者，也是精神文明的创造者。在阶级社会，人民群众处于受剥削受压迫的地位，他们创造文明、创造历史的活动被掩盖和歪曲，但这种创造活动及作用是不能抹杀的。在社会主义社会人民群众的主人地位得到肯定，主人作用得到发挥。他们的每一项实践活动都为社会主义精神文明创造着条件，增添着内容。由于绝大多数脑力劳动者已经加入人民群众的队伍，所以多数人民群众已经在完全的意义上成为精神生产和精神生活的主体。但是，精神文明和精神文明建设并非一回事，前者是人们改造主观世界的成果，后者是改造主观世界的过程。虽然每个人都可以成为社会主义精神文明的建设者，但要把千百万建设者组织起来，调动起来，就必须有一个思想核心和司令部，唯有我国社会主义上层建筑才能担当起并很好地完成这一任务。

马克思主义是人类历史上最科学的思想体系，它是人类几千年来优秀思想成果的总结和升华，是对自然界和社会发展规律的最深刻反映，它体现了无产阶级的崇高理想，揭示了人类解放的正确道路。我们要建设的社会主义精神文明的核心是共产主义思想，也就是马克思主义。这种核心的地位要求在社会主义精神文明的内容中以及建设精神文明的过程中得到贯彻和体现，任何偏离都是对社会主义精神文明的歪曲。

在马克思主义指导下就有社会主义的精神生产。精神生产当然离不开广大群众的创造，但它的骨干力量是自然科学家、社会科学家、文学艺术家及其他知识分子。他们从事精神生产的过程是在一定世界观支配之下的。他们生产的精神产品当然也是统治其思想意识的世界观的反映。在马克思主义指导下树立起辩证唯物主义和历史唯物主义的世界观，树立起共产主义的理想和信念，把它们同自己的知识、自己的精神生产活动融合在一起，他们的活动及其结果就具有社会主义精神文明的意义。这样，哲学家就可能发现事物发展的普遍规律，自然科学家就可能探索到自然界的奥秘，社会科学家就可能揭示社会现象的实质和相互联系,为人们认识社会和改造社会提供工具,文学艺术家就可能把丰富多彩的社会生活真实地展现在人们面前,指导人们正确地区分真善美和假恶丑,从而做出有益的选择。

精神生产不是精神生产者的孤立活动,其产品也不是凭空产生的。他一方面要以先驱者留传下来的思想资料为前提,另一方面又要时刻处于同时并存的各种思想意识的影响之中。这样,精神生产者继承前人的哪些资料,接受同时代的哪些影响,对于精神产品的质量和水平起重大作用,不同的世界观决定了精神生产者的不同选择。在马克思主义指导下,就会对过去的和现在的思想材料有一个科学的判定标准和区分的能力,从而按照社会主义精神文明的要求取其精华,弃其糟粕,批判继承,发扬光大。否则就会纷然杂陈,兼收并蓄,甚至良莠不齐,是非颠倒,错把糟粕当精华,这显然是无益于社会主义精神文明的。

精神生产是在物质生产基础上思维对存在的反映,被反映者不依赖于反映者,反映者却可以对同一事物做出不同的甚至是对立的反映。造成这种差别和对立的原因在于不同的阶级立场和不同的世界观。马克思主义为精神生产者提供了思维反映存在的正确立场、观点和方法,以此为指导,人们就能对事物做出符合客观实际的评价。这一点对社会科学和文艺工作者更显得重要。社会主义精神生产的方针是"百花齐放、百家争鸣","双百"方针的出发点和落脚点是繁荣社会主义。因此,对精神产品的评价必须坚持政治标准和艺术标准的统一。政治标准就是符合人民利益,艺术标准就是要用最完美的形式、最恰当的手段和方法把人民利益最充分、最有效地体现出来。离开马克思主义去观察事物,研究问题,著书立说,发表作品,容易迷失正确的方向。

在马克思主义指导下就能有真正社会主义的精神生活。社会主义的精神生活是在共产主义思想的支配下进行的,共产主义道德是人类道德发展的最高阶段,它是无产阶级为了维护社会主义制度而用来调节人与人之间、个人与社会之间关系的各种行为规范的总和。因此,这种道德能够通过不断清除一切剥削阶级道德观念及其影响来提高人民的道德水平;调整人民内部的关系和矛盾,维护社会秩序;调动人们建设社会主义祖国的积极性和创造性;把人们培养成共产主义新人。在这里,马克思主义以共产主义道德规范的形式对人们发挥着指导作用。在社会主义精神生活中离不开共产主义道德,自然也就离不开马克思主义。人们在遵守、践履共产主义道德的同时也就在一定程度上学习、接受和贯彻了马克思主义。随着马克思主义理论水平的提高,共产主义世界观的确立和巩固,人们遵守共产主义道德的自觉性也不断增强。这都反映出马克思主义在社会主义精神生活中的重要地位和作用。

除精神生产和精神生活两方面以外,教育、科学、体育、卫生等文化建设也要在共产主义思想指导下发展。这些方面的建设是各社会形态、各个国家共同存在的,而共产主义思想的指导则使它们同一切剥削阶级社会的文化建设区别开来,而且从今以后,如列宁所说,人类的智慧和天才永远不会变成暴力的手段、变成剥削的手段。

党和国家政权是我国社会主义精神文明建设的统帅,这种统帅作用主要体现在以下几方面:

1. 进行教育

教育既是精神文明的成果,又是建设精神文明的手段和途径。马克思主义、共产主义思想不会在群众中自发产生,必须通过教育来灌输和传授;剥削阶级的腐朽意识不会自动装进棺材,埋入坟墓,要通过教育去清除,愚昧无知的状态不会自动改变,要通过教育去克服;资本主义和社会主义孰优孰劣的问题不能靠行政命令来解决,要通过教育擦亮广大青年的眼睛;新的道德精神更需要通过教育去培养。在60多年的社会主义革命和建设中,党和国家付出巨大精力,克服重重困难,一方面发展教育事业,另一方面努力用马克思主义教育群众,使广大群众提高了知识水平,共产主义思想日益迅速地萌发和扩展。在教育工作中不可避免地经历了一些曲折。改革开放以来,教育内容和方式都发生很大变化。目前正在进行的党风廉政教育、社会主义荣辱观教育、社会主义核心价值观教育进一步证明了它在社会主义精神文明建设中的重要作用。

2. 加强引导

马克思主义在我国社会主义意识形态中占统治地位,但由于各种原因,它还没有完全成为每个社会成员的思想。由于每个人的社会地位、生活环境、思维方式、文化水平的不同,个人意识呈现很大差异性，各种旧意识的顽固存在和一定条件下的复活，对个人意识发生着各种影响。因此，为了建设社会主义的精神文明，把马克思主义这种无产阶级的阶级意识变成每个社会成员的个人意识，把个人意识提高到阶级意识的水平，除了进行教育以外，党和国家还必须加强引导，即通过表扬先进、树立典型、及时地发现、总结和宣传英雄模范人物的办法，为广大群众提供学习的榜样和努力的目标。马克思主义的科学性及其和无产阶级的本质联系，使它容易被广大群众所接受；国家有强大的宣传机器和组织系统，能够迅速地把先进人物的事迹传播开来，把他们的先进思想化作社会的舆论，这些都为引导工作创造了条件。引导作为思想教育的特殊形式，由于是活生生的，可以直接感受到的，因而能够收到比一般灌输好得多的效果。先进人物的成长固然内因起决定作用，而党和国家的教育、培养和引导正是构成其内因的主要元素。党和国家用共产主义思想培养造就出英雄人物，又发动向他们学习的运动，使群众队伍中涌现更多的英雄，如此循环往复，把社会主义精神文明不断推向新的水平。引导工作的另一重要方面，是给人们提供正确的立场、观点和方法，使之能够正确地认识事物，正确地对待社会、人生和自我，克服缺点，提高觉悟。

3. 提供保障

首先是思想保障。党和国家为社会主义精神文明建设提出任务、规定原则、指引方向。

其次是物质保障。党和国家在文化建设方面给予大量投资，兴办学校，创建科研机构和基地，扩大医院，增设病床，构建医疗保障体系，修建图书馆、博物馆、电视台、文化站、体育设施，扩大出版发行的规模等等。建国以来，特别是近几年来，国家用于文化建设的投资，不但数字逐年增加，而且增加的幅度也越来越大，使我国文化事业的发展逐渐适应精神文明建设的需要。

再次是法律保障。由于目前我国在一定范围内还存在着阶级斗争，所以社会主义精神文明建设不但要在意识形态领域除旧布新，而且必须在社会上除暴安良，驱邪扶正。通过健全法治，发挥国家机器的作用，镇压破坏社会主义的反动分子，如习近平同志所言，对付暴恐分子要有有效手段。保障人民生命财产的安全，保障和谐的社会秩序，不但有利于精神文明建设，而且对经济基础的巩固和生产力的发展都有不可低估的意义。现在，建设社会主义精神文明早已写入宪法，一切有益于精神文明的活动都将得到国家根本大法的承认和保护，一切封建主义的、资产阶级的腐朽意识和传播活动都同宪法相抵触，因而要依法取缔。法治作为教育和引导工作的有力后盾和强化形式，有其独特的作用，是精神文明建设的一根有力支柱。

建国以来，尤其是改革开放以来，我们的社会主义精神文明建设取得了可喜成就。各种统计数字显示了文化建设的发展，社会的崭新风貌标志着思想建设的丰收。这些成就同我国社会主义上层建筑的核心和统帅作用是分不开的。十一届三中全会以后，我们党根据马克思主义经典作家的一贯思想和我国的经验教训，把社会主义精神文明建设提到关系社会主义事业兴衰成败的高度来认识，阐明了有关精神文明的一系列理论问题，丰富和发展了马克思主义，为国际共产主义运动增添了新的内容。

但是我们也不应忘记，精神文明建设依然任重道远，无所作为是错误的，沾沾自喜更是没有理由和危险的。上层建筑要领导我国社会主义精神文明建设取得新的成就，必须继续努力，其中包括搞好政治体制改革，以便完善自身，提高效能。

（二）加强党的理论建设

中国共产党是执政党，党在社会主义上层建筑系统中居中心的、领导的地位，党是中国特色社会主义事业的领导核心。党的宗旨、使命、地位和作用，要求党必须不断加强自身建设。在中国共产党的历史上，组织建设、作风建设、制度建设，一直受到重视，但理论建设仍需加强。

加强党的理论建设不但有实践根据，也有理论的根据。

理论建设是党的建设的重要方面，对党的思想建设、组织建设、制度建设和作风建设有指导作用。加强党的理论建设对于实现"中国梦"、全面建设小康社会，具有重大而紧迫的意义。中国共产党在理论建设上积累了丰富经验，也有深刻的教训。要从改革开放的新实际出发，大力加强理论建设，全面提高党的理论水平。

加强党的理论建设就要认清理论本身的重要性。因为理论对人类有价值，所以党应当掌握理论；为了掌握理论，必须加强党的理论建设。马克思主义哲学告诉人们，思维和存在的关系问题是人类实践的基本问题也是哲学的基本问题，存在第一性，思维第二性，存在决定思维，思维反映存在并通过人类实践反作用于存在。理论是思维的重要组成部分，是由反映现实的概念和原理构成的体系，是系统化了的理性认识的结果，是人类实践经验的概括和总结，能够满足人类的一定需要，其功能和价值主要表现在两大方面：

首先，理论作为反映社会存在的高层次、系统化的精神成果，对人类的认识具有积极作用。其一，它能够说明现实。人类为了生存和发展，必须改造世界改造社会，为此就要借助于前人的理论来了解世界和社会。任何哲学和科学理论都是对世界总体或某一领域的反映和说明，虽然各有特定的视角、重点和方式，但都有助于人们了解世界的状况。其二，它能够探索规律。人们不能满足于了解世界的状况，还要知道发展变化的原因和规律，任何理论都在试图寻找纷繁复杂的自然现象和社会现象之间的相互联系，都表现着理论的主体对这种联系的看法，都试图使人们既知其然又知其所以然。至于得出的看法是否符合实际，归纳出的所以然是否准确，则又当别论。翻开古今中外各种理论著作便可清楚地看到理论家们艰难探索的足迹。其三，它能够预测未来。理论在探索规律的同时往往还根据对规律的认识预测未来可能发生的变化，不但告诉人们世界和社会是怎样的和为什么是这样的，而且告诉人们它们将会怎样。理论的预测功能既能使人们对美好的未来充满信心、描绘蓝图、制定规划；也能使人们对将要面临的困难和挫折预做准备，创造条件予以排除，至少能够减少损失。其四，它能够记载成果。任何一种理论都是人类认识的结晶，是人类探索客观世界奥秘过程中留下的闪光脚印。人类认识世界的过程就是理论不断产生、积累、突破和创新的过程。每一理论都产生于确定的时代，标志着当时人类认识的能力和水平，为后来的认识奠定了基础，建起了阶梯。理论有真理也有谬误，二者相比较而存在相斗争而发展，并且相互渗透和转化，分别从正反两方面共同促进着人类认识的发展。

其次，理论作为理性认识对人类实践具有指导作用，并通过实践促进社会发展。其一，它能够证明和批判。即证明一定的个人、集团或阶级的某种行为的合理性、某种制度的优越性、某项政策的可行性等，同时否论其他。通过证明或否论（批判），帮助人们进行比较和取舍。理论不但描述社会现实，而且论证或批判这种现实，向人们说明这种现实应当维护或应当破坏的理由。其二，它能够引导和控制。理论能够为人们的行为、计划、决策乃至社会制度设计理想模型，吸引人们去向往，鼓励人们去追求。理论一旦成为社会上层建筑的组成部分，就能成为统治社会的精神力量，支配着人们的思想和行动，因其自身性质而促进或阻碍社会的发展。其三，它能够教育和改造。理论能够教给人们各种知识，纠正因无知而产生的偏见和错误，帮助人们确定信仰，确立世界观、人生观和价值观，为社会实践提供思想条件。在这一过程中，理论就在某种程度上改造了人和社会，促进其全面发展。其四，它能够指导和反思。上至党和国家大政方针、下至人们日常生活，均在理论指导的范围之内，理论告诉人们应当怎样做、必须怎样做，并在事后帮助人们分析总结，得出经验或教训。

  理论的功能和价值不能自发地实现，必须通过人的实践活动，而人的实践活动只有在正确理论的指导下才能取得成功，正是这种相互依赖性决定了加强党的理论建设的必要性。加强党的理论建设不但有理论自身的根据，更是市场经济条件下，党的实践的迫切需要。

  首先，加强理论建设能够全面推进党的建设。党中央要求一定要把思想建设、组织建设和作风建设有机结合起来，把制度建设贯穿其中。所有这些建设要取得成果都离不开理论建设。只有搞好理论建设，才能深刻理解党的思想路线。众所周知，党的思想路线的核心是解放思想、实事求是。实事求是包含着丰富而深刻的哲学思想，体现着科学态度与辩证方法的统一、尊重客观规律性与发挥主观能动性的统一，自由与必然的统一。它是马克思主义基本原理的凝缩，是毛泽东思想的灵魂，是中国革命和建设不断取得胜利的思想保证。如果没有相应的理论功底就无法理解思想路线的理论内涵，而只是当作一句政治口号，成为时髦而无用的官话、套话，自然也就取消了思想路线的指导作用。只有搞好理论建设，才能懂得党在社会发展中的地位和作用，懂得党自身发展的规律性，懂得在新的历史时期为什么要增强党的阶级基础和扩大党的群众基础，懂得为什么要进行干部人事制度改革、为什么要坚持社会主义荣辱观、为什么要坚决反对和防止腐败，才能全面搞好党的组织建设、制度建设和作风建设。

其次，加强理论建设能够全面推进中国特色社会主义理论的践行。中国特色社会主义理论科学总结我们党成立以来的历史经验特别是改革开放以来的新鲜经验，既坚持了马克思主义的基本原理，坚持了辩证唯物主义和历史唯物主义的世界观和方法论，又反映了当代世界和中国的发展变化对党和国家工作的新要求，以新的思想、观点、论断，继承、丰富和发展了马克思主义，是加强和改进党的建设、推进我国社会主义制度自我完善和发展的强大思想武器。中国特色社会主义理论是我们党必须长期坚持的指导思想，只有搞好理论建设，用马克思主义哲学及其他社会科学理论武装广大干部的头脑，才能使之懂得生产力是社会发展的最终决定力量、先进文化既是社会进步的表征又是精神动力、人民群众是历史的创造者等原理，懂得不但要从政治角度而且要从理论高度理解党的路线、方针和政策，从而更加自觉更加有效地予以落实。

再次，加强理论建设能够全面推进现代化社会的建设。现代化社会的建设是一个极其广泛而深刻、极其宏大而复杂的社会系统工程，其中充满了数不清的矛盾、困难和问题，也必然遇到种种阻力、干扰和破坏，出现种种曲折。中国共产党肩负着历史和时代赋予的庄严使命，只有搞好理论建设，在科学理论指导下才能坚定地站在时代潮流的前头，坚持理论自信、道路自信、制度自信，团结和带领全国各族人民，实现推进现代化建设、完成祖国统一、维护世界和平与促进共同发展这三大历史任务，在中国特色社会主义道路上实现中华民族的伟大复兴。

中国共产党在战争年代与和平时期都曾强调要以马克思主义理论武装全党，教育人民。仅从改革开放以来，就先后出现了学习马克思主义哲学、学习邓小平理论、学习现代科技知识、学习法律知识和市场经济知识的热潮，对于推动现代化建设起了重要作用。今后在党的理论建设过程中，应在总结经验教训的基础上坚持以下基本原则：

第一，科学原则。学习理论的目的是为了指导实践，理论的性质有真理和谬误之分，理论的功能有正与负、积极与消极之别。只有正确的理论即真理才具有正功能，才能促进社会成员素质的提高和整个人类社会的进步，只有把这样的理论运用于实践，才能转化为主体所需要的客观现实，达到预期的实践目的，真正实现由理性认识到实践的飞跃。为此，在理论建设中，首先要认真选择、确定和学习正确的理论、摒弃已被实践证明的谬论；其次要用科学的态度和方法对待理论，力戒主观主义、教条主义和实用主义，完整准确地理解科学理论。

第二，创新原则。真理是一个过程。每个事物都既受具体的时空条件的制约，同时又不断打破原有条件的限制而得以发展，因此，作为客观事物及其规律正确反映的真理也要随之发展，这样才能达到主观与客观、理论与实践的具体的历史的统一。马克思主义具有与时俱进的优秀品质，这是它永葆科学性和生命力的根本原因。中国化马克思主义提出的一系列重大而新颖的理论观点，都是坚持与时俱进的表现和成果，在今后的理论建设中必须继续发扬，大力培养创新意识，鼓励创新尝试，用新的理论不断丰富马克思主义宝库。

第三，效益原则。改革开放以来，尤其是实行市场经济以来，效益问题开始引起人们的重视，效益观念开始树立和普及。理论建设也应引入效益观念和原则。理论建设的目的和任务是用科学理论武装全党，提高党的战斗力、执政能力和执政水平。理论建设的各项具体工作都要服从和服务于这一目的和任务。过去由于众所周知的原因，理论工作中曾长期存在讲语录、注教条、喊口号、写标语、念报纸等现象，讲假话、大话、空话、套话，科学性几乎荡然无存。时至今日，理论工作中仍然存在着较为严重的不求甚解、应付了事、形式主义、肆意歪曲等不正之风，危害极大，与理论建设的目标背道而驰，于党于民都有恶劣影响，必须下力气克服之。

（三）弘扬社会主义核心价值观

为了促进中国社会的健康发展和中国人的全面发展，中国共产党向全社会提出了社会主义核心价值观，即富强、民主、文明、和谐；自由、平等、公正、法治；爱国、敬业、诚实、友善。这24个字分别体现了对国家、社会和个人的要求或期望。下面仅就个人部分略作讨论。

1. **爱国**

个人为什么要爱国？因为国家是个人的安身立命之所，国家是个人生存与发展的条件，爱国就是爱自己，为国家做贡献就是在为自己的发展创造条件。损害国家利益也就是损害个人利益，个人与国家密不可分，一荣俱荣，一损俱损。往高了说，爱国主义是中华民族精神的灵魂，是民族振兴的强大精神动力，历史上那些可歌可泣的爱国英雄及其事迹令人敬仰，永远是后人效仿的榜样。往低了说，爱国是每个中国人的本分，做任何有利于国家的事都是应该的，不必以高尚来标榜，也不应与国家讨价还价要补偿，做任何损害国家利益的事都是错误的，不能以任何借口为自己辩解。汉奸就是汉奸，"曲线救国"的说法是站不住脚的。

个人怎么爱国？首先要遵守法律。社会主义国家的法律是人民意志的集中表现，是保护人民的。只有每个社会成员都自觉遵守法律，才能有良好的社会秩序，才能有和谐的社会，国家才能长治久安，国家才能集中精力为人民谋福利。要遵守宪法，掌握国家的根本大法，根据宪法的规定，行使权力，履行义务。要遵守刑法，不犯罪，既不能故意犯罪，也要尽量避免过失犯罪。犯罪行为表面上损害的是受害人的生命和财产，实质上损害的是国家的利益。要遵守其他各项法律，包括民法、婚姻法、刑事和民事诉讼法、环境保护法、食品卫生法……其次要遵守社会主义道德，尤其要遵守社会公共道德，遵章守纪，讲文明，懂礼貌，爱护公共财产，维护公共秩序，保持国格人格，"别把脸丢到国外去"。再次要有奉献精神。为了保卫国家不受侵略，愿意参军参战，不怕流血牺牲。为了国家发展心甘情愿多吃苦多流汗，响应国家号召，服从国家需要，舍小家顾大家。最后要同损害国家利益的事情作斗争。当前和今后一段时期主要的斗争是反腐败。腐败是党的大敌、人民的大敌，对国家有极大的危害，是和平时期最危险的敌人。党中央在不断加大反腐败的力度，每个人也应该行动起来，同身边的腐败作斗争。

2. 敬业

敬业就是尊重自己所从事的职业，履行好职业赋予个人的责任，创造出一定的业绩，以自己的职业为荣耀，以自己的职业能力为自豪。

人为什么要敬业？首先因为职业是个人的饭碗，人为了生存必须有这个饭碗，人若无业就是乞丐，年轻人当啃老族是乞讨的另一种形式。能否敬业决定着饭碗里装什么、装多少。敬业自然就装得多，装的好，反之就装得少装得差，甚至饭碗随时被打破。所以，现在社会的流行说法有"今天工作不努力,明天努力找工作。"

人为什么要敬业?还因为敬业是爱国的一种表现。如果人人都敬业,各行各业就会欣欣向荣,物质财富就会不断增加,综合国力增强,个人也会从国家发展中得到各种好处。

人为什么要敬业?也因为敬业能体现人生价值。人生在世不是自然生命的简单运行过程,而是价值实现过程。个人总要为他人和社会做点什么,留下点什么,职业为此搭建了平台。如果人敬业就会努力钻研,提高能力,增长本领,就会为社会做出较大贡献,从而证明自身价值。

人如何敬业?首先要端正职业观念,要认识到凡是能满足人正当需要的职业都是光荣的,没有高低贵贱之分,不应有职业歧视;其次要干一行爱一行,努力成为行家里手;再次要遵守职业规范,对工作兢兢业业,一丝不苟,不马虎,不糊弄,不偷懒,不粗制滥造,不以次充好。

人敬业敬的是正当职业,是合法的,满足大多数人正常需要的职业。对于非法的、满足少数人非正常需要的职业则无需尊敬,如专门制造假货劣货的职业,"黄、赌、毒"的职业等。说"妓女也敬业"实在是对敬业的讽刺。

当今中国社会在敬业方面有许多具体情况,不能一概而论。第一种情况是既爱岗又敬业。许多干部热爱自己的岗位,甘当公仆,也敬重自己的岗位,用勤政廉政的业绩回报党和人民的信任;许多教师忠诚教育事业,呕心沥血当好园丁;许多医生忍辱负重,尽心尽力为患者服务;许多军人为国为民甘于奉献;许多工人和各行各业的普通劳动者在本职岗位上刻苦钻研,成为杰出人物。第二种情况是爱岗不敬业。一些干部爱自己的岗位,不是因为能够为人民服务,而是因为能以权谋私,这种人非常重视自己的级别和位置,想方设法往上爬,却不认真工作,官僚主义、形式主义、教条主义,高高在上当老爷。为了保住位置,或爬上高位,编造假文凭、假学历、假年龄、假政绩及行贿受贿。第三种情况是敬业不爱岗。许多普通百姓凭良心做事,工作中也能认真履行职责,也无差错,但是对自己的岗位不满意,一有机会就想换岗或跳槽。对于这种情况不应责备,每个人都有选择的权力,都有上进的愿望,都有满足欲望和兴趣的要求。第四种情况是既不爱岗也不敬业。对现在的岗位不满意，又没有能力高升或跳槽，对命运无可奈何，又不从自身找原因，牢骚满腹，怨气冲天，工作敷衍了事。中国广播网2014年2月2日披露，据盖洛普全球民意调查，只有6%的中国雇员"积极投入到所从事的工作"，这一数字与伊拉克持平。实在令人遗憾。

为了推动人民敬业，国家和社会要承担一定的责任。首先要增加就业机会，提供岗位，降低就业门槛，让需要就业的人能进来，先让人有业，然后才能敬业；其次要深化教育改革，调整教育门类和专业设置，按照市场需求培养人才，使毕业生能够适应用人单位的需要；再次要开展多种渠道的就业技能培训，为残疾人、文化程度低的人、40、50人员等创造就业条件；此外，要适当提高劳动报酬，改善劳动环境，努力克服行业歧视，让人们工作得有尊严。

3. 诚信

诚信是中国传统道德规范，是人们社会生活的一项准则，这两个汉字的结构告诉人们，"人言为信"，要相信别人说的话，也要让别人相信自己说的话；"因言而成"，说话算话才能成功。中国古代各家学说都倡导诚信，认为"人而无信，不知其可也。"评价别人要"听其言，观其行。"对自己要"言必信，行必果。"

诚信是君子的标志和要求，也是一种优良社会传统。社会生活是复杂的，有人诚信，也有人不诚信。因为有人不诚信，所以才需要提倡，如果人人都诚信了，那么这条道德规范就会消失了。物以稀为贵，难能可贵。中华民族是讲诚信的民族。古代商鞅变法曾经"立木为信"，现代社会有"诚信兄弟、诚信父亲、诚信妻子"（指的是亲人去世后其他亲人代为还债的情况，媒体有许多此类报道）。

诚信作为一种美德在中国历史上是一贯的，有鲜明的历史继承性。但是，历朝历代也都有不讲诚信的人，轻者违背诺言，"食言而肥"，重者欺诈别人。近代法国思想家孟德斯鸠认为中华民族是世界上最会骗人的民族。这当然有些过分，但也要看到进入市场经济时代以来，在各种利益的驱动下，诚信受到强烈冲击，社会生活中充斥着各种欺骗，有些人的价值观发生扭曲，会骗人是精明，讲诚信是傻瓜笨蛋。诚信缺失了，于是又成为人们热议的话题，从小学生作文到全国研究生考试，从领导报告到商家广告，从学者专著到研究生毕业论文，大家都在讲诚信如何重要，目前，随着社会主义社会核心价值观的宣传，相信将开创一个诚信的新局面。

个人为什么要讲诚信？因为这是获得别人信任的前提，而获得别人信任，又是个人事业成功的条件，在经商中，讲诚信才能得到金融机构的支持，遇到困难时才会得到对方的谅解，才会获得各种优惠；在从政中，讲诚信才能被上级委以重任，才能获得展示个人才华的机会，才能创造日益显赫的业绩；在生活中，讲诚信才能交到好朋友，才能得到扶持和快乐。

个人讲诚信必须持之以恒，要想给别人留下诚信的好印象，必须几十年如一日，如果有一次两次失信于人，必须有足以让人信服的理由才能得到谅解，如果失信三次以上，什么理由也不管用了。

要想构建和谐社会，必须有相应的措施，让讲诚信的人不吃亏，让不诚信的人付出代价得到惩罚，奖与惩都是教育，坚持下去，就会逐渐形成良好的社会风气，近年来司法机关把多年赖账不还的人公之于众，并对其做出各种限制，已经初见成效。

4. 友善

友爱、友好、友善，这同样是做人的美德，既是对待他人的外在方式，也是个人的内在原则。这是人与禽兽的重要区别。中国宋朝的哲学家张载提出的"民胞物与"的思想（即主张天下之人都是我的兄弟，天下万物都是我的朋友）至今为人津津乐道。

为人友善，道理自明，你对人好，人对你好，互为因果，人人友善，社会大同。你对人好在先，人对你好在后，有付出才有回报，这里的因果顺序不能颠倒。

为人友善应出于内心，出于真诚，不求回报，而且应当养成习惯；友善不是外界使然，不是表演，不是计算，不是对回报的期盼。是真友善还是假友善，是一贯友善，还是偶尔友善，行为人自己内心清楚，旁观者也看得清楚，这是对人性的展现和考验。

呼吁友善，说明社会重视友善。当今中国社会由于物质文明和精神文明的发展，友善已成为一种社会风气，成为许多人的自觉行动，是习惯性的行为方式。讲文明用语，做好人好事，人际交往中遵守道德，主动为对方着想，扶危济困，雪中送炭，不惜为他人而牺牲自己的时间、财产、健康、甚至生命。这是当今中国社会的主流。

呼吁友善，也说明社会还在一定程度上缺乏友善。当今社会确实还有不友善的现象。例如：商业欺诈、坑蒙拐骗、假冒伪劣，表面上友善，笑脸甜言，实质骗你没商量；政治上，一些干部官僚主义严重，老爷作风横行，一些部门还存在着门难进、脸难看、事难办的问题；生活中，一些窗口单位个别工作人员服务意识薄弱，对待群众简单粗暴，个别城管人员暴力执法，等等。

对于少数干部和工作人员的不友善问题可以通过开展群众路线教育实践活动提高思想认识，通过强化工作纪律来改进作风；对于各种形式的欺诈行为要依法打击；对于普通群众中的不友善行为要通过加强精神文明建设来引导。

（四）正确认识现代西方思潮

伴随改革开放，现代西方思潮大量涌入中国，中国社会对其曾经有过全盘肯定或全盘否定的两种偏差，需要正确对待。现代西方思潮是现代西方社会的一种精神存在，它们作为社会物质存在的反映，兴起于西方，涌动于世界，对现代中国也发生重大影响。从宏观上把握它们产生和流传的社会背景，研究它们的价值，从而确定对待它们的正确态度，对于我们认识西方、认识自己、推动社会主义事业的发展，具有重要的意义。考察现代西方思潮的社会背景应当从五个方面入手：

1. **两次大战**

在已经过去的20世纪，人类发生了两次世界大战。虽然其中的一些具体事件或重大事件的一些细节尚需历史学家继续考证，但这两次战争的规模之大、时间之长、间隔之短、地域之广、卷入国家和人民之多、过程之残酷、损失之惨重，均在全世界人民心中留下了深刻的烙印。战争不但摧毁了物质的大厦，而且动摇了人们精神上的信仰。战争暴露出人性的丑恶、科学的破坏、理性的无奈，引发了人们的思考。第一次大战迫使弗洛伊德修改了"本能学说"，把人的本能由单一的性本能扩展为生存与死亡或建设与破坏，并开始探讨健康人格如何形成。一战还催生了德国的存在主义哲学、并通过二战由法国流向世界。两次大战后西方国家作出的政策调整也引发了一些新的学说。战争的影响在文学艺术领域也得到了普遍反映。

2. **一球两制**

随着1917年10月俄国革命一声炮响，人类历史翻开了崭新的一页。自那时起直至今天，地球上存在着资本主义和社会主义两种基本的社会制度（其他类型的社会制度虽然在一些国家和地区仍然存在，但已不再是世界舞台的主角）。这两种制度鲜明区别，尖锐对立，在并存的同时进行着激烈而复杂的斗争，构成了世界现代史的重要内容。一个世纪以来，资本主义经历了从自由竞争到私人垄断，再到国家垄断的演变过程，社会主义也经历了从20年代的一枝独秀，到50年代遍地开花，再到90年代初严重挫折的曲折进程。两种制度的长短优劣及其各种矛盾状况自然引发了西方思想家和政治家的思考和评判，出现了民主社会主义、欧洲共产主义、生态社会主义、女权社会主义、市场社会主义、凯恩斯主义、经济上和政治上的新自由主义、第三条道路等等。

3. 马克思主义的发展

马克思主义的发展是有目共睹的，其内在根据在于它的科学性、阶级性和实践性。160年来，马克思主义在国际共产主义运动和社会主义的实践中不断发展，在改变世界面貌的同时也使自身成为人们研究的对象。各种西方思潮对待马克思主义态度不一，有的反对甚至诽谤和谩骂，有的自诩客观做貌似公允的评说，有的打着补充和发展的旗号贩进自己的私货，也有的试图克服以往的弊端，进行一些新的探索。其中影响较大的思潮有以卢卡奇等为代表的早期西方马克思主义、以霍克海默、马尔库塞、哈贝马斯为代表的法兰克福学派、以萨特为代表的存在主义的马克思主义、以阿尔都塞为代表的结构主义的马克思主义、以科恩为代表的分析马克思主义等等。不论态度和见解如何，马克思主义的发展不断震荡着西方人的思想，牵动着西方学者的神经，确是一个不争的事实。

4. 科技革命

20世纪不但是经济政治急剧变动的世纪，而且是科学技术突飞猛进的世纪。尤其是60年代以来兴起于西方扩展于世界的以电子计算机广泛应用为标志的新的科技革命，引起了人们的生产方式、生活方式和思维方式的重大变革，科技革命充分显示了社会进步的巨大杠杆的作用。另一方面，科技发展的内在矛盾和资本主义制度的制约，也使人们普遍感受到了科技的弊端，科学技术从解放人类的手段变成资产阶级剥削人民掠夺殖民地的工具；科技进步在资本主义条件下成了人类异化加深的重要根源，生产的高度自动化造成了人的工具化、非人化；资本主义对科技成果的滥用急剧恶化着人与自然的关系，损害着人类生存的根基；最先进的成果成为最先进的杀人武器……凡此种种，引起了现代西方人本主义思潮的批判、未来主义思潮中乐观派和悲观派的争论及后现代主义思潮强烈的反理性倾向。科技进步也在一定程度上促进了西方科学哲学的发展。

5. 全球化

据学术界考证，"全球化"最早出现在1944年美国学者奥利维·雷舍、布拉温·戴维斯合著《全球民主科学人文主义及其应用语言哲学导论》中。1997年中共十五大报告中第一次使用经济技术全球化概念。全球化是近年来比较流行的并颇有歧义的一个词汇，其实，全球化的进程早已开始。现代以来，历史的发展加快了向世界历史转变的步伐，使当今世界出现了许多全球化的现象。经济全球化：商品生产和流通的国际化、资本与劳务输出输入的国际化、经济危机影响的普遍化、各国之间经济联系和彼此依赖关系的增强。政治全球化：资本主义矛盾及其灾难性后果的全球化（如两次世界大战）、社会主义与资本主义两大制度的斗争及其影响、不同军事集团或政治联盟的斗争等。管理全球化：联合国、WTO、国际刑警组织、各国间的多边协定等。文化全球化：各国间在教育、科学、卫生、文学艺术等方面的交流合作不断扩大和加强、好莱坞大片、奥林匹克运动、世界杯足球赛、计算机网络。问题全球化：资源短缺、生态失衡、环境污染、人口爆炸、走私、贩毒、恐怖主义——对全球化状况的回应也构成现代西方思潮的重要内容，如人本主义对人的命运、价值和生存问题的思考、未来主义对人类社会走向的探讨、后殖民主义对东西方关系的批判、文明冲突论对当代国际政治的阐释等。

以上五个方面当然不是也不可能是孤立的事件，而是相互联系紧密交织的，共同作用于人们的思想，构成现代西方思潮的基本社会历史条件。研究任何思潮都应遵循普遍和特殊相结合的原则和方法，把这五个方面和促成某一思潮产生和流传的具体条件结合起来，才能比较全面和深刻地把握之。

现代西方思潮对西方社会的影响是不言而喻的，站在马克思主义和社会主义的立场上看，现代西方思潮也有一定的价值，主要表现在以下几个方面：

第一，现代西方思潮体现出的探索精神对于我们强化创新意识、推动思维创新有借鉴作用。现代西方思潮对西方社会进行了全方位多角度的思考和探索，流派分呈，学说林立，汗牛充栋，纷然杂陈。哲学上有科学主义和人本主义两大思潮，以及难以简单归类的现象学、实用主义、后现代主义。经济学有微观经济学和宏观经济学，有关于生产、供求、分配、市场、消费等理论，有凯恩斯主义后凯恩斯主义等学说。政治学有自然法学派、社会法学派、规范主义、政治多元主义等理论。文学艺术领域则有象征主义、表现主义、超现实主义、魔幻现实主义、"意识流"、"黑色幽默"、荒诞派、印象派、视幻艺术、概念艺术等。还有与科技革命相伴随的各种未来学说。各种思潮虽然观点各异，主张有别，甚至互相冲突，但其共同的显著特征是立足社会现实，回应社会挑战，不满理论现状，试图有所超越。虽然某种具体的学说寿命不长，即使轰轰烈烈几十年，也很快被别的学说取而代之，但整个思想领域却是常疑常思、常思常进、波翻浪涌、奔流不息。研究现代西方思潮的这种特征，对于我们坚持马克思主义"与时俱进"的本质，克服以往理论思维的弊端，应当是有所助益的。

第二，现代西方思潮对资本主义的研究和批判有助于加深我们对资本主义的认识。现代西方思潮是对现代西方社会状况的反映，是现代资本主义或晚期资本主义各种社会矛盾的折射，是西方社会运行的晴雨表和温度计。透过它们的观点和倾向以及社会地位和流行程度，能使我们了解西方社会各主要领域的大体情形，把握其基本态势和走向。许多思潮从不同角度、用不同方式抨击了资本主义的不合理性。现代资本主义社会的经济危机、政治腐败、民族歧视、道德堕落、人性和科技异化等弊病受到了哲学的分析、经济学的谴责和文学艺术的嘲讽。这些来自资本主义内部的揭露和批判粉碎了资本主义"无比美好、万世长存"的神话，为我们更全面更深刻地认识资本主义提供了具体材料。

第三，现代西方思潮探讨的许多新问题促进了有关学科的发展。例如：科学方法论问题、语言问题、逻辑问题、人类认识的发生发展及其机制问题、思维和语言的关系问题、科学和哲学的关系问题、科学的本质和社会功能问题、人的本质和价值以及存在状态和自由问题、市场机制和经济效益问题、供给和需求及生产和消费问题、能源人口环保问题、法的本质及形式和作用问题、国家机关活动的原则和成效问题、现代知识状况和文化危机问题、未来社会的特点及预测未来的方法问题,等等。各种思潮对这些问题的研究宽窄有别深浅不一,所提供的答案当然不尽正确,有些显然是错误甚至荒谬的,但毕竟填补了人文社会科学的某些空白,在个别方面开拓了前人未能顾及的领域,因而在人类认识发展史上占有一定的地位。它们对某些问题的见解涉及人类社会发展的共性,对我们也有一定的启示。

第四,现代西方思潮提出的一些方法论和方法为人们的认识提供了新的手段。在哲学上,有逻辑主义方法、历史主义方法、逻辑和历史相结合的方法、现象学方法、实用主义方法、结构主义方法、语言学方法、解构主义方法。比较著名的卡尔·波普尔的证伪主义理论、托马斯·库恩的"范式"理论、伊姆雷·拉卡托斯的科学研究纲领方法论、皮亚杰的发生认识论和弗洛伊德的精神分析理论等,都把方法论的研究推向一个新的阶段。在经济学方面有各种分析方法,如个量分析、总量分析、主导部门分析、边际分析、投入产出分析、比较成本和利益分析、生产配置和资源利用及投资效果分析、经济计量模型等,这些具体方法符合社会化现代化经济发展的要求,使经济的组织和管理日趋科学化。在文学艺术方面则有象征、冷漠、荒诞、意识流、同时性等表现手法和技巧,对于表现主题、体现"现代派"的文艺观起了重要作用。上述关于方法的理论或具体方法虽然不都是科学的,但至少它们能够帮助人们在认识事物的过程中进行更多的尝试。并且其中有些是以现代科学发展成果为基础的,尽管还很不完善,但其前景是值得关注的。

第五,现代西方思潮表现出的一些倾向也有一定积极意义。如注重经验、倡导科学实验的实证主义倾向;反对机械的形而上学,强调主体能动性的倾向;反对抽象的思辨,注重理论实际效果的倾向;反对空谈,注重行动的倾向;反对异化,重视人的自由的倾向;对未来社会充满信心,乐观向上的倾向等,从社会进步的角度来说,都有值得肯定之处。即使是反马克思主义反社会主义倾向,客观上对马克思主义和社会主义的发展也有一定的促进作用,促使人们更深入地研究。

以上五个方面,当然不是也不可能是现代西方思潮的全部价值。

西方思潮随西方社会的变化而变化，其价值也是如此，今天的正价值明天可能变为负价值，在发展中也会产生新价值。研究西方思潮的背景和价值问题必须坚持辩证唯物主义和历史唯物主义的立场、观点和方法，任何简单、武断、片面的态度和做法都是无益的。

西方思潮毕竟只是思潮而已，思潮不等于真理，每个思想或学说也只是流行若干年便被新的潮流所取代，对其盲目尊奉是没有根据的。

五、个人生活的辩证性质

马克思关于社会存在就是人的现实生活过程、生活决定意识的思想很长时期未被人知，只是到了 20 世纪 30 年代以后，随着《德意志意识形态》和《1844 年经济学哲学手稿》的发表，才被人们逐渐了解，继而先在西方后在改革开放的中国，出现了研究这些早期著作的热潮，在研究中人们对这些著作中的思想有不同理解，甚至出现了"早年马克思"与"晚年马克思"的对立。

一些现代西方学者根据早期著作中的思想，把马克思看作是一个人道主义者，并沿着马克思的思路探讨有关人的各种问题，由此形成了现代西方人本主义思潮，其中，德国哲学家胡塞尔的生活世界理论，海德格尔和法国萨特的存在主义哲学、法国列斐伏尔和匈牙利赫勒的日常生活批判理论、法兰克福学派的社会批判理论等，都在世界范围内引起很大反响和争论。

"胡塞尔认为，在科学和哲学产生之前，存在一个前科学和前哲学的生活世界。人们在其中已经有关于世界的看法，即已经有前科学和前哲学的关于世界的观念和相应的说话方式。在科学和哲学产生之后，生活世界依然存在，它本身也没有改变。所改变的是换了一套对生活世界的描述方式，即用科学的说话方式代替原来的素朴的说话方式；同时，提高了人们的实践活动能力，特别是预言生活世界中的事件变化的能力。"① 胡塞尔的理论前些年在西方和中国的哲学领域都掀起了回归生活世界的研究热潮。

法国哲学家列斐伏尔被中国学者称为"日常生活批判的辩证法

---

① 刘放桐. 新编现代西方哲学［M］. 北京：人民出版社 2000，325.

家。"①海德格尔认为日常生活是暂时沉沦状态,科西克认为日常生活世界是颠倒的异化世界,"列斐伏尔却强调,日常生活则是真假参半、本真与异化同在的、内涵丰富而矛盾的文化沃土区,而不仅仅是相对于上层建筑而言的基础或高山之边的平原。日常生活既不是外在于历史而反过来评价历史的永恒本真世界,也不纯是一个应当被超越与消除的边缘、异化、残余的世界,而是一个充满矛盾的活力与惰性的、痛苦与希望同在的世界。"②他还指出:"日常是每个人的事,不是某个人、某个社会学家或哲学研究的专题。哲学家总是把日常生活拒之门外,始终认为生活是非哲学的、平庸的、没有意义的,只有摆脱掉生活,才能更好地进行思考。我则与此相反,努力把日常生活纳入哲学的研究范畴,让日常生活成为哲学思考的对象。"③列斐伏尔的这些观点与当代中国一些研究哲学的人大相径庭,也受到另一些人的高度称赞,笔者也深表赞同。

"西方马克思主义"创始人之一卢卡奇的学生匈牙利哲学家赫勒指出:"那些今天过着有意义生活的个体自觉选择和接受的任务,是创造一个异化在其中成为过去的社会:一个人人都有机会获得使他能够过上有意义生活的'天赋'的社会。并非是'幸福的'生活——因为不会出现向有限成就的世界的复归。真正的历史充满着冲突和对自己给定状态的不断超越。正是历史——人们自觉选择的和按人们的设计铸造的历史——可以使所有人都把自己的日常生活变成'为他们自己的存在',并且把地球变成所有人的真正家园。"④她的这种观点说明了研究日常生活的必要性和目的性。

这些西方学说自20世纪90年代传入中国以后,引起了许多学者的兴趣,形成了研究热潮,开创了哲学研究的一个新领域,也出现了一些有价值的成果。⑤但在研究中存在着为了突出日常生活而与社会生活相分离的倾向,另外,一些研究者为了显示自己理论家的特质,故意把朴素的哲理复杂化,标题写成绕口令,明明研究的是日常生活,却又让过着日常生活的大众看不懂,令人难知其意。

---

① 刘怀玉. 现代性的平庸与神奇 [M]. 北京:中央编译出版社 2006, 26.
② 刘怀玉. 现代性的平庸与神奇 [M]. 北京:中央编译出版社 2006, 29.
③ 陈学明. 西方马克思主义命题辞典 [Z]. 北京:东方出版社 2004, 92.
④ 阿格妮丝·赫勒. 日常生活 [M]. 重庆:重庆出版社 1990, 292.
⑤ 参见李小娟. 走向中国的日常生活批判 [M]. 北京:人民出版社 2005.

但不论怎样，现代西方和中国学术界对生活世界的研究还是给了人们许多启示，使人们能够对自己的生活加深或拓展思考，其价值还是很大的。

（一）个人生活的个别性

前文论述个人发展问题时谈到的前进性和曲折性、过程性和阶段性、矛盾性和条件性等，都是个人生活的辩证性质。此外，还应从以下几方面做些补充。

唯物辩证法主张全面地看问题，既要看到事物之间的联系，也要看到二者或诸者的差别，联系是以差别为前提的，完全相同的两个事物是不存在的。所以，中国古代哲学家认为"和实生物，同则不济，以它平它谓之和。"研究人也一样，每个人先要"认识你自己"，先把自己与其他人区别开来，先要知道"自己是谁？"每个人都应当也可以自问自答一下这个问题：

"我是谁？"

"我"是一个人。不是植物也不是动物，不是分子也不是原子，不是沙粒也不是水滴，"我不是东西，"请别人把"我"当人看。

"我"是一个男人或女人。请别人不要弄错"我"的性别，不要对"我"提与性别不符的要求，不要对"我"做与性别不符的事，也不要对"我"有性别歧视。

"我"是一个年幼的人。请别人不要弄错"我"的年龄，不要逼迫"我"做与年龄不符的事，不要对"我"提超年龄的要求，也不要对"我"有年龄歧视，还要注意到"我"的成长。

"我"是一个年轻人。请别人允许"我"或督促"我"帮助"我"去奋斗，去创业，去寻找自己的另一半，去实现自己的梦，并请别人原谅"我"在这一过程中的莽撞和过失。

"我"是一个中年人。"我"要养家糊口，要多创业绩来证明自身价值，因此，"我"要比年幼、年轻、年老的人更忙、更累，还要主动去忙、去累，面对亲人还不能说自己忙累，有多少重担都自己扛，请别人对"我"给予理解，看到成绩时给一点鼓励，看到缺欠时给一点提醒，遇到困难时给一点助力。

"我"是一个老年人。人生时光大半已经过去，光荣与耻辱都成往昔，成功与失败皆剩回忆，说话爱提想当年，因为只剩下想当年，即使不服老也无可奈何，即使还残存点豪情，也已没有实现的精力。但"我"还是心有不甘，勉为其难去做那些力不从心的事，怕的是别人把自己完全忘却或遗弃。

"我"是一个有思想的人。不论对错与否，希望别人能允许发言，"我"只想表达自己，并不想说服别人，"我"也愿意听别人表达思想，即使不同意"你"的看法，但绝不侵犯"你"表达的权利。

"我"是一个有信仰的人。信仰什么是"我"的权力，"我"不干涉别人的信仰，也不希望别人干涉"我"，信仰需要坚定和固执。

"我"是一个有情绪的人，喜怒哀乐经常变化的人。情绪可以发泄，但不可以伤及别人，同时对别人的情绪应当给予理解。

"我"是一个有性格的人。内向还是外向、温柔还是暴躁、慢吞吞还是急火火，那是"我"选择的自由，但"我"不能指责别人的性格，更不能乱发脾气。

"我"是一个严格、严谨的人，或是一个放纵、随意的人。但严格和严谨只能是"我"做人做事的作风或准则，不能强加给别人。严格和严谨使人做事减少失误，但给人印象刻板，不好接触。放纵和随意虽然能减轻点儿心理压力但会给"我"带来危险，应当予以克服。

"我"是一个大方豪爽的人，或是一个小气吝啬的人。大方豪爽可以多交朋友，但会造成经济损失；小气吝啬可保财产安全，但外部声誉可能偏低，各有利弊。

"我"是一个贪心不足的人，或是知足常乐的人。贪心不足使"我"拼搏进取而身心疲惫，知足常乐使"我"心旷神怡而所得无几。贪心不足使"我"亢奋而发昏，知足常乐使"我"安逸而懈怠。何去何从，要认真考虑。

"我"是一个有身份的人，是领导别人同时又受人领导的人。每个身份后边都有责任，大多数身份都有设置的理由和存在的意义，"我"应当认真履行自己身份的责任，不要去和别人比较贵贱高低，因为"神马都是浮云"，一切都是暂时的。

"我"是一个有许多缺点并经常犯错误的人，并且是缺点可能比别人多、错误比别人严重的人。所以，"我"要时刻警惕力争少犯错误，并且对别人的缺点要宽容，当然，对其错误要批评。

"我"是一个会生病的人。所以，"我"要科学锻炼，促进健康，减少或避免得病，同时，对别人的病痛给予同情和帮助。

"我"是一个拥有生命的活着的人。在国家面临危亡之时，"我"的生命由国家做主，让上战场就上战场，让牺牲就牺牲。在其他情况下，"我"的生命"我"做主，要有自主性，想怎么活就怎么活，只要不妨害别人即可。对于别人的强迫，"我"可以反抗或逃避；对于别人的劝告，"我"应当思索；对于别人的建议，"我"需要斟酌。"我"应当把从实际出发与从理想出发结合起来，制定合理并可行的人生规划，根据客观情况或主观愿望随时调整生活方式。

"我"是一个必死的人。不论是否愿意，不论存活多久，死亡是最后的归宿。如前文所言，死亡终止了个人的发展，使一切可能性归结为零。面对死亡的威胁，"我"可以接受庄子的观点：生也自然死也自然，一切随它去，既不为生而担忧，也不为死而烦恼。或者接受海德格尔的观点，"向死而在，先行赴死"，即提前认识到死亡的意义来更好地规划人生。

……

上边这一连串的"我"构成了"自己"，"我就是自己"，这是每个人都应当得出的自我认识。

"世界是我的世界：这表现在语言的界限就意味着我的世界的界限。世界和人生是一回事。我是我的世界。"[①] 这种看法对不对，人们可以自行评判。

每个人在自己的生活中随时随地都可以感受到"我就是自己"：

"我"的出生是自己的生，是"我"给母亲带来剧痛甚至死亡，所以，"我"对母亲要终生感恩和抱歉，要用一生来回报。

"我"的名字是自己的名字，上学时被老师点名要赶紧答应；考大学或考公务员，看到录取单上有自己的名字无比激动，没有看到自然非常沮丧；到银行办事或者办理各种证件一定要写对自己的名字，错一个笔画都办不成事情；人在一生中要多次在相关文件上签上自己的名字，表示自己享有权利或承担义务（希望不要得到在逮捕证上签名的机会）；如果自己的身份证与别人同名同号，要赶紧纠正；如果发现自己的名字被他人冒用盗用，要立即制止或提起民事诉讼，当然，自己也不要干这样的事情；名字是"我"的符号，但

---

① 维特根斯坦. 逻辑哲学论 [M]. 北京：商务印书馆 1996，85.

又不仅是符号，名字背后是"我的一生"，名字连接名声，每一个"我"都应争取好名声避免坏名声。

"我"的感觉是自己的感觉，"我"用自己的眼睛看世界，用自己的耳朵听声音，用自己的鼻子闻味道，"我"要根据自己的感受对外界事物作出判断，而不能人云亦云，不能让别人蒙骗。"我"的感官长在"我"的身上，"我"疼"我"知道。

"我"的思维是自己的思维，"我"用自己的头脑去思考，绝不用别人代劳，"我"根据自己的思考形成自己的观点，对别人的观点也要有自己的判断。

"我是自己"要求个人在生活中要像自己，要有个性、独立性，要认识到自己的独特性，要活出个自我来，不模仿别人，还要让别人也觉得"你是你自己"，你的各方面表现符合你的本性，要让想找你的人在许多人中立刻发现你，认出你。

"我是自己"要求个人要发展好的个性，要人品好、性格好、干好事的本领强，而不是坏得出奇遭人愤恨。在经商中要做到人无我有、人有我优、人优我廉、人廉我服务好；在从政和学术研究中，像前边说过的那样，要比别人站得高、看得远、想得深。

既然死是自己的死，活也应当是自己的活。拥有和保持优良个性对个人发展有重要意义。只有各方面都很突出或至少某一方面最突出的人才会被社会所需要和认可。

优良个性的形成是长期的过程，取决于许多主观条件和客观条件，首先个人要努力，要有正确的自我意识，要学习和修炼各种知识和能力，要有决心和毅力。其次社会要允许人有个性，要通过教育来培养，在社会生活中要给予保护。

在中国社会要拥有和保持优良个性是很不容易的，漫长的封建社会中只有最高统治者才有个性，其他人有个性是危险的，会给自己和家人带来灾难。当前，市场经济冲破了原有的许多障碍，党和国家鼓励人人出彩，并提供舞台，个人应当珍惜这难得的历史机遇，开创自己新的未来。

（二）个人生活的依赖性

强调个人的个别性是为了强化个人的主体意识，使之认清自己的独特价值，从而更好地发展，提示个人要"好好活"。但任何个人都不能孤立地存在，都是与他人一起活，都处在与他人他物的相互关系中，处在人类社会这张普遍联系之网中，从而表现出各种依赖性，他人他物构成了个人发展的前提。

"我"的生命是别人给的，是父母赋予的。这是最突出的依赖性，是任何人也无法摆脱的，就算是试管婴儿，也离不开生命细胞的提供者。这种依赖性是"孝道"的根据。

"我"的生命是别人保护的。从孕育到诞生，乃至终生，有父母和其他亲人的保护，医生和护士的保护，医疗卫生保健制度和政策的制定者的保护，各种药品和医疗器械的生产者的保护，以及军人和警察的保护，等等。

"我"的生存资料是别人提供的。婴儿期的乳汁来自母亲，奶粉来自厂家，牛奶来自养殖户；长大后的吃、穿、用、住、行，各种生活资料都来自于他人，没有这些，生命将无法延续，一切都无从谈起。

"我"的知识和能力是别人教的。它们分别来自于家人、教师、师傅、同事、朋友、伙伴、教材的编写者、出版者、教具的制造者，还有对手和敌人。

"我"的思想是别人灌输和启发的。要感谢思想的创造者和传播者，感谢写书、印书、卖书的人。

"我"的文明素质是向别人学习得来的。既学习好榜样也"学习"坏榜样，按照好榜样的做法去练习，坏榜样做的事一律不做，反面教员，前车之鉴。

"我"的理想和愿望是在别人帮助下达成的。"我"想考大学或读研读博，要依靠国家政策和招生学校，"我"想当公务员，要有国家机关设岗，"我"想就业，要有用人单位招聘，"我"想发财，要有市场经济提供机会，"我"想结婚成家培育下一代，要有另一半同意并配合，"我"望子成龙望女成凤，需要子女肯努力，"我"退休之后想发挥余热，需要有人不嫌弃。

"我"患病需要别人照顾，"我"衰老需要别人帮助，"我"死后需要别人帮助料理后事……

"我"的一生都在依赖别人，同时也被别人依赖：

父母年轻"我"幼小时，父母依赖"我"给他们提供欢乐；"我"长大时花钱多，父母依赖"我"提供拼搏的动力；父母年老体弱患病时，依赖"我"的照顾。

如果"我"是教师，学生依赖"我"去教育；如果"我"是干部，群众依赖"我"去领导；如果"我"是企业家，无业的人依赖"我"提供岗位；如果"我"是律师，原告或被告依赖"我"去维权；如果"我"是军人或警察，人民依赖"我"去保卫；如果"我"是医生，患者依赖"我"救死扶伤；如果"我"是患者，医生依赖"我"提供名利双收的机会；如果"我"是机长、船长、火车或汽车的司机，旅客或乘客依赖"我"把他们送到目的地；如果"我"是生产者，消费者依赖"我"提供产品；如果"我"是消费者，企业依赖"我"提供刺激；如果"我"是清洁工，城市依赖"我"使其洁净美丽……

每个人都依赖别人，同时被别人依赖，但程度不同。个人素质优秀的人被别人依赖的程度大，他依赖别人的程度小，反之亦然。但想完全摆脱依赖关系是办不到的。官再大、钱再多，也要和普通人一样吃、喝、拉、撒、睡，也要靠普通人提供各种服务。上级离不开下级，否则成了光杆司令；下级离不开上级，否则无法实现利益；邻里之间互相依赖互相照顾，大家都能过得好。根据矛盾同一性和斗争性相互关系原理，警察和小偷也互相依赖，没有小偷，警察可以改行；没有警察，小偷就变为强盗。战场上敌对的双方也互相依赖，一方成为另一方存在的条件，有敌人，才显出军人的价值。

既然人是互相依赖的，那就应当互相尊重。如果你是红花，别忘了扶持你的绿叶；你是绿叶，别忘了支撑你的根茎；你是根茎，别忘了培植你的土壤；你是土壤，别忘了承载你的地球；你是地球，别忘了牵制你的太阳系……

（三）个人生活的时空性

时间和空间究竟怎样理解？人类目前尚处于猜谜状态，哲学教科书的说法只是指出了时空是物质的存在形式和基本属性，简单而笼统；自然科学的时空概念更让非专业的人不得要领，即使是霍金的《时间简史》大多数人也很难读懂。

从个人生活的角度来理解，时间就是过程的持续性，就是人生命的延续。为了指导人生实践，还是常识化为好，习近平问"时间都去哪了？"人们一听就懂，也知道应当怎样做。

前边论述发展的过程性和阶段性以及个别性时已谈到了时间问题，这里再稍说几句。

个人生活体现着时间的客观性、绝对性和相对性。每个人拥有的时间长度是客观的、绝对的，即以个体的寿命为限度，当今中国人平均寿命 72 岁左右，落实到具体人身上又长短不一，所以又有相对性。百岁老人依然健在，婴幼儿却有许多意外夭折，令人痛惜之余也要研究预防措施。每个人的一生相对固定，若能做到 70 岁的年龄 40 岁的心脏，也就等于延长了有效寿命。

人所拥有的时间总量是基本确定的，但在各种人生活动中如何分配是不固定的。每天 24 小时，学习、工作、社交、娱乐、休息各占多少时间，情况不一样。学生每天的学习时间也不一样，小学生和中学生由学校决定，由课程量和作业量决定，由高考的志向决定，大学生和硕士生由本人决定，上课以外是否还学习取决于个人自觉性；专业博士生时间宽松，是否学习也由本人决定，老师可以安排和督促，理科博士比文科博士紧张一些；在职博士的学习实践受工作牵扯较多。最忙最累学习最好的学生是初三和高三的学生。总的说来，中小学生的休息时间被大大压缩，娱乐时间基本被剥夺了。大学生中流传这样的说法："保送读研的过着猪一样的生活，找工作的过着狗一样的生活，复习考研的过着猪狗不如的生活。"这指的是临近毕业的情况，而平时有许多大学生存在浪费时间的现象。研究生也是如此。

教师的工作时间也不同。中小学教师工作时间长，除在校上课以外，回家还要批改作业，节假日有时还需要补课。高校教师不坐班，弹性较大，上课以外是否还学习，取决于个人自觉和外界压力，流行说法是："讲师辛辛苦苦，副教授不敢马虎，教授舒舒服服。"相比之下，刚工作又刚成家的青年教师时间较紧、压力较大。

凡是有工作单位的人在时间安排上就不太自由，一般来说，工厂、公司的上班时间相对固定，但私营企业存在着任意要求工人加班的情况。干部、警察的工作时间都很长，经常不能按时回家，节假日得不到正常休息，对他们，应当说一声：辛苦了！

人与时间互相支配。人支配时间，确定时间总量的分配比例和一定时间内的活动及任务；时间支配人，不但寿命有限，而且每个年龄段也有限，时间不等人，青春一去不复返，所以，人要珍惜时间，尤其要善于利用业余时间，业余时间干什么，不但反映出人的兴趣和爱好，也决定了人与人之间的差距。

从个人生活的角度来理解，空间就是人所处的位置和活动的范围。空间是人的社会存在的一部分，对人生的意义是明显的。人处于社会空间的什么位置对人生有不同影响，甚至起决定作用。在中国，生活在大城市的人与生活在中小城市的人不一样，生活在农村与生活在城市不一样，生活在发达地区与生活在落后地区不一样，在不同的幼儿园、不同的学校、不同的单位，成长、学习、工作，对人的影响不一样，所以人们争着去好幼儿园、好学校、好单位。在同一个单位，处于领导位置和被领导位置的人不一样，不同级别的领导位置也不一样，所以许多人都想当官、当大官。同样级别的官，在哪当也不一样，所以人们又都想去好地方当官。

位置就是个人生活的平台或表演的舞台，位置不同，生活质量就不同，人们追求好位置是人性使然，无可厚非。但好位置数量有限，于是人们就要竞争，通过公开、公平、公正的竞争取得的好位置会得到社会认可，因此相对稳定。通过不正当竞争获得的好位置不被社会认可，暂时得到也会很快失去。

好位置与不好的位置区别是相对的。生于帝王之家的人平时觉得很优越，动乱一起先遭殃。位高权重当然好，但又高处不胜寒。好位置需要高付出，要承担高风险，是否值得费思量。千军万马争过独木桥，胜算太小，另辟蹊径却可能为自己开出一条平坦大道。在好位置上，人人都优秀，个人才华难显露；在差位置上，挑战多，机会也多，便于显露才华得到提拔。

位置是固定的，人是活动的。"铁打的营盘流水的兵，铁打的衙门流水的官。"个人位置的变动有被动和主动两种情况，被动是指被组织、老板调动，后果好坏不一定，因为有奖励性调动，如提拔；也有惩罚性调动，如降职。主动的含义不需解释，但具体情况也不同，出于发展的目的主动离开原位置，这是人往高处走，开辟新天地；或者因个人原因在原单位混不下去了而主动辞职，这是表面主动实质上被动。

动还是不动？要具体分析。一个人在某个位置工作时间越长，经验就越丰富，业务熟练效率高，人脉广阔好办事，但也容易滋生懒惰、思想僵化、缺乏创新、竞争力下降，甚至拉帮结派、结党营私。根据流水不腐的道理，干部和人才都应经常流动才能获得最佳效应，总也不动就容易腐烂发臭。计划经济时代一岗定终生，在市场经济时代就有些不合时宜了。

但目前中国社会的动存在一些问题："要想富，动干部"，调动干部成为个别领导贪污受贿的新途径。"生命在于运动，升官在于跑动，不跑不送，永远不动。"这竟然成了一些干部的经验总结。有的科学家知识分子因为不会巴结领导，竟被变相发配去做与本身业务毫无关系的打杂工作。大学毕业生一窝蜂往一线大城市挤，农民一窝蜂进城，刚工作的年轻人频繁跳槽。这样的盲动对个人发展的影响是很难预测的，所以过一段时间就有人离城返乡、逃离北、上、广，或为当初轻率跳槽而后悔。也有不动的：一些懒官、庸官、应退休的官，不愿给年富力强的人让位、一些健康的懒汉靠别人养活而不工作、一些陈旧过时的工作方式不愿意调整，等等。

空间还表现在人的活动范围。范围不同，对个人的影响就不同。改革开放以前，大多数中国人活动范围狭小，农民在本村、工人在本厂本车间、师生在本校、医生在本院，所有的人下班或放学都回到自己家蜗居。有的农民一生没有走出本村十里方圆的范围，有的城里人一生不知本城有多大。只有干部能经常外出，回来后向出不去的人介绍外边情况，令人羡慕不已。改革开放至今，中国人的活动范围日益扩大。每个家庭的居住面积扩大，一个家庭好几套房子，每套房子好几个房间，每个人享用的空间成倍增长，生活质量随之提高。从小孩到老人，乘坐各种交通工具到全国各地甚至国外去旅游，眼界大开。过去到海南岛或新疆是对犯人的流放，现在成为观光天堂，过去到这些地方要走一、二年，现在几个小时就可降落在当地机场。范围扩大增进了不同地区人与人的联系，全国各地的商品大流通，财源滚滚，人们的生活水平显著提高。个人随着活动范围的扩大，感性认识越来越丰富，就会促进观念更新和生活中的创新，就会改变原来的人生规划，确定新的人生目标。

个人生活的时空特性不是自然时空而是社会时空，即要由人类的社会实践来决定，反映着社会实践的发展水平。

（四）个人生活的三重性

三重性指的是个人日常生活中所进行的活动都是自然属性、社会属性和精神属性的统一，在不同情况下会各有侧重，个人要处理好各种属性之间的关系，个人生活才能过得好。

1. 吃

吃是维持生命的第一条件，是人的自然属性的最突出表现。"人是铁，饭是钢，一顿不吃饿得慌"，这句俗语包含着客观物质第一性原理。人不吃饭会饿死，吃得不及时会得病，医学已经证明，人不吃早餐会得胆结石，吃了变质的食物会拉肚子，吃了有毒的食物危害健康危及生命。吃不同质的食物对身体有不同作用，蔬菜、水果、肉蛋奶、海产品、各种农作物，各有各的价值，人都不能忽略，全面摄入才能保障健康。人因伤病不能吃饭身体就会极度衰弱，偏食挑食会导致某些方面营养不良。吃饭包含着唯物辩证法质量度的道理，吃得太少弱不禁风，吃得太多得肥胖症。人在童年和老年吃得少，青少年和壮年吃得多，"饿时糠如蜜，不饿蜜不甜，"这都表明了吃的自然属性。

吃有社会属性。动物靠自身器官的本能反应去获得食物，人要吃饭就要进行社会性的劳动，即使拿钱买，也要以别人的劳动创造为前提，也以自己劳动赚钱为前提，不劳动者不得食，是人类公理。吃要以商品交换为中介，不论是物与物直接交换，还是通过货币交换，总之是先换后吃。每个人吃的食物有很多来自于别人的生产活动，是别人的劳动果实，农民虽然自己种粮种菜、养鱼养猪，但也要在市场上或城市里购买自己不能生产的食品。城里人吃的东西大多数由农民提供，所以，歧视农民是一种忘恩负义的行为。吃的社会性还在于，人往往不是一个人吃饭，而是和其他人一起吃。逢年过节或休息日，一家人吃个团圆饭，品味的是浓浓亲情，如果自己吃，再好的食物也味同嚼蜡。更多的时候，人是同朋友、恋人、同事、领导或者陌生人一起吃饭，这时食物的自然功能淡化，社会功能凸显，饭桌上也可能是交流感情，也可能是某种交易。食物的营养是次要的，价格是主要的，吃多吃少是次要的，谁来吃、谁坐哪个位置吃是主要的，中国式的饭局充满玄机，有人热衷，有人厌烦，有人趋之若鹜，有人恐惧逃避，但大多数中国人都经常参加各种饭局，连小孩也不例外。在饭局中发生了许许多多喜剧、闹剧和丑剧。（自从新一届党中央狠抓党风建设以来，官场饭局开始减少，令人欣慰。）

吃有精神属性。食物既要有营养又要有美感，赏心悦目。既要香气四溢，又要颜色漂亮。饭店不仅提供山珍海味，菜名起得也要有意境，还要在食物造型上下功夫，还要提供优美环境。食客到此吃的不仅是食物，更是文化，花钱买的既是物质享受也是精神享受，酒足饭饱流连忘返，回到家中回味无穷。有人说参加饭局令人苦恼甚至遭罪，这既指喝酒太多让胃难受，更是指精神上的不愉悦。应酬性的饭局让人心情紧张，既怕言语失当，又怕举止失礼，如果当场发生争吵，更是让人尴尬后悔。

当今中国社会，吃的问题发生重大变化。过去是无东西可吃，城里人粮食和副食品全都是定量供应，农村年年都发生青黄不接的情况，全国人民温饱问题长期没有解决，营养不良是普遍现象，大饭店在全国寥若晨星，小吃部也难觅踪影，灾年甚至出现饿死人的现象。

现在，绝大多数人温饱问题已解决，人们吃饱了、吃好了、也吃出许多富贵病，许多人为减肥而发愁，许多人滥吃野生动物，舌尖上的浪费日益严重，刚填饱肚子就忘乎所以，不得不承认，在吃的方面，中国人的文明程度还远远不够。还有令人恐惧的食品安全问题、耕地减少问题等等。

2. 穿

穿有自然属性。衣服首先要能够保护身体，使人免受严寒酷暑风霜雨雪以及蚊虫的侵害。人的衣服要适应一年四季的气候，冬要保暖，夏要凉爽，春秋要防风。全国各地气候不同，穿衣方面差别明显，服装行业的生产和销售应把人的自然需要放在首位。

穿有社会属性。古代社会男耕女织，女性为自己的家庭成员做衣服，但也有许多人到市场去买。现代社会，裁缝仍然可以给家人做衣服，但家人不一定接受了，觉得还是商店里卖的衣服好。服装厂的工人为别人做衣服，自己也会买别人做的衣服。服装的生产、销售、消费早已社会化了。衣服是穿给别人看的，如果只为护体，那么就不必要讲究款式了。衣服反映人的社会角色，有各种各样的职业服装：军装、警服、法官和检察官服、城管服、工商税务服、医护服、航天服、运动服、校服……衣服标志人的社会地位和等级，中国封建社会只有皇帝能穿龙袍，各级官吏的服装在颜色、饰物等方面有明显差别，中华人民共和国成立后也曾流行干部服，军官不但从军衔上区别，而且也从军服军帽的颜色来区别。衣服也能表现人的生活水平，衣服有高档抵挡之分，生活条件不同的人自然会有不同选择。

穿有精神属性。漂亮衣服能使穿的人心情愉悦，使看的人心生羡慕或嫉妒，衣着得体会受到别人好评，否则会受到批评，好评与批评会给穿衣人带来不同心情。国家领导人及其配偶的着装备受瞩目，经常领导一国服装潮流。人们往往根据一个人穿衣情况对其进行评价，"远敬衣着近敬才"。在职场和官场，着装能反映出穿衣人的情绪、态度、倾向，如果是名人，着装状况可影响社会舆论。服装的设计剪裁制作是一个艺术品的诞生过程，模特进行服装表演是艺术品的展示和传播过程，服装设计是重要的艺术门类，服装学校是服装设计师的摇篮。穿得高档、有品位，正在成为富起来的中国人的新追求。

穿还有政治性。在中国表现得非常明显。曾经有一段时期，穿西装是资产阶级的标签，"列宁装"是女干部的标签，中山装是男干部的标签，敞怀挽袖挽裤腿是农村干部的标签，黄上衣蓝裤子绿胶鞋是红卫兵的标签，一身黑是"反革命分子"的标签……上世纪80年代，外国人从当时中国党和国家领导人穿西装的现象敏锐捕捉到中国改革开放的信息，最近习近平访问欧洲的着装又传递出重视中国传统文化的信息。通过电视上的新闻报道人们会发现，下级干部都与上级领导在着装上保持一致，领导穿西装，下级也穿西装，领导穿夹克，下级也穿夹克，大概是传递服从领导步调一致的信息吧。

3. 住

住有自然属性。从原始社会的山洞树洞到今天的高楼大厦，基本功能都是让人有个"窝"，能遮风挡雨使人不至于冻死冻病，原始社会还要防野兽。任何时代的人都需要有个安身之处，让忙碌一天的疲惫身心能够通过休息得到恢复，以便第二天继续进行各种活动，既然是供人休息恢复体能的处所，那就应当有足够的空间供人坐卧，供人做饭；既然是个"窝"，起码要安全，不能随便就垮塌，尤其是现代住宅，应当有相当的防风，防震的能力，应当具备一定的使用年限，在年限内应当正常发挥其功能。住的自然属性要求房屋设计和施工及材料的选择都要符合自然规律，决不能任意违背，也不能粗心大意，政府要负起监管责任，从严把关，不合格的住宅不能通过验收，不能投入使用，发现危房要立即处置，对于"豆腐渣工程"的制造者要严厉惩处，直至绳之以法。开发商和施工人员要自觉遵守法律和科学规范，盖良心楼、放心楼。

住有社会属性。从古到今，住在一起的人都有密切的社会关系，多数人都是一家人，住所就是家的所在地，家是一个社会概念，许多家庭既是生活单位又是生产单位，有多种社会联系，住所又是户籍所在地，当代中国民法也规定，任何人可以有多个居所，但只能有一个住所，住所是民事法律行为的发生地，是法律文书的送达地。当代中国不论城乡，要建住房都要经过国家相关部门的批准，都要履行相关手续，房屋所有者只有领到产权证心里才踏实。尽管有了产权证，房屋所有者在装修时也不能任意而为，还要遵守相关规定。住的社会属性还表现在社会等级方面，古代帝王住宫殿，大臣住府邸，有钱人住大宅大院，穷人住茅屋，甚至茅屋也没有，所以杜甫才发出"安得广厦千万间，大庇天下寒士尽欢颜"的呼喊。当今社会，不同级别的干部享受不同标准的住房待遇，腐败分子通过各种手段霸占房产资源，体制外的富人住豪宅别墅，普通民众虽也有较大改善，但短时间很难摆脱"房奴"的命运。住房的设计、面积、位置、建筑质量、价格等都显示出拥有者的社会地位或身份，住房是所有者的一项重要财产，可以出租出售增加收入，所有者去世也可以由后代继承。围绕着住房经常发生法律纠纷，官司连绵不断，五花八门。这都证明了住的社会性。

住有精神属性，马克思说过，人也按照美的规则来创造。不同历史阶段的住处及其他建筑物除了具有实用性以外，也都体现着人的审美观念，建筑美学同服装美学一样都是艺术的重要门类，在人类历史上不断发展着。从古至今，不论是官家还是民间，盖房子都讲究样式美观，不论是北京故宫的宏伟壮观，还是苏州园林的小巧玲珑，都给人以美感，引起无数赞叹。在住房内部，每个所有者或使用者都会对房间及庭院进行一番艺术设计，根据主人的意愿，把房间布置得或者古色古香，或者优雅浪漫。现代社会的装潢艺术更是把建筑的精神属性发挥得淋漓尽致。

4. 两性交往

人类社会的成员基本上由男女两性构成，极少数人由于特殊原因而造成性别特征不明显，他们被称为中性人，柏拉图称为不男不女人，这种人值得同情，但不具备代表性，不予讨论。

两性交往有自然属性。这一点谁都知道，无人怀疑。在古代，两性的分工是最早的分工，由生产力水平决定，人类经历了母系社会和父系社会，两性的社会地位发生转化。这些历史过程也不必多言。当今社会，两性交往，仍然以性的差别为基础，遵循着同性相斥异性相吸的规律，性的欲望是交往的内在动力，双方互相需要使交往成为可能。婚姻法中关于结婚年龄的规定、关于禁止结婚的规定，都体现了两性交往的自然属性。"男大当婚女大当嫁"的传统观念表达了对自然属性的认可。

两性交往有社会属性，这种交往受社会制度的制约。在中国封建社会，女性社会地位低下，被剥夺了受教育的权利，连姓名权都没有，沦为生育机器，在两性交往中一直处于劣势，直到近代才有好转。在当今中国，两性关系由男女两性法律上政治上的平等向事实上的全面平等在过渡，女性地位和过去相比是根本性的变化，女性获得从生理到心理的全面解放，不再缠足，不再低人一等，虽然社会上仍有一定的性别歧视，但总的状况已是今非昔比，与世界各国横向比较，中国女性在受教育、就业、参政、决策、报酬、高级职位等各方面都居前列。在家庭中，男人由"大丈夫"变成"大豆腐"的现象日益增多；在职场中，女老板、女强人、女汉子这些称呼已经表明其地位。在西方，现代女权主义代表人物波伏瓦认为，女性不是生成的，而是被造就的，是资本主义制度与父权制相结合造成了西方现代女性的不利地位，女性要获得解放就要走出家门、走向社会。可见，两性交往的社会属性是东西方共认的。

两性交往有精神属性。两性之所以愿意交往是因为人类与动物不同，除了本能还有爱、有强烈的感情，有对对方的仰慕和欣赏。有一种说法："男人对女人是先爱后崇拜，女人对男人先崇拜后爱"，不论顺序如何，都承认有崇拜在内。古往今来，男女交往的情诗、情书留下了无数人间佳话（包括马克思写给燕妮的情诗），梁山伯与祝英台的爱情写出了万世悲歌，罗密欧与朱丽叶留下了千古绝唱。不论是战火纷飞还是花前月下，都有感人的爱情故事在产生和流传……

总之，在个人的日常生活中处处可见辩证法，如果能够自觉应用辩证法来指导个人生活，就会增加一些生活智慧，减少一些曲折，发展得更好一些。

结　语

　　辩证法是人类智慧的结晶，在古今中外的哲学原理中一直占有重要地位，经过若干阶段的演变而日益完善，社会辩证法的名称或概念虽然出现较晚，但其思想一直蕴含于各个历史时期许多哲学家的学说之中，应当成为今后研究哲学史的一条重要线索或一个组成部分。

　　社会辩证法是马克思主义辩证法理论的基本特征，马克思对黑格尔唯心辩证法的颠倒不是一般唯物主义的颠倒，而是历史唯物主义的颠倒；社会辩证法理论是贯穿于马克思主义哲学的一条主线，马克思主义经典作家对此有大量论述，马克思的《资本论》就是社会辩证法的教科书；恩格斯的《自然辩证法》中包含丰富的社会辩证法思想；对列宁关于辩证法要素等学说也可以侧重从社会辩证法角度去理解；毛泽东的辩证法是直接的、典型的、具有鲜明实践性的社会辩证法。

　　研究社会辩证法是人类实践的客观要求。社会辩证法是社会实践中的各种矛盾关系，是社会事物联系和发展的规律性，它在人的社会现实生活过程中存在并发挥作用，人只有努力发现并遵循它，才能实现自己的顺利发展，蔑视社会辩证法是同样会受到惩罚的。

　　研究社会辩证法是实现马克思主义哲学大众化的有效途径。马克思主义哲学是科学的世界观和方法论，是人类实践的理论武器，社会辩证法是这一世界观和方法论的灵魂；通过对它的研究和宣传，可以使广大人民群众从亲身实践中认识和体会这一理论，掌握和运用这一武器去改造客观世界和主观世界。每个社会成员在自己的生存和发展中都会面临许多困难和挑战，都会产生许多困惑，迫切需

结　语

要社会辩证法的指导。

　　研究社会辩证法是当代中国理论工作者的重要使命。当代中国正在进行中国特色社会主义的伟大实践，改革开放进入新时期，新的实践产生许多新矛盾新问题，需要从理论上予以探讨和回答，理论工作者责无旁贷。既要研究和宣传社会辩证法，又要防止重蹈把辩证法庸俗化的覆辙，还要探索和建构社会辩证法的理论体系，这是理论工作者的艰巨任务。一些理论工作者已经为此付出了艰辛努力并取得了可喜成果，相信今后会有更多的人加入其中，辩证法理论的百花园中必将更加芬芳灿烂。

参 考 文 献

马克思恩格斯选集［M］. 北京：人民出版社，1995
马克思恩格斯全集第42卷［M］. 北京：人民出版社，1979
马克思恩格斯全集第23卷［M］. 北京：人民出版社，1972
列宁选集［M］. 北京：人民出版社，1995
毛泽东选集［M］. 北京：人民出版社，1991
毛泽东选集第5卷［M］. 北京：人民出版社，1977
毛泽东哲学批注集［M］. 北京：中央文献出版社，1988
李淮春. 马克思主义哲学全书［M］. 北京：中国人民大学出版社，1996
中国大百科全书·哲学卷［M］. 北京：中国大百科全书出版社，1987
何萍. 马克思主义哲学史教程［M］. 北京：人民出版社，2009
朱传棨. 恩格斯哲学思想研究论稿［M］. 北京：人民出版社，2012
张澍军. 马克思主义哲学若干重大问题讲解［M］. 北京：高等教育出版社，2006
高放. 马克思主义与社会主义新论［M］. 哈尔滨：黑龙江人民出版社，2007
袁贵仁. 马克思的人学思想［M］. 北京：北京师范大学出版社，1996
李云峰. 马克思学说中人的概念［M］. 北京：人民出版社，2007
李行健. 现代汉语规范辞典［M］. 北京：外语教学与研究出版社、语文出版社，2004
宋书文. 心理学辞典［Z］. 南宁：广西人民出版社，1984
全增嘏. 西方哲学史［M］. 上海：上海人民出版社，1983
【英】罗素. 西方哲学史［M］. 北京：商务印书馆，2003
【美】梯利. 西方哲学史·增补修订版［M］. 北京：商务印书馆，1995
【德】黑格尔. 小逻辑［M］. 北京：商务印书馆，1981
【奥】维特根斯坦. 逻辑哲学论［M］. 北京：商务印书馆，1996

参 考 文 献

潘培庆等译. 萨特哲学论文集 [M]. 合肥：安徽文艺出版社，1998

【美】马尔库塞著，刘继译. 单向度的人 [M]. 上海：上海译文出版社 2006

【英】霍布斯著，黎思复译：利维坦 [M]. 北京：商务印书馆，1997

刘烨编译. 帕斯卡尔思想录 [M]. 北京：中国电影出版社，2005

徐奕春译. 西塞罗三论：老年·友谊·责任 [M]. 北京：商务印书馆，2005

颜一编. 亚里士多德选集·政治学卷 [M]. 北京：中国人民大学出版社，1999

刘放桐. 新编现代西方哲学 [M]. 北京：人民出版社，2000

【美】弗洛姆著，赵正国译爱的艺术 [M]. 北京：国际文化出版公司，2004年3月

陈学明. 西方马克思主义辞典 [Z]. 上海：东方出版社，2004

【匈】阿格妮丝·赫勒著，衣俊卿译：《日常生活》[M]. 重庆：重庆出版社，1990

张一兵. 马克思历史辩证法的主体向度 [M]. 南京：南京大学出版社，2002

周世兴. 个人的历史与历史的个人·马克思个人理论研究 [M]. 北京：人民出版社，2013

张林学、张朝晖. 辩证法的原初形态 [M]. 长春：东北师范大学出版社，2000

刘森林. 辩证法的社会空间. 吉林出版社，2006

王南湜. 辩证法：从理论逻辑到实践智慧 [M]. 武汉：武汉大学出版社，2011

孙正聿. 马克思辩证法理论的当代反思 [M]. 北京：人民出版社，2002

贺来. 辩证法的生存论基础——马克思辩证法的当代阐释. 中国人民大学出版社，2004

陈明. 作为范式的辩证法的历史建构 [M]. 北京：中国社会科学出版社，2008

肖前. 辩证唯物主义原理 [M]. 北京：人民出版社，1981

林青山. 智慧学—辩证法趣谈 [M]. 济南：山东人民出版社，1985

敬永和. 哲学基本概念的演变 [M]. 长春：吉林人民出版社，1987

夏甄陶. 关于目的的哲学 [M]. 上海：上海人民出版社，1982

布哈林. 历史唯物主义理论 [M]. 北京：人民出版社，1983

郑异凡. 布哈林论 [M]. 北京：中央编译出版社，1997

刘怀玉. 现代性的平庸与神奇 [M]. 北京：中央编译出版社，2006

李小娟. 走向中国的日常生活批判［M］. 北京：人民出版社，2005
叶文宪. 新概念哲学［M］. 上海：学林出版社，2004
葛荣晋. 中国哲学范畴通论［M］. 北京：首都师范大学出版社，2001
田文军、吴根友. 中国辩证法史［M］. 郑州：河南人民出版社 2004
李德永. 中国辩证法史稿·第1卷［M］. 武汉：武汉大学出版社，1990
方克. 中国辩证法思想史·先秦［M］. 北京：人民出版社，1985
辜正坤. 中西文化比较导论［M］. 北京：北京大学出版社，2007
刘远传. 社会本体论［M］. 武汉：武汉大学出版社，1999